무조건 수익 내는
실전
부동산
경매

**무조건 수익 내는
실전 부동산 경매**

초판 1쇄 발행 · 2022년 9월 25일
초판 4쇄 발행 · 2023년 3월 20일

지은이 · 나땅(이소라)
발행인 · 이종원
발행처 · (주)도서출판 길벗
출판사 등록일 · 1990년 12월 24일
주소 · 서울시 마포구 월드컵로 10길 56(서교동)
대표 전화 · 02)332-0931 | **팩스** · 02)323-0586
홈페이지 · www.gilbut.co.kr | **이메일** · gilbut@gilbut.co.kr

기획 및 편집 · 이지현(lee@gilbut.co.kr)
마케팅 · 정경원, 김진영, 최명주, 김도현, 이승기 | **영업관리** · 김명자 | **독자지원** · 윤정아, 최희창
제작 · 이준호, 이진혁, 김우식

디자인 · 섬세한 곰 | **교정교열** · 김혜영 | **전자편집** · 김정미 | **CTP 출력 및 인쇄** · 금강인쇄 | **제본** · 금강제본

ISBN 979-11-407-0133-9 13320
(길벗도서번호 070491)

정가 20,000원

독자의 1초까지 아껴주는 정성 길벗출판사

(주)도서출판 길벗 | IT교육서, IT단행본, 경제경영서, 어학&실용서, 인문교양서, 자녀교육서 www.gilbut.co.kr
길벗스쿨 | 국어학습, 수학학습, 어린이교양, 주니어 어학학습, 학습단행본 www.gilbutschool.co.kr

무조건 수익 내는

서초동
경매 1타 강사
나땅의

실전 부동산 경매

나땅(이소라) 지음

길벗

추천사

이 보물 같은 책은 저자의 성품처럼 참 친절하다. 종잣돈을 마련하는 방법부터 낙찰 받은 물건을 임대 놓고 매각하는 방법까지, 말 그대로 경매의 시작과 끝이 모두 담겨 있다. 그 어렵다던 권리분석도 "이게 정말 권리분석의 전부일까?" 싶을 만큼 쉽고 재미있게 풀어 놓았다. 중간중간 나오는 저자의 놀라운 투자 스토리는 생경한 법률용어가 난무하는 속에서도 지루할 틈 없이 책에 몰입하게 만든다.

오랜 시간 인고의 과정을 거쳐 행복한 부자로 거듭난 저자의 이야기에 울고 웃다 보면, 어느닛 나도 뭔가 해봐야겠다는 뜨거운 울림을 마음속으로 느끼게 될 것이다. 행복한 부자로 가는 지름길을 제대로 알려주고 있는 이 책이, 가난이 싫고 불안한 미래가 두려워 이 책을 집어든 이들에게 가슴 뛰는 귀한 선물이 될 것임을 확신한다.

– 정충진

법무법인 열린 대표 변호사, 《경매 전문 변호사의 경매기술 TOP 시크릿》《경매 승부사들》 저자

모든 부동산 책의 저자들이 숙명처럼 극복해야 할 주제가 있다면 '기초, 소액, 실전'과 같은 것들이다. 그런 점에서 볼 때 이 책에서는 기초와 실전이 상당히 조화를 이루고, 그 내용을 푸는 과정에서 소액 사례도 많이 등장한다. 이를테면 보통 책에서는 사건번호, 물건번호, 매각물건 명세서, 감정평가서 등을 실전 사례를 다루며 언급하는데, 이 책에서는 경매를 다루는 첫 챕터에서부터 이 내용을 설명한다. 걸음마를 떼려는 사람들보다 더 낮은 단계의 사람들까지 포용하기 위함이다.

또한, 실전에 대한 부분을 설명할 때는 투자 사례에 대한 무용담을 열거하기보다는 차근차근 물건을 고르고 지역을 선정하는 이야기부터 매우 친절하게 들려준다. 물건 검색을 효율적으로 하는 방법, 나쁜 경매의 유형 등을 상세하게 설명했고, 그 전 단계인 좋은 물건을 골라내는 방법 등을 특히 잘 다루고 있다.

– 김종율(옥탑방보보스)

보보스 부동산연구소 대표, 《대한민국 상가투자 지도》《나는 오를 땅만 산다》 저자

위장임차인 물건으로 경매의 첫 테이프를 끊고 특수물건으로 두 번째 물건을 낙찰 받은 저자는 돈이 없어서, 경쟁하지 않기 위해 특수물건을 선택했다. 노력하면 무조건 된다는 것을 경매를 통해 깨달은 것이다. 경매를 이용해 경제적 여유를 만들어 내고 싶은 사람들의 간절함을 알기에 저자는 누구보다 경매를 처음 시작하는 사람들에게 진심이다.

이 책은 경매의 기본지식과 실전 사이를 오가며 경매를 배우려는 이에게 "경매란 이런 것이다."라고 깔끔하고 센스 있게 딱 정리해준다. 특별한 사람의 무용담이 아닌 평범한 사람들이 경매로 수익을 내는 이야기를 '나도 할 수 있겠다.'라고 공감하며 읽을 수 있다.

5분 만에 끝내는 권리분석 방법(나는 이 쉬운 걸 330만 원을 지불하고도 어렵게 배웠다니 배가 아프다), 입찰가 산정 방법, 효율적인 물건 검색방법, 무피경매 투자법, 재개발투자에 경매라는 기술을 입히는 법, 지분경매, 배당 없는 집을 활용해 갭투자 하는 방법 등 경매의 기초부터 기술까지. 지금 당장 경매 법정으로 달려가도 될 정도로 기초부터 실전까지 난이도를 조절하며 포인트를 짚어준다. 더욱이 저자 특유의 위트와 직관이 책 사이사이에 담겨 있어서 더없이 좋다.

부동산 상승장에서는 좋은 물건을 빨리 사야 한다. 부동산 조정장에서는 좋은 물건을 싸게 사야 한다. 부동산을 싸게 사는 가장 좋은 방법은 경매다. 경매의 시대를 한발 먼저 준비하자. 과속하지 않고 자신의 걸음으로 천천히 쌓아온 저자의 부동산 경매 내공이 고스란히 담긴 첫 책을 자신 있게 권한다.

– 훨훨 박성혜
플랩자산연구소 대표, 《그럼에도 나는 아파트를 사기로 했다》《입지센스》 저자

경매는 기술이다

2010년도쯤부터 책을 읽었다. 그중에서도 자기계발 책을, 또 그 안에서도 부동산 책을 가장 많이 읽었다. 성공학이나 자기계발 책을 읽으면 마치 박카스를 먹은 것 같았다. 없던 힘도 나고 피곤해도 뭔가 계속해야 할 것처럼 마음이 다급해지곤 했다. 실행력 있게 무언가를 시작하고, 욕심처럼 잘 안 되면 좌절하기를 반복했다. 매년 쓰지도 않을 다이어리를 사거나, 헬스장에 등록하고 그만두기를 반복해 본 적이 누구나 한 번쯤은 있을 것이다. 가만 보니 사람은 두 부류로 나뉘는 것 같다.

첫 번째 부류는 조금 하다가 포기하는 사람들이다. 여러 번 실패를 겪다 보면 실패에 순응하게 된다. 가난이 싫다고 말하면서도 받아들이고 적응한다. 그러다가 금세 열정이 사그라드는 사람들이 80% 이상이다. 잘 안 되면 방법을 바꾸면서 잘 되는 방법을 찾아가는 과정을 겪기도 전에 포기한다. 하다 못해 안경을 사도 이것저것 끼어보고 사지 않던가? 나에게 잘 맞는 무엇인가를 찾기 위해서는 시행착오를 겪기 마련이다.

두 번째 부류는 로켓 같은 추진력을 가진 사람들이다. 추진력이 강한 이들은 몰입해 궤도를 벗어난다. 이들은 사고도 추진력 있게 친다. 불같이 공부하고 당장이리도 일을 낼 것 같다 하지만 그렇게 열심인 상태를 오래 지속하기는 어렵다. 경매를 처음 공부하는 사람들은 당장이라도 낙찰 받아야 할 것처럼 다급한 마음을 가진다. 그런데 이들의 부동산 지식 수준을 살펴보면 양도세 일반과세도 계산이 안 되는 정도일 때가 많아 깜짝 놀라곤 한다.

결국엔 지루한 과정을 꾸준히 하는 사람이 끝내 성공한다. 물건을 기다리며 계속해서 검색하는 지루함과 반복되는 패찰을 이기고 집중력 있게 해내는 사람만이 성공의 기쁨을 맛볼 수 있다.

생각처럼 잘 안 될 때가 있을 것이다. 잘될 것이라는 확신을 가지고 시작했는데 생각처럼 안 되는 경우도 나 역시 여러 번 있었다. 하지만 나는 실패했다고 생각하지 않는다. 겪어보니 인생은 100점을 맞아야 하는 시험이 아니라, 50점 이상만 맞아도 되는 시험이었다. 생각보다 잘된 일도 있고 잘 안 된 일도 있지만 나는 여전히 건재하고 비바람 맞으며 배운 것도 많다. 모든 순간 나 스스로 선택했기에 실패한 곳에도 교훈은 남아 있다.

경매를 하면 무엇을 살 것인가에 대한 고민이 끝없이 이어진다. 투자라는 것을 하는 이상 투자물건에 대한 방향과 선택에 관한 고민은 계속된다. "어떤 물건에 입찰해야 할까? 더 나아가 어떤 투자를 해야 할 것인가?"는 대답하기 가장 어려운 질

문인 동시에, 투자의 고수가 된 뒤에도 피해갈 수 없는 질문이다. 부동산은 생물처럼 시시각각 변한다. 그 자리에 그대로 있는 것 같지만, 부동산의 상대적 입지와 가치는 늘 살아 움직인다. 살아 움직이는 시장에 잘 대응해야 한다.

부동산 시장에서 자유로운 사람은 없다. 임대든 자가든 어딘가에서는 살아야 하기 때문이다. 그래서 부동산 공부는 자산을 지키고 늘리는 데 필수적이다. 되도록 빨리 시작하는 것이 좋다. 돈이 없더라도 공부해야 한다. 부동산으로 사기당한 이야기를 들어보면 돈은 있는데 지식이 없는 경우가 많다. 보통 사람이 자신의 소득으로 부동산 가격의 차익 이상 벌기란 쉽지 않다. 급여와 사업소득으로 생활을 유지하고 부동산으로 자산을 늘리는 것이 가장 안정적이다.

일생에 한 번은 경매를 공부해야 한다. 부자가 되기로 마음먹었다면 말이다.

마음이 급하다고 되는 일은 하나도 없습니다.
모든 일은 순리대로 흘러가기 마련입니다.
급하다고 불을 세게 올리면 밥이 탑니다.
천천히 하겠다고 살살 하다가는 불이 꺼집니다.
내가 유지할 수 있는 정도의 열정으로
내 생각보다 오래 해야 결과가 나옵니다.
불을 꺼뜨리지도 말고, 그렇다고 밥을 태우지도 말고
저와 꾸준하게 같이 가실 분들 있으신가요?
큰 용기를 내어 경매를 시작하기로 다짐한 여러분을 응원합니다.

Chapter 1 · 부자 되고 싶다면 무조건 경매

Chapter 2 · 끝까지 나만 알고 싶은 권리분석법

Chapter 3 무조건 수익 내는 경매 비밀 전략

Chapter 4

리스크 완벽히 없앤 입찰&낙찰 노하우

chapter
1

부자 되고 싶다면 무조건 경매

짤막정리

부자가 되려면 한 번도 가지 않은 길을 가야 합니다.

경매를 하지 말아야 하는 이유보다 경매를 해야 하는 이유가 더 간절하다면 시작해보세요. 경매의 장단점과 함께, 경매를 어떻게 시작하면 좋을지 알아보겠습니다.

01

그럭저럭 지내면서
부자가 될 수는 없다

나의 첫 낙찰은 위장임차인 물건이었다

가난에서 벗어나고자 이것저것 하던 때가 있었다. 결과는 신통치 않았고, 뭔가를 하면 할수록 종잣돈은 자꾸만 줄어들었다. 나는 초조하고 답답해서 항상 화가 나 있었다. 어느 날, 내가 여러 가지 일에 도전 중인 것을 알고 있던 직장 동료가 경매를 해보면 어떻겠냐고 지나가듯 이야기했다. 현재 하는 일을 계속하면서도 할 수 있고 정년이 없다는 생각에 바로 공부를 시작했다.

처음에는 경매 수기류의 책을, 그다음에는 권리분석 책을 읽었다. 책 제목에 경매라는 말만 있으면 닥치는 대로 읽었는데, 어느 정도 읽다 보니 책을 더 읽을 필요는 없다는 생각이 들었다. 그래서 입찰을 했지만 입찰할 때마다 번번이 패찰했다. 나의 종잣돈은 전세자금대출로 나온 4,000만원이 전부였다. 4,000만원으로 입찰할 수 있는 물건도 적었지만 무서워서 입찰가를 최저가 언저리로만 썼다. 이렇게 몇 차례 패찰하고 나니, 이러다간 계속 낙찰을 못 받겠다는 생각이 들었다.

가난이 싫어서 혼자 특수물건에 입찰하는 독기까지 품다

나는 남들이 못 하는 걸 해야겠다고 생각했다. 그래서 특수물건을 공부했다. 지금 생각해보면 낙찰 한 번 안 받아본 초보가 참 욕심도 많고 무모했다는 생각이 든다. 그만큼 가난이 너무나도 싫었고 꼭 부자가 되고 싶었다. 법정지상권, 유치권, 선순위가등기, 위장임차인 등 빨간색으로 주의 표시가 된 것들을 공부했다.

어느 날 선순위임차인의 보증금이 1억원으로 신고된 물건을 보았다. 옛 건물과 토지를 사서 신축빌라로 분양하는 업자 소유의 물건이었다(처음부터 이야기하기엔 조금 복잡한 권리 이야기가 나오는데, 나의 첫 경매 이야기라서 하지 않을 수 없다. 가볍게 넘기며 읽어주셔도 좋다).

채무자는 본인 자금 없이 여기저기에서 돈을 빌려 빌라를 신축하다가 현금흐름에 이상이 생겼다. 많은 채권자들이 압류를 했고 새마을금고에서 경매를 신청했다. 채권자들은 옛 건물과 토지에 근저당을 설정하고 돈을 빌려주었는데, 옛 건물을 부수고 새로 지으면서 새 건물 등기가 늦어졌다. 토지근저당은 유효하지만 건물은 다른 건물이기 때문에 근저당을 새로 설정해야 한다. 새마을금고가 새 건물에 근저당을 설정하기 전에 채권자들이 전입과 가압류를 했고, 그 이후에 근저당이 설정되었다. 돈을 받을 목적으로 전입한 임차인이 그래서 선순위였다. 그런데 확정일자가 근저당보다 늦어서, 대항력은 있는데 배당을 못 받아 낙찰자에게 보증금 1억원이 인수될 수 있는 물건이었다.

채권을 이유로 한 임대차계약의 임차인이 「주택임대차보호법」의 보호를 받을 수 있을까? 정답은 받을 수도 있고 못 받을 수도 있다는 것이다.

받을 돈을 받지 못했는데, 그 돈을 보증금으로 해서 실제 주택을 임차해 점유한다면 보호받는 임차인이다. 받을 돈이 있어서 채권을 보존할 목적으로 전입만 한 상태라면 「주택임대차보호법」의 보호를 받지 못한다.

이 사례의 경우는 실제 임대차계약을 체결해서 살고 있는지를 따져보아야 했다. 선순위 임차인은 실제로는 덕양구 아파트에 살고 있었고, 경매 물건지에는 전혀 무관한 사람이 살고 있었기에 임차인으로 인정되기 어려울 것 같았다.

이 사례의 복잡한 내용을 요약하면, 1억원이 인수될 뻔했는데 결론은 인수하지

않아도 된다는 것이었다.

이 물건은 감정가격 1억 6,000만원에 최저매각가격은 8,000만원대로 51%까지 떨어진 가격에 유찰되었다. 나는 입찰보증금 800여만원을 준비해서 낙찰을 받았다. 단독 낙찰이었다. 입찰 전 경매사건 임차인을 만나 배당 자격만 유지하면 낙찰자에게 따로 임차인으로서 보증금을 요구하지 않겠다는 확답을 받고 입찰했다. 경매를 공부하고 딱 1년 만의 일이었다.

경매를 공부하고서 처음 낙찰 받은 것이 위장임차인 물건이었고 이 물건으로 종잣돈은 1억원이 되었다.

노력하면 되는 경매로 승부를 보자

4,000만원으로 종잣돈 1억원을 만든 다음 입찰한 물건은 감정가 6억원짜리 특수물건이었다.

첫 낙찰을 시작으로 나의 삶에서는 실패하던 기운이 없어지고 성공의 운으로 운이 바뀌었다. 경매물건을 1개 낙찰 받았다고 해서 부자가 된 것은 아니었지만, 할 수 있다는 자신감으로 가득 찼고 조급함에서 벗어날 수 있었다. 그것만으로도 충분하다. 열심히 하면 부자가 되는 것은 시간문제다. 처음 경매공부를 하고 낙찰 받기까지는 1년이 걸렸지만 두 번째 물건을 낙찰 받기까지는 3개월도 채 걸리지 않았다.

아는 것이 많으면 더 많은 선택지가 생기고 수익도 더 커진다. 일단 경매를 시작했다면 한 번이라도 수익을 내보는 것이 중요하다. 그 정도까지 왔다면 경매투자가 안정적인 궤도에 올렸다고 볼 수 있다. 나는 여러분이 경매도 성공했으면 좋겠다. 그간 아무리 노력해도 경제사정이 확 좋아지지 않았다면 경매를 해보라고 확신에 차서 말하고 싶다. 경매만큼은 노력하는 만큼 수익이 되어 돌아올 거라고.

✋ 나땅의 경매 꿀팁

영국의 극작가 조지 버나드의 묘비명에는 다음과 같이 쓰여 있다고 한다. "우물쭈물하다가 내 이럴 줄 알았지." 사람이 살면서 후회가 없을 수 없다. 그중에서도 가장 후회하는 것은 아무것도 하지 않은 게 아닐까? 실패가 두려워서 아무것도 하지 못하고 걱정만 하다가 삶이 끝난다면 참으로 허무할 것 같았다. 꼭 실패할 거라는 법이 있나? 성공할 수도 있지 않을까? 더는 날마다 가난을 걱정하며 전전긍긍 살고 싶지 않았다. 그래서 나는 경매를 하기로 했다.

02

경제적 자유에서
부동산을 뺄 수 있을까?

일하지 않아도 돈 버는 자본소득의 대표선수, 부동산

경제적 자유라는 말이 한때 직장인들의 가슴에 불을 지핀 적이 있다. 경제적인 자유는 일을 하지 않아도 생활이 넉넉하게 유지되는 상태다. 돈을 얼마나 벌어야 경제적으로 자유로울까? 한 달에 1,000만원이면 될까? 사실 액수보다 중요한 것은 돈을 버는 방법이다. 소득에 대한 이야기를 살짝 해보자면, 소득에는 근로소득과 사업소득, 자본소득이 있다. 근로소득보다는 사업소득이, 사업소득보다는 자본소득이 좋다. 시간과 돈을 맞교환하지 않기 때문이다. 소득에서 시간의 함수가 없어야 우리는 경제적으로 자유로울 수 있다.

대표적인 자본소득이 부동산이다. 다른 투자 상품과 달리 부동산은 현물이어서 직접 사용할 수 있다. 내 집에서 산다는 것은 심리적으로 안정되면서 투자도 되는 1석 2조의 효과가 있다. 사자마자 가격이 떨어지는 다른 물건보다 훨씬 매력적이다. 사람은 주거용 부동산 시장에서 자유로울 수 없다. 어딘가에서는 살아야 하므로 임대든 자가든 주택이 필요하다. 주택을 임대해서 산다는 것은 주거에 비용을 소비하며 지내는 것인 반면, 자신의 집에서 산다는 것은 자신의 주거에 투자하는 것이다.

기왕이면 내 집에 사는 심리적 안정을 누리면서 가만히 앉아만 있어도 가치가 오르는 자본소득의 효과를 누리는 것이 좀 더 현명한 방법이 아닐까 생각한다.

당신이 무엇을 걱정하는지 안다

당신이 부동산 왕초보라면 첫째는 대출, 둘째는 부동산 가격 하락이 걱정될 것이다. 대출을 좋아하는 사람은 없지만, 대출을 이용해서 투자하는 것은 내 돈으로만 투자하는 것과 비교할 때 선택지 자체가 다르다. 그러므로 대출을 더 좋고 안전한 물건에 투자하기 위한 수단으로 생각하는 게 좋다. 대출은 그렇다 치고, 집값이 이미 많이 올랐는데 내가 산 다음 떨어지면 어쩌나 하는 걱정이 든다. 집을 조금이라도 더 싸게 살 수 있는 경매의 포인트가 바로 여기에 있다. 집값이 하락해도 내 집은 이미 싸게 낙찰 받아 걱정이 없기 때문이다.

최근 서울 수도권과 일부 지방에서 아파트 호가가 낮아지고 전 고점 대비 낮은 실거래가가 올라오고 있다. 급매보다 낮은 가격에 낙찰 받을 기회가 오고 있으니, 무주택자는 경쟁 없이 낙찰 받는 시장이라고 감히 말할 수 있다.

2022년 7월 인천 7호선 산곡역 인근 금호이수마운트벨리가 경매로 진행되었다. 감정가는 7억 5,500만원이었는데 1회 유찰되어 5억 2,850만원이 되었다. 이 물건지에는 동향과 남향 두 가지 향이 있는데 남향은 2022년 7월 기준 7억원 전후로 거래되었다. 그런데 남향인 이 물건은 5억 2,850만원에도 유찰되어 최저매각 가격이 3억원대가 되었다. 2차 매각기일에 5억원대에 입찰했다면 단독낙찰이 가능했던 물건이었지만, 아무도 입찰하지 않아 절반 가격까지 떨어졌다.

이것이 바로 지금 당신이 경매를 해야 하는 이유다.

 나땅의 경매 꿀팁

기존에 하던 일이 그럭저럭 할 만했다면 나는 다른 길을 찾지 않았을 것이다. 현상유지만 겨우 되는 일을 평생 할 수는 없다는 위기감에 나는 몇 년간 방황했다. 지금은 위기가 빨리 찾아와서, 그럭저럭 지내는 데 안주하지 않아서 오히려 다행이라고 감사한다. 그저 그럭저럭 지내기에 우리는 너무나 소중한 존재다. 인생에서 한 번이라도 위기감을 느꼈다면 안주하지 말고 위기감을 없애려 노력하자. 나의 경우, 미래에 대한 두려움을 없애준 것이 경매였다.

03

경매 공부는
수능이 아니다

경매, 공부만 몇 년째 하고 있진 않은가

경매는 정년이 없고 자산 중 가장 안정적인 부동산을 재료로 한다. 살 때부터 싸게 사는 게임이라서 시장 상황이 좋든 나쁘든 수익을 낼 수 있다. '고수도 많은데 초보인 내가 수익을 낼 수 있을까?' 하는 생각이 들 수 있다. 그런데 다행스럽게도 고수들은 초보자가 입찰하는 물건에 입찰하지 않는다. 초보는 다른 초보와 경쟁하게 된다. 고수는 자신이 추구하는 수익률에 적합한 물건에 입찰하므로, 초보의 영역과 고수의 영역은 언제나 따로 존재한다. 그러나 누구든 초보로 시작해서 고수로 성장해간다. 그 누가 처음부터 고수였겠는가?

경매 공부만 몇 년씩 하는 사람들을 종종 본다. 막상 입찰하려고 하면 모르는 것 천지다. 경매물건을 낙찰 받으려고 민법 등 공부를 시작하면 관련 규정이 줄줄 나온다. 그런데 경매를 완벽하게 공부하고 나서 입찰하려고 하면 낙찰과는 멀어진다. 최소한 안전한 물건을 검토할 줄 알면 된다. 나머지는 경험을 통해 익혀야 한다. 경매는 부동산을 사는 기술이다. 부동산을 싸게 사는 방법, 그 이상도 이하도 아니다.

모의입찰부터 시작하자

기술은 훈련을 통해 익힐 수 있는 것이지 학습한다고 해서 저절로 알게 되지는 않는다. 경매도 마찬가지다. 기술을 익히기 위해 경험을 쌓는다고 아무거나 낙찰받아서는 안 된다. 잘 아는 물건에 모의입찰 하는 것부터 시작하자.

모의입찰을 여러 번 하다 보면 낙찰되는 입찰가가 어느 정도 선인지 알게 된다. 입찰하고 얼마에 낙찰되었는지 비교하며 계속 경험을 쌓아나간다. 모의입찰

> 모의입찰은 실제로 입찰하는 것처럼 조사하고 입찰가 산정도 해보는 것을 말한다.

때 조사했던 기록을 잘 보관해두었다가 나중에 시세를 찾아 비교해보는 것도 좋은 공부가 된다. 바둑에서 경기 내용을 복기하는 것처럼, 자신의 플레이와 상대의 플레이를 다시 복기하면 다른 관점으로 볼 수 있고 그때 했던 실수도 깨닫게 된다.

자신감이 생기고 입찰해보고 싶은 물건이 나타나면 그때는 실제로 입찰해본다. 물론 패찰도 많이 할 것이다. 패찰했다면 원인을 찾아보자.

- 시세를 너무 낮게 본 것은 아닌지?
- 물건의 가치를 제대로 본 것이 맞는지?
- 물건에 비해 너무 큰 수익을 보려고 했는지?

무조건 수익 내는 실전 부동산 경매

- 낙찰을 한번 받아보고 싶은 욕심에 입찰가를 너무 높게 썼는지?
- 이해관계자가 사정이 있어 낙찰 받은 물건인지?

여러 각도로 패찰의 원인을 파악할 필요가 있다. 패찰했다고 너무 실망하지 말자(솔직히 말해 낙찰은 입찰가만 높게 쓰면 언제든 가능하다). 처음에는 입찰가를 산정하는 방법을 익히고 실제로 낙찰 받는 것이 중요하다.

04

급매보다 싸고,
자금조달계획서도
필요없는 경매

경매에서는 매일매일 기회가 쏟아진다

부동산 경매로 돈을 벌었다는 사람들이 참 많다. 그런데 막상 경매를 시작하자니 경매용어도 낯설고 엄두가 나지 않는다. 요즘엔 낙찰가가 높아서 수익이 안 난다는 이야기도 들린다. 경매에는 다양한 자산이 나온다. 토지, 상가, 아파트, 임야 등 현금흐름이 나빠서 채권 정리가 안 되는 모든 것이 경매에 나올 수 있다. 이제 막 부동산에 관심을 가지기 시작했다면 마음을 여유 있게 가지고 부동산 전반에 관해 한번 훑어보며 공부해보자. 권리분석이나 명도가 까다로운 물건에서만 수익이 나는 것은 아니다. 기대수익을 현실적으로 잡는다면 기회는 매일 쏟아진다.

경매는 제2의 수입원을 만들기에 좋다

우리가 시도를 주저하는 것은 실패했을 때 잃을 것이 두렵기 때문이다. 본업을 유지하며 경매를 한다면 잃을 것은 거의 없다. 내가 부지런하면 지금 하는 일을 계속하면서 도전해볼 수 있다. 본업으로 생활을 유지하면서 다른 수입원을 만들기 위한 준비기간을 가질 수 있는 것이다. 요즘 직장인들 사이에서 N잡과 관련한 많은 노하우들이 공유되는데, 경매는 N잡보다 덜 피곤하고 수익은 더 크다. 부업을 고려하고 있다면 경매를 시작해보자.

경매는 급매보다 싸다

어떤 사람은 낙찰가가 싸다고 생각하는데, 또 어떤 사람은 높게 낙찰되었다고 생각한다. 각자 기대 수익이 다르기 때문이다. 경매는 수요와 공급을 한날한시에 맞추기 때문에 그날 다른 입찰자가 없으면 내가 적어 낸 가격에 낙찰된다. 수익구조가 분명하고 안정적인 물건일수록 입찰자가 많고 매매가에 근접한 금액에 낙찰된다. 내 눈에 좋은 물건은 남의 눈에도 좋아 보이므로 당연히 입찰자가 많다. 경매는 가격 말고도 자금조달계획서 등을 포함해 다음과 같은 여러 가지 장점들이 있다. 그래서 입찰자들은 매매가와 비슷한 가격에도 입찰한다.

경매는 자금조달계획서를 제출하지 않는다

현재 규제지역의 모든 주택, 비규제지역의 6억 원 이상 주택을 구입할 때는 자금조달계획서를 작성해야 한다. 투기과열지구에서 주택을 거래하면 자금조달계획서와 함께 증빙자료도 제출해야 한다. 증빙자료로는 기존주택 보유 현황, 통장의 잔고증명서, 소득금액증명원, 부동산 매매계약서, 임대계약서 등이 필요하다. 누구 돈으로 사는지 밝히기 위해 자기 자금과 타인 자금을 구분해 적는다. 반면에 경매 물건은 실거래가 신고대상이 아니기 때문에 구입 시 자금조달계획서를 제출하지 않는다.

경매는 토지거래허가를 받지 않는다

서울 핵심지와 개발호재가 있는 곳은 토지거래허가구역으로 지정되어 매매가 자유롭지 못하다. 그런데 경매는 토지거래허가를 받지 않는다. 토지거래허가구역으로 지정되면 일정 규모 이상 주택·상가·토지 등 거래 시 해당 구청장의 허가가 필요하고, 허가 없이 토지거래 계약을 체결할 경우 2년 이하 징역 또는 토지가격의 30%에 상당하는 금액 이하의 벌금형을 받는다. 주거용 부동산은 입주하는 조건으로만 취득 가능하고 임대 목적으로는 취득할 수 없다. 반면에 경매로는 토지거래허가구역에서도 임대 목적으로 주거용 부동산 취득이 가능하다. 행정처가 아닌 법원에서 매각허가결정을 하기 때문이다.

경매로 재개발·재건축 투자도 가능하다

새 아파트에 대한 수요가 늘어나면서 재개발·재건축에 대한 관심이 높아졌다. 이미 인프라가 갖춰진 곳에는 재개발·재건축이 아니면 새 아파트를 지을 방법이 없다. 낡고 오래된 주택이 새 아파트가 되면 그 가치가 천정부지로 올라간다. 정비 사업이 진행 중인 물건도 경매로 나오는데, 재개발·재건축사업의 조합원 지위 양도는 중요한 문제다. 분양받을 자격이 있는지에 따라 가치가 달라지기 때문이다. 전매제한에는 몇 가지 예외사유가 존재하는데, 경매는 조합원 지위 양도가 가능한 예외에 해당한다.

경매는 시세가 오르지 않아도 수익이 난다

일반 부동산 투자자들은 매도자가 파는 가격에 매수해서 오른 가격에 팔아 수익을 낸다. 부동산 투자를 결심했을 때는 자기만의 여러 가지 근거가 있을 것이다. 공급이 부족하다, 수요가 늘어날 예정이다, 교통호재가 있다, 개발호재가 있다, 재건축·재개발·리모델링 이슈가 있다, 전세가가 올라 매매가를 떠받치고 있다 등 부동산의 가격을 올리는 요소에 더해, 내가 정한 가격에 부동산을 낙찰 받는다면 수익을 못 낼 이유가 없다. 일반매매는 내가 산 가격에서 반드시 올라야만 수익이 난다. 하지만 경매는 시세가 안 올라도 싸게 낙찰 받으면 바로 수익을 확정하고 시작한다. 이것이 경매가 매매보다 유리한 점이다.

05

종잣돈 모으지 마라

나도 몰랐던 나의 종잣돈

사람들은 종잣돈을 여윳돈으로 생각한다. 그런데 우리는 항상 여윳돈이 없다. 돈이 생기면 늘 쓸 일이 생기기 때문이다. 종잣돈이란 현재 내가 동원할 수 있는 모든 현금을 말한다. 우리 조상들은 보릿고개에 아무리 배가 고파도 씨앗으로 남겨둔 것은 먹지 않았다고 한다. 씨앗이 미래의 먹거리를 제공하는 종잣돈과 같은 역할을 한 것이다.

사람의 능력치와 투자 성향에 따라 종잣돈은 적극적인 것과 소극적인 것으로 나뉜다. 통장에 모아둔 저축액, 오랫동안 납입한 청약저축, 혹시나 해서 들었던 보험금, 전세보증금, 대출비율이 적은 부동산 등이 종잣돈이 될 수 있다.

무조건 수익 내는 실전 부동산 경매

1) 보험의 약관대출

저축성 보험을 납부하다가 해지하면 일부를 제외한 금액을 돌려받게 된다. 금액이 큰 금액의 보험료에는 해약환급금이 있는데, 이것을 담보로 약관대출을 받으면 보험의 혜택은 유지하면서 일정한 이자만 내고 목돈을 빌릴 수 있다. 내 돈을 담보로 하기에 신청 즉시 지급되며 보험을 해약할 때 받을 금액을 담보로 한다. 약관대출은 신용평가에도 영향을 미치치 않는다.

2) 마이너스 통장

연봉이 많은 직장인의 경우 마이너스 통장 한도가 1억원이 넘게 나오기도 한다. 단, 1억원이 넘는 마이너스 통장은 주택 구입 자금 목적으로 사용할 수 없으므로 주택을 구입할 계획이 있다면 한도가 더 나오더라도 1억원 이하로 발급받는다. 이자는 높은 편이지만 사용한 금액만큼만 이자를 내기 때문에 편리하다. 담보대출을 받을 계획이 있다면 담보대출을 받은 후에 마이너스 통장을 개설해야 한다. 마이너스 통장이 있는 상태에서 담보대출을 받으면 담보한도가 줄어들 수 있다.

3) 청약저축

청약저축 납입금을 담보로 대출을 받으면 청약 기간을 유지하면서 자금을 활용할 수 있다. 청약저축은 가족의 수만큼 가입하자. 한 달에 10만원을 오랜 기간 납입하는 것이 여러 기준을 다 만족시킨다. 혹시 청약 외 방법으로 집이 생겼다고 해도 계속 납입하고 해약하지 않는다. 가점이 높지 않거나 1주택자라면 추첨제 물량도 있으니 청약저축을 유지함으로써 한 가지 선택지라도 더 가져가는 것이 좋다. 현재 당첨 가능성이 없더라도 청약저축을 유지해야 추후에 가점이 높아진다.

4) 대출비율이 적은 부동산

대출 중에는 주택을 구입할 때 받을 수 있는 대출이 있고, 소유권이전 등기 이후 3개월 이상 지난 부동산으로 받을 수 있는 대출이 있다. 소유권등기를 한 지 3개월 이상 되었다면 이미 소유한 아파트를 활용해 받을 수 있는 대출상품이 있는지 알아보자. 현재 주택담보대출은 매매자금으로 사용하기에 제한이 많다. 레버리지는 지렛대를 활용하는 것과 같은 원리인데, 레버리지를 이용하면 종잣돈+a가 되므로 투자의 범위가 넓어진다.

종잣돈의 크기와 대출한도가 클수록 투자할 수 있는 물건의 자산규모가 커진다. 부동산에서는 자산 가격이 높은 것이 더 좋고, 좋은 물건일수록 안전하다. 여윳돈 1억원과 흩어져 있는 돈을 모아 만든 2억원으로 투자할 수 있는 자산의 종류는 다르다. 종잣돈의 규모를 키우면 더 안전하고 수익이 큰 투자를 할 수 있다.

이 장의 제목이기도 한 종잣돈을 모으지 말라는 말은 투자와 저축을 병행해야 한다는 뜻이다. 오랜 시간을 들여서 모으기보다는 현재 끌어올 수 있는 자산이 무엇인지 생각해보자. 절약만으로 돈을 모으다 보면 지출이 고통스럽게 느껴지고 필요할 때 돈을 쓰지 못하게 된다. 돈을 아끼는 것보다 버는 것에 집중하고 자본의 크기를 키우는 것이 중요하다. 모든 수단을 동원해서 첫 눈덩이의 크기를 키우자.

06

처음부터 다 알고
시작할 수는 없다

경매를 처음 시작할 때 가장 먼저 접하는 것이 책과 유튜브다. 유튜브는 특성상 조회수를 높이기 위한 자극적인 내용이 많으니 주의해야 한다. 다음은 경매를 처음 시작하는 이들이 낙찰 받을 때 꼭 갖춰야 할 지식들이다. 함께 알아보자.

입찰까지는 권리분석, 낙찰 후엔 현장이 중요하다

입찰하기 전 꼭 필요한 경매지식을 정확하게 아는 것이 중요하다. 먼저 뼈대가 되는 권리분석을 익히고, 익숙해지면 명도나 현장대처 등 다른 부분으로 확장해 나간다. 그래서 입찰하기까지는 권리분석 지식이 가장 필요하다.

낙찰 받고 난 이후의 절차에는 명도와 임대 혹은 매도가 있다. 드라마나 유튜브에서 점유자를 내보내는 강제집행을 본 적이 있을 것이다. 명도는 강제로 점유자를 내보내는 절차다.

법원은 낙찰자에게 부동산을 매각하고 무책임하게 내버려 두지 않는다. 기존 소유자나 임차인과 이사 협상이 원활히 되지 않으면 이사 가라고 인도명령을 내린다. 이들이 만일 이사하라는 법원의 명령을 듣지 않으면 강제집행이라는 것을 하게 된다. 드라마에서 본 것처럼 가재도구를 강제로 끌어내는 절차다. 이 단계까지 가기 전에 수많은 협상은 물론, 법원의 명령과 강제집행의 계고가 이어진다. 협상을 거친 뒤 이사하는 경우가 대부분이고 실제로 강제집행을 하는 경우는 많지 않다.

맹인에게 길안내를 할 때는 1~2미터 앞의 장애물에 대해서만 알려준다. 앞으로 만날 모든 장애물을 다 알려주면 앞으로 나아갈 수 없기 때문이다. 경매를 시작하는 우리에게 필요한 지식은 입찰해서 낙찰 받는 데 필요한 지식이다. 낙찰을 잘 받았다면 그 뒤로는 어떤 어려움을 만나더라도 하나씩 해결해 나가면 된다.

잘 모르고 경매하는 것은 도박이나 마찬가지

경매한다고 말하면 주변 지인들이 위험하다며 만류한다. 흔히 경매가 위험하다고 하지만, 사실 경매를 배운다고 해도 아무런 일도 일어나지 않는다. 오히려 경매 공부를 하고 나서야 잘 모르는 채로 경매를 하는 것이 얼마나 위험한지 알게 된다.

각오를 단단히 하자. 나와 내 가족의 미래를 놓고 도박을 할 수는 없다. 경매에 대한 최소한의 지식도 없이 무모하게 실천에 옮기지 말자. 경매지식을 갖추면 입찰표를 작성하면서 어이없는 실수를 하거나, 인수되는 권리를 모르고 낙찰 받는 사고를 막을 수 있다. 이와는 반대로 계속 공부만 하는 사람들도 있는데, 스스로 확신이

들 때까지 집중하고 필요 없는 공부는 그만하자. 처음에는 입찰하려는 경매물건의 검토에 집중하고, 물건의 가치를 파악하기 위한 공부를 꾸준히 해야 한다. 그러면 경매가 나와 내 가족을 먹여 살리는 사업이 되어줄 것이다.

07

권리분석 잘하면
경매도 잘한다?

권리분석은 첫 단추를 끼우는 것에 불과하다

처음에는 권리분석이 가장 어렵지만, 그다음에는 좋은 물건을 고르는 것이 어렵고 또 그다음에는 꾸준히 하는 것이 어렵다. 권리분석이 어렵게 느껴지는 이유는 사실 단순하다. 처음 들어보는 법률용어, 익숙하지 않은 서류, 한 번도 따져보지 않는 (아주 단순한) 법률적 검토 때문이다. 모두 처음이라 어려운 것이지, 평생 어려운 것들이 아니다. 나는 권리분석을 오래 붙들고 공부하지 않기를 권한다. 책 5권, 2주, 이렇게 기간을 정해두고 집중해서 권리분석을 공부한 다음, 모의입찰을 하며 실전형 공부를 하는 것이 실전 경매의 방법이다. 권리분석은 경매의 첫 단추일 뿐이지 전부가 아님을 꼭 알았으면 한다.

제아무리 권리분석 천재라 해도 낙찰 한 번 받지 못한다면 아무런 의미가 없다.

법률용어에 익숙해질 만큼 공부하는 것을 목표로 삼고, 권리분석의 복잡한 관계를 풀어나가는 것은 실제 매물을 근거로 연습해보자.

핵심은 '좋은 물건을 찾는 법'이다

어떤 물건에 입찰해야 하는지에 대한 고민은 경매를 하는 동안 늘 따라온다. 부동산의 한자 뜻은 움직이지 않는다는 것을 의미하지만 부동산의 상대적인 입지는 매일 달라진다. 역이 없던 곳에 역이 생기고 도로가 개설되고 신도시가 만들어지고 산업단지가 조성된다. 주거지의 대표적인 인프라 중 지하철은 누구나 선호하는 교통수단이다. 이런 정보들은 수시로 파악해야 하기 때문에 물건을 고를 때는 부지런해야 한다.

재개발·재건축 정비사업 중에도 기회가 있다. 낡은 주택이 새 아파트가 되면 가치가 매우 높아진다. 정비구역 안에 있는 오래된 빌라를 소유한 사람이 새 아파트의 주인이 될 수 있는 것이다. 정비구역 내 부동산이 경매에 나올 수도 있는데, 이런 물건에 입찰하려면 경매와 재개발을 함께 알아야 한다.

정비구역 인근에도 투자가치가 있는 부동산이 있다. 낡은 주택과 빌라가 아파트단지가 되면 그 지역에 상주하는 인구가 많아지고, 이전에 비해 소득수준이 높아지기 때문에 상권에 영향을 준다. 아파트단지 출입구에서 생활 동선이 어디로 가는지에 따라 잘되는 상가와 잘 안 되는 상가로 나뉜다. 정비구역 밖이지만 아파트 주민들이 많이 지나다니게 될 곳, 혹은 역이 생기면 사람들이 다니게 될 곳이 가치가 높아지는 부동산이다. 자본이 충분하다면 좋은 곳에 투자할 수 있고, 적은 자본으로 투자한다면 좋아질 곳을 보는 눈이 필요하다.

수익실현 방법을 알아야 마무리가 된다

부동산에는 새로운 가치를 덧입힐 수 있다. 뉴스에 나오는 연예인의 부동산 투자 사례를 보면 입이 떡 벌어질 만큼 크게 시세차익을 본 경우가 많다. 연예인들은 단순히 사서 오르면 팔기보다는 용도변경이나 리모델링 등으로 큰 차익을 본다. 예를 들면 오래된 건물을 사서 신축하거나 리모델링해서 스타벅스를 입점시킨다. 단순히 싸게 사거나 낙찰 받으려 한다면 얻기 어려운 수익이다. 경매에서는 오래된 주유소나 건물을 낙찰 받아 새로운 사업으로 가치를 덧입히기도 한다.

단지 싸게 낙찰 받는 것 말고도 더 큰 수익을 낼 수 있는 방법은 많다. 투자자의 자본과 역량에 따라서 가능성은 얼마든지 열려 있다.

✋ 나땅의 경매 꿀팁

경매를 공부하는 사람들은 출발선이 다양하다. 부동산 투자를 하다가 경매로 영역을 확장한 사람도 있고, 경매로 부동산 투자를 시작한 사람도 있다. 부동산 투자를 하다가 경매를 공부하면 기본기가 있어서 어떤 부동산이 좋은지 나쁜지 판단할 수 있고, 위험한 부동산도 걸러낼 수 있다. 부동산을 거래한 경험도 있어서 등기사항전부증명서를 보거나 거래의 기본이 되는 용어들에도 익숙하다. 반면 부동산에 처음 관심을 가진 사람이라면 경매 권리분석 이외에도 기본기를 쌓아야 한다.

경매는 부동산을 사는 기술이고, 어떤 부동산을 사야 하는지에 대한 이해는 시간이 오래 걸리는 가장 중요한 일이다. 어떤 출발선에 있든지 자신이 보완해야 할 점을 인지하는 것이 중요하다.

무조건 수익 내는 실전 부동산 경매

chapter

2

짤막정리

본격적인 경매의 권리분석에 대한 설명입니다.

생소한 용어가 많이 나오지만, 부동산 자산가가 되기 위해서는 꼭 알아두어야 하는 필수
지식입니다. 경매는 일반인을 대상으로 하며, 법원은 위험한 것을 입찰자들에게 숨기고
경매물건을 매각하지 않습니다. 그러니 안심하세요.

경매용어 한 번에 정리하기

경매를 처음 배우는 입장에서는 생소한 법률용어와 부동산 용어가 버겁기 마련이다. 하지만 알고 보면 누구나 노력하면 습득할 수 있는 수준의 내용이다. 가전제품도 제품 사용설명서가 있고, 명칭이나 기능들을 한번 익히고 나면 잘 사용할 수 있다. 모든 기능을 샅샅이 알 필요는 없다. 경매도 마찬가지다. 자신의 속도에 맞게 하나씩 익혀나가면 된다. 경매용어를 잘 정리해두면 경매사건을 검토하고 이해하는 데 많은 도움이 된다.

(1) 임의경매, 강제경매, 형식적 경매

이 세 가지를 나누는 기준은 '경매가 어떻게 시작되었는가'다. 쉽게 말해 임의경매는 담보대출해 준 은행이 경매를 신청하는 경우다. 대부분 근저당권자가 경매를 신청하면 임의경매로 진행된다. 카드사 같은 일반 채권자가 경매를 진행하는 것이 강제경매다. 물건의 처분 권한이 없는데 집행권원을 확보해서 진행하는 것이다. 형식적 경매는 채권 때문에 경매로 매각하는 것이 아니라, 법적으로 처분해야 할 때 법원이 경매로 매각하는 것을 말한다. 경매는 당사자 누구에게나 공정하고 이견이 있을 수 없는 절차다. 공유자들이 부동산을 분할할 때 물리적으로 나눌 수 없다면 팔아서 대금을 나눈다. 이때 법원이 파는 것이 형식적 경매이며, 법원은 매수자와 매도자를 중개하거나 가격을 흥정하지 않는다.

얼마 전 50억원으로 감정된 청담동 꼬마빌딩이 형식적 경매로 나온 적이 있었다. 청담동에다 코너 자리라 위치도 좋았다. 120명의 입찰자가 입찰해 100억원이 넘는 가격에 낙찰되었을 만큼 자산가들 사이에서 핫 이슈인 물건이었다. 요즘 강남 아파트도 70억~80억원 하는 마당이 아닌가? 주택이 아닌 강남 꼬마빌딩은 워너비 레어템이다. 이 꼬마빌딩의 소유자는 2명이었는데 공동으로 소유하다 보니 의견이 맞지 않았는지 소송을 통해 분할했다. 이렇게 소유자 간에 협의가 잘되지 않아, 법원 경매로 전체를 매각해 지분 비율대로 나누는 것이 공유물 분할을 위한 경매다. 이는 소유자들의 채무 때문에 경매로 나온 것이 아니다. 하지만 입찰자 입장에서 어떻게 경매가 시작되었는지는 그리 중요하지 않다.

(2) 사건번호

2021타경은 2021년에 접수된 경매사건이라는 뜻이다. 보통은 은행에서 대출 받을 때 물건마다 근저당을 따로 설정하기 때문에 하나의 사건번호에 하나의 사건이 진행된다. 같은 소유자가 가진 물건 여러 개가 동시에 한 사건번호로 진행되기도 한다.

(3) 물건번호

한 소유자가 가지고 있던 부동산 3개가 한꺼번에 경매로 접수되었다. 이때는 사건번호는 같지만 물건번호를 각각 붙여 매각한다. 2021타경○○○○의 물건번호 (1), (2), (3)은 각각 다른 아파트다. 이번 사건과 같이 물건번호가 있는 물건에 입찰할 때는 물건번호까지 표기해야 유효하다. 앞서 본 사건번호는 2021타경○○○○이고 물건번호는 (2)다. 같은 사건번호에 물건번호로 연결된 물건의 배당은 연결된 사건이 모두 매각된 후 이루어진다. 따라서 이 중에 하나를 낙찰 받았다면 배당기일이 꽤나 늦게 잡힐 수도 있다는 사실을 염두에 두어야 한다. 건설사가 부도난 아파트는 물건번호가 몇십에서 백 단위에 이르기도 한다.

(4) 매각물건명세서

매각물건명세서는 법원에서 제공하는 서류로, 임차인과 인수되는 권리를 표시한 공적인 서류다. 법원은 매각물건명세서를 누구나 볼 수 있도록 매각기일 1주일 전까지 법원에 비치해 둔다. 권리분석의 핵심인 매각물건명세서에서 인수되는 권리와 임차인 특별매각조건 등을 확인한다. 매각물건명세서에 사실과 다르게 기재된 사항이 있을 경우 불허가를 받을 수 있다. 입찰자는 경매서류 중 매각물건명세서를 가장 중점적으로 보아야 한다.

(5) 감정평가

법원이 물건을 매각할 때 처음에 가격 기준을 정해주는 것이 감정평가다. 경매는 신건일 때 감정평가금액에서 시작한다. 감정평가사는 여러 가지 방법으로 동산과 부동산의 가치를 매기지만, 평가방법에 한계가 있기 때문에 감정평가금액을 시장에서 거래되는 가격으로 오해해선 안 된다. 아파트 감정평가 시에는 기준시점의 비슷한 거래사례를 비교한다. 감정평가는 경매를 준비하는 단계에서 하기 때문에 항상 낙찰되는 시점보다 과거이며, 그 이후 시세변동은 반영하지 않는다. 공장의 경우 감정평가가 더욱 중요한데, 그 이유는 감정평가에 포함된 물건까지 함께 낙찰 받기 때문이다. 공장에 설치된 기계류, 전기시설이 감정평가금액에 포함되어 있었다면 이에 대한 소유권까지 갖는다.

(6) 최저매각가격

감정평가금액으로, 첫 기일에 진행된다. 최저매각가격 이상의 입찰가만 유효하다. 1회차에는 유찰되는 경우가 많다. 1회차 최저매각가격이 시세와 비슷하면 입찰자들이 시세보다 낮아지기를 기다리며 입찰하지 않기 때문이다. 1회차에 입찰자가 없어 유찰되면 20%나 30% 저감된 금액으로 진행된다. 너무 많이 유찰되면 직전 최저가보다 높게 낙찰되기 때문에 적절한 선에서 입찰하는 것이 좋다.

(7) 매수신청 보증금

매수신청 보증금은 최저매각가격의 10%다. 아래 예시의 사건은 감정가 8억원으로 시작해서 2회 유찰되었다. 3회차 기일에 입찰하려 했다면 보증금 8,000만원으로 입찰하는 것이고, 4회차는 1회 유찰되어 감정가의 80%인 6억 4,000만원이 최저매각가격이므로 6,400만원이 입찰보증금이 된다. 현재는 2회 유찰되어 최저매각가격이 5억 1,200만원이므로 입찰보증금은 5,120만원이다. 매수신청 보증금은 수표 한 장으로 준비하는 것이 보통이고, 부족하게 넣으면 낙찰이 무효가 되니 금액이 모자라지 않게 주의해야 한다. 특별매각조건으로 재매각일 경우에는 매수신청 보증금이 20%나 30%가 될 수 있으며 매각물건명세서에 기재된다. 재매각사건에 10%의 보증금으로 입찰한다면 보증금을 적게 넣은 것이 되어 낙찰이 무효가 된다.

2020타경▆▆▆▆▆				• 서울북부지방법원 • 매각기일 : 2022.08.23.(火) (10:00) • 경매5계(전화:910-3675)				
소 재 지	서울특별시 노원구 동일로▆▆▆ ▆▆▆ ▆▆▆▆ (상계동,▆▆▆▆▆) 도로명검색 🔲 주소 복사 구)서울특별시 노원구 상계동 ▆▆							
물건종별	아파트	감정가		800,000,000원		오늘조회:2 전체조회:936		
토지면적	43.36㎡(13.12평)	최저가	⑥ (64%) 512,000,000원	구분	입찰기일	최저매각가격	결과	
건물면적	58.01㎡(17.55평)	보증금	⑦ (10%) 51,200,000원	1차	2022-05-10	800,000,000원	유찰	
매각물건	토지 및 건물일괄매각	청구금액	0원	2차	2022-06-14	640,000,000원	변경	
사건접수	2020-12-15	소유자	이▆▆ 외 4명	3차	2022-06-14	800,000,000원	유찰	
개시결정	2021-07-16	채무자	고▆▆	4차	2022-07-19	640,000,000원	유찰	
사 건 명	공유물분할경매	채권자	유▆▆	5차	2022-08-23	512,000,000원	진행	

(8) 개별매각과 일괄매각

경매의 목적은 채권자의 채권회수에 있다. 경매로 될 수 있으면 좋은 가격에 낙찰되는 것을 목표로 한다. 사용자의 편의상 함께 매각해야 하는 것은 일괄매각한다. 예를 들어 토지와 건물이다. 토지와 건물은 분리해서 매각할 수 있지만 함께 낙찰 받아야 사용하는 데 불편함이 없다. 부도난 회사가 소유하던 부동산 여러 개가 경매로 매각되는 경우 각각 매각하는 것이 낙찰에 유리하다. 아파트 한 동이 경매로 나오기도 하는데 이때 일괄매각하면 낙찰가가 낮아질 우려가 있다. 이런 경우 같은 사건이라도 사건번호 외에 물건번호를 따로 부여해 개별 매각한다.

(9) 기일입찰과 기간입찰

법원경매는 당일 해당 법원으로 가서 입찰하는 기일입찰 방식을 주로 취하고 있다. 평일 오전에 진행하고 10시~10시 30분 사이에 시작해 1시간 동안 입찰표를 나눠주고 개찰하기까지는 몇 시간이 소요된다. 당일 입찰표는 한 번에 나눠준다. 개찰은 사건번호 순서대로 하거나 입찰자가 많은 것을 먼저 하기도 한다. 본업이 있는 경우 입찰에 참여하기 어렵다면 대리인이 대신 입찰할 수도 있다. 기간입찰은 기간 안에 기일입찰표와 매수신청보증금을 우편으로 제출하는 것이다. 온비드 공매는 인터넷으로 입찰하기 때문에 기일입찰 방식에 비해 입찰이 편리하다. 평일 입찰이 어렵다면 공매에 입찰하는 방법도 있다.

(10) 배당요구 종기일

경매사건에는 여러 채권자들이 있는데 이들 중 어떤 채권자는 배당요구를 하지 않아도 배당이 되고 어떤 채권자는 배당요구를 해야 배당이 된다. 근저당권자처럼 경매개시결정등기 전에 등기된 채권자는 배당요구를 하지 않아도 배당이 된다. 임차인은 배당요구를 해야 배당되는 채권자다. 임차인이 배당을 원한다면 배당요구 종기일까지 배당요구를 해야 한다. 배당여부가 곧 계약유지의 의사이기 때문에 선순위임차인은 배당요구를 하지 않고 권리신고만 하거나 아무런 권리신고도 하지 않을 수 있다.

(11) 최고가매수신고인

입찰 시 가장 높은 가격을 적은 사람이 최고가매수신고인이다. 최고가매수신고인은 매각기일에 매수신청 보증금을 돌려받지 않는다. 대신 법원보관금 영수증을 받고 경매절차 이해관계인 자격으로 서류를 열람할 수 있다. 최고가매수신고인은 매각허가결정 이후 대금지급기한 통지서를 받고 기한 안에 대금을 납부한다. 최고가매수신고인의 자격이 없는 사람은 전 기일 대금을 미납한 최고가매수신고인, 해당 경매사건 채무자, 해당 경매사건 담당 집행관과 감정평가사 등이다. 대금지급기한까지 대금을 납부하지 않으면 다음 기일이 잡히고 매수신청 보증금은 몰수된다.

(12) 차순위매수신고

최고가매수신고인 다음으로 높은 입찰가격을 적어낸 사람 중 차순위매수신고를 원하는 사람은 차순위신고를 할 수 있다. 차순위매수신고를 원하는 사람은 차순위매수 신청을 하고 매수신청 보증금을 찾아가지 않는다. 신고하려면 매각기일 당일에 의사를 표시한다. 최고가매수신고인이 대금을 납부하지 않을 경우 자신이 입찰했던 금액을 납부할 수 있고, 대금을 납부하면 차순위매수신고인은 보증금을 돌려받는다. 차순위매수신고 제도는 최고가매수신고인의 대금미납으로 경매절차가 늦어져 비용이 더 발생하는 것을 줄여준다. 실무에서는 최고가매수신고인이 대금을 납부하는 경우가 많고 보증금이 묶이기 때문에 차순위신고를 하지 않는다. 하지만 만일 최고가매수신고인이 잔금을 못 낼 것 같거나 자격이 없어 보인다면 전략적으로 차순위신고를 해볼 수 있다. 차순위매수신고인도 이해관계인으로 법원서류를 열람할 수 있다. 단, 최고가매수신고인과의 금액 차이가 입찰보증금보다 작아야 가능하다.

(13) 공유자우선매수 청구권

상속이나 증여 혹은 부부 사이에 재산을 공동 소유하는 경우가 있다. 부부 공동명의의 집을 담보로 대출을 받는다면 명의가 공동이라도 근저당을 전체에 설정한다. 이때 근저당에 의해 경매가 진행된다면 전체가 매각된다. 근저당의 설정 범위가 전체이기 때문이다. 공유자 중 한 사람이 세금을 내지 않았다면 체납한 사람 소유지분에만 압류가 설정된다. 다른 지분권자의 재산은 압류할 수 없다. 그래서 공동명의로 소유하는 부동산은 일부 지분에만 압류나 채권이 설정될 수 있다. 이 경우에 채권으로 경매가 신행된다면 해당 지분만 경매로 매각할 수 있고, 당사자가 아닌 다른 지분은 매각할 수 없다. 부동산을 공유한다는 것은 이들 사이에 특별한 관계가 있다는 것이고 법원은 이를 배려한다. 이때 반대쪽 지분권자는 공유자우선매수를 청구할 수 있다.

공유자우선매수 청구권은 공유자가 원한다면 보증금을 내고 낙찰자가 낙찰 받은 금액에 낙찰 받을 수 있는 권리다. 미리 법원에 의사표시를 하거나, 기일에 참석하여 경매절차 중 공유자우선매수 의사를 밝힌다. 이때 공유자가 우선 매수하지 않고 추후에 소유권을 가져오려 한다면 낙찰자에게 그만한 대가를 지불해야 한다. 공유물을 경매로 진행한다는 법원의 서류를 받았다면 공유자는 선택해야 한다. 공유물을 지키고 싶다면 공유자우선매수를 청구해야 하고, 그렇지 않다면 매각되도록 놔둔다. 반대로 입찰자의 입장에서는 지분매각의 경우 공유자우선매수 청구가 들어올 가능성이 항상 있다는 사실을 유념해야 한다. 최고가매수신고인에 앞서 공유자가 가져갈 수 있기 때문이다.

(14) 문건송달내역

경매사건에서는 이해관계자에게 서류가 전달되는 것이 매우 중요하다. 소유자나 공유자는 자신 소유의 부동산이 경매로 진행되고 있다는 것을 알아야 하고, 채권자들 또한 이 사실을 알아야 한다. 이런 서류들이 오가는 내역이 문건송달내역이다. 경매절차는 서류로 진행되기 때문에 어떤 서류가 오갔는지를 보면 많은 것을 알 수 있다. 채무자의 강제집행정지신청이나 채권자의 기일연기신청 등은 불허가사유나 변경사유가 되기도 한다. 평소에 어떤 서류가 오가는지 지켜보는 습관을 들이면 특별한 경우를 눈여겨보게 된다.

(15) 매각결정기일

법원은 매각기일에 최고가매수신고인의 자격과 절차상에 문제가 있는지 검토한다. 절차상으로 문제가 없다면 매각기일 7일 뒤에 매각허가결정을 내린다. 만일 매각허가결정기일 이전에 경매절차나 물건의 하자를 발견했다면 불허가신청을 한다. 토지거래허가 구역 내의 부동산이 경매로 진행됐다면 법원이 허가결정을 내리기 때문에 별도의 허가절차 없이 소유권을 취득할 수 있다. 법원이 결정을 내린 대상에게 허가한 것이기 때문에 낙찰 이후에 반드시 낙찰자의 명의로 소유권을 이전해야 한다.

(16) 신매각과 재매각

경매로 진행되다가 처음 매각되는 것을 신매각이라고 한다. 신매각일 때는 입찰보증금이 최저매각 가격의 10%다. 그런데 누군가 낙찰 받았는데 대금을 미납했다면 다음번 기일부터 재매각된다. 재 매각은 특별매각조건으로 입찰보증금을 최저매각가격의 20~30% 납부해야 한다. 경매물건의 하 자로 낙찰자가 자신의 보증금을 포기하고 잔금을 내지 못했을 때는 다른 입찰자들도 같은 이유로 실수할 가능성이 많다. 재매각은 제대로 검토하지 않은 입찰자들이 잘못 낙찰 받는 일을 막기 위한 절차다. 누군가가 대금을 미납했다면 한 번 더 검토해보아야 한다.

(17) 매각불허가

매각기일 이후 매각결정기일까지 이해관계인의 진술이 있다면 매각을 허가하지 않는 것을 말한다. 불허가 신청으로 경매절차를 방해하는 것을 막기 위해 불허가 사유에 해당하는 경우에만 불허가가 가능하다. 무분별한 불허가 신청으로 경매절차가 지연되어서는 안 되기 때문이다. 매각불허가 결 정이 나면 입찰보증금 반환을 요구할 수 있다. 매각불허가 사유는 주로 경매절차의 중단이나 하자 일 때만 가능하고, 입찰자의 실수는 불허가 사유가 아니니 주의해야 한다. 대표적인 불허가 사유는 문건송달이 안 되었다거나 채무자의 개인회생, 매각물건명세서의 하자다.

(18) 현황조사서

법원집행관이 경매물건지에 직접 찾아가서 점유자를 만나 보고 들은 것을 그대로 적은 것이다. 사 실 여부를 따지지 않기 때문에 거짓일 수도 있지만 중요한 증거가 된다. 가장 흔한 현황조사서 문 구는 폐문부재다. 집행관은 평일 낮시간에 두 번 정도 방문하기 때문에 사람이 없어 아무도 만나지 못하는 경우가 대부분이다. 현황조사서는 소유자나 임차인의 점유와 대항력을 판단하는 자료다. 채권자 중 등기하지 않는 유치권자의 경우 점유가 중요하다. 현황조사서에 유치권자의 점유에 대 한 내용이 없다면 점유의 시기에 대한 단서가 될 수 있다.

(19) 경매기입등기

법원이 부동산 등기부 갑구에 경매의 개시를 알리는 것이다. 경매기입등기에는 부동산의 압류효력이 있다. 또 제3자에게 경매가 진행 중이라는 사실을 알려 예측하지 못한 손해를 보지 않도록 보호하려는 목적이 있다. 경매기입등기는 경매로 진행되는 것을 알고 나서야 자신의 권리를 주장하는 사람들로부터 채권자를 보호한다. 경매기입등기일 이후로 매매나 임대차계약, 상속, 증여 등은 보호되지 않는다. 소액임차인 최우선변제금은 후순위라도 임차인을 보호하지만 최소한 경매기입등기 이전에 계약하고 전입해야 한다. 또, 정당한 권한이 있는 유치권자라도 경매기입등기 이전부터 점유해야 한다.

08

5분 만에 끝내는
권리분석 개념

권리분석, 날짜와 금액으로 줄 세우기

드디어 기다리던 권리분석 차례다. 그래서 권리분석이 뭘까? 경매에는 수많은 권리들이 얽혀 있다. 돈을 받을 채권자, 임차인, 세금을 받아야 하는 지방자치단체, 임금을 못 받은 근로자, 공사업자 등이다. 소유권에 대한 소송이 진행 중인데 이에 대한 판결이 아직 나지 않은 상태로 경매에 나오기도 한다. 법원이 권리의 순위를 따져 정리해서 어떤 권리는 인수해야 하고 어떤 권리는 소멸해야 하는지를 분석하는 것이 권리분석이다.

경매는 돈에 대한 권리를 정리하는 것을 목표로 한다. 돈을 갚아야 하는 사람이 있는데 정해진 기간까지 갚지 않았다. 채권자는 돈을 갚으라고 요청하지만 채무자는 돈이 없다고 한다. 채권자가 찾아보니 돈이 없다던 채무자가 큰 빌딩을 소유하고 있다. 이 경우 법원은 채무자가 빌딩을 팔아서 채권자에게 돈을 갚는 것이 옳다고 판단한다. 채무자가 자발적으로 팔아서 갚으면 좋은데 자발적으로 하지 않으니 강제로 팔아서 돈을 갚아준다. 재산이 없으면 경매에 나올 것도 없다.

부동산에서는 돈을 받을 수 있는 권리들의 순서를 날짜와 금액으로 정할 수 있다. 법원은 가장 비싸게 사겠다는 사람에게 경매로 부동산을 팔아서 그 돈으로 채권의 순위와 금액에 맞게 배당을 해준다. 그런데 부동산에는 돈에 대한 권리만 있는 것이 아니다. 소유권을 다투는 아파트에 대한 권리도 있고 토지 소유자가 건물을 철거하려고 소송 중인 물건에 대한 권리도 있다.

예를 들어 A와 B 중 누가 소유자인지 다투는 부동산이 있다. 이때 A의 채권자가 돈을 받으려고 줄을 선다고 해서 A의 부동산을 무조건 팔아버릴 수는 없다. 소송결과에 따라 A가 소유자로 판결이 난다면 문제가 없지만, B가 소유자로 판결이 난다면 B의 부동산으로 A의 빚을 갚은 셈이 된다.

우리가 권리분석을 하는 이유

권리분석은 경매로 매각해서 부동산에 얽힌 권리를 모두 정리할 수 있는지, 인수되는 것이 있다면 무엇인지를 알아보는 것이다. 부동산의 권리는 등기부에 있는 권리와 등기부에 기재되지 않은 권리로 나뉜다. 임차인은 돈을 받을 권리가 있지만 등기하지 않는다. 이런 권리들을 비교하여 어떤 것은 말소하고 어떤 것은 인수한다. 법은 국민의 입장을 다각도로 확인하여 최대한 억울한 사람이 없도록 보호하고자 한다. 나는 기계적으로 권리분석을 하다가 어느 날 문득 법이 상식적이고 따뜻

하다는 것을 느낀 적이 있다. 복잡해 보이는 권리분석은 사실 알고 보면 여러 가지 입장의 사람들을 보호하기 위한 장치다.

돈으로 환산해보는 권리분석의 가치

경매 권리분석 1회에는 1,000만원의 가치가 있다. 서울 아파트 중위가격이 10억원이라고 생각해보면, 당신이 배우는 지식에 1회 낙찰 시 드는 매수대리 수수료 1,000만원의 가치가 있다는 뜻이다. 20억원, 30억원인 부동산에 입찰한다면 그 가치는 더 높아진다.

또한 경매 권리분석으로 매수대리 수수료 1,000만원을 아껴 낙찰 받은 부동산이 몇 년 사이에 억대로 오른다면 여러분이 가진 권리분석 지식은 과연 얼마짜리 지식일까? 이제 권리분석에 얼마나 큰 가치가 있는지 알았을 것이다. 그러니 더 이상 권리분석 공부를 두려워하지 않기를 바란다.

09

권리분석의 기본이 되는
말소기준권리

외우지 않아도 되는 말소기준권리

경매를 공부하다 보면 말소기준권리라는 것을 여러 번 들어봤을 것이다. 그런데 대법원 경매정보에는 사실 말소기준권리라는 말이 없다. 매각물건명세서에서는 말소기준권리를 최선순위설정이라는 단어로 표현한다.

매각물건명세서에는 경매로 매각하는 부동산에 최선순위로 등기된 권리와 임차인을 기재한다. 경매로 말소할 수 없는 권리도 표기한다.

법원은 등기사항전부증명서 중 돈에 대한 권리가 무엇인지 살펴보고 그 권리 뒤로 설정된 권리는 말소한다. 최선순위설정은 이때 말소의 기준이 되는, 가장 우선순위에 있는 날짜라는 뜻이다. 이 물건을 매각해서 이 기준 뒤로 있는 권리는 말소하겠다는 의미다. 권리가 어떤 의미를 갖는지 이해하면 굳이 외우지 않아도 된다.

등기부에 기재되는 돈에 대한 권리는 근저당, 압류, 가압류, 담보가등기 등이다. 전부 전세권자가 배당요구를 하면 근저당처럼 돈을 달라고 하는 권리가 된다.

출생기록부와도 같은 등기사항전부증명서

등기사항전부증명서는 사람으로 치면 주민등록초본 같은 문서화된 기록이라고 볼 수 있다. 부동산에는 소유권 외에도 많은 권리들이 있는데, 아파트에 적어 놓을 수는 없으니 등기부에 모두 표시한다. 말소기준권리는 모든 권리들이 표시된 이 등기부에서 파악한다.

등기부는 국가가 관리하며 누구나 열람할 수 있다. 소유자나 부동산에 설정된 권리를 감추고 거래할 수 없게 공시하는 것이다. 다양한 권리들을 등기부에 어떻게 표시하는지 알고, 이에 익숙해지는 것이 권리분석의 시작이다.

10

위험한 물건은
매각물건명세서가 알려준다

매각물건명세서가 말해주는 것들

　법원이 제공하는 서류 중 가장 중요한 것은 매각
물건명세서다. 이 서류만 잘 봐도 입찰하는 데는 문
제가 없을 정도다. 등기사항전부증명서에는 모든 권
리가 다 표시되고 매각물건명세서에는 최선순위설정

매각물건명세서는 경매기일 일주일
전에 비치된다. 한 번 유찰되거나 경
매기일이 연기, 변경되면 그 뒤부터
기존에 나온 매각물건명세서를 볼 수
있다.

만 표시된다. 최선순위설정 이후로는 권리가 거의 말소되기 때문이다. 혹시 인수되
는 선순위 권리들이 있다면 "매각으로 소멸하지 않는다."라고 기재된다. 경매는 권
리를 다 말소하고 아무 문제없이 소유권을 넘겨주는 것을 기본으로 하기 때문에 이
문구는 아주 주의 깊게 봐야 한다.

　권리분석은 누구의 권리가 먼저인가를 따져보는 것이다. 다소 어려울 수도 있

다. 법적인 지식이 기본이고, 개념적인 설명이 대부분이기 때문이다. 우리에게 중요한 것은 권리 자체보다는 이들의 순서를 파악하고 어떤 것이 우선순위에 있는지를 아는 것이다.

매각물건명세서에 표시되는 것은 ① 사건번호, ② 물건번호, ③ 등기부상 최선 순위권리, ④ 임차인 내역, ⑤ 임차인에 대한 주의사항이다. 임차인과 관련해서는 전입날짜와 확정일자, 배당요구 여부도 표시된다. 최선순위권리 외에 따로 인수되는 것이 있다면 특별한 경우다. 이때는 법원이라도 말소할 수 없다고 입찰자에게 고지한다. 말소가 안 된다고 고지했는데 입찰자가 못 봤다면 본인이 실수이기 때문에 낙찰 받았을 때 보호받기 어렵다. 다만 매각물건명세서에 중요한 사항이 빠져 있거나 잘못 기재되었다면, 낙찰을 받았어도 매각불허가를 해주어 입찰보증금을

매각물건명세서

사건	① 2020타경 부동산임의경매	매각물건번호	② 1	담임법관(사법보좌관)	
작성일자	2021.09.15	최선순위 설정일자	③ 2016.08.08(근저당권)		
부동산 및 감정평가액 최저매각가격의 표시	부동산표시목록 참조	배당요구종기	2020.12.30		

부동산의 점유자와 점유의 권원, 점유할 수 있는 기간, 차임 또는 보증금에 관한 관계인의 진술 및 임차인이 있는 경우 배당요구 여부와 그 일자, 전입신고일자 또는 사업자등록신청일자와 확정일자의 유무와 그 일자

점유자의 성명	점유부분	정보출처 구분	점유의 권원	임대차 기간 (점유기간)	보증금	차임	전입신고일자.사 업자등록신청일 자	확정일자	배당요구 여부 (배당요구 일자)
				④ 조사된 임차내역 없음					

〈 비고 〉

⑤ ※ 최선순위 설정일자보다 대항요건을 먼저 갖춘 주택.상가건물 임차인의 임차보증금은 매수인에게 인수되는 경우가 발생할 수 있고, 대항력과 우선 변제권이 있는 주택.상가건물 임차인이 배당요구를 하였으나 보증금 전액에 관하여 배당을 받지 아니한 경우에는 배당받지 못한 잔액이 매수인에게 인수되게 됨을 주의하시기 바랍니다.

※ 등기된 부동산에 관한 권리 또는 가처분으로서 매각으로 그 효력이 소멸되지 아니하는 것

해당사항 없음

※ 매각에 따라 설정된 것으로 보는 지상권의 개요

해당사항 없음

※ 비고란

※ 주1 : 경매, 매각목적물에서 제외되는 미등기건물 등이 있을 경우에는 그 취지를 명확히 기재한다.
　　 2 : 최선순위 설정일자보다 먼저 설정된 가등기담보권, 가압류 또는 소멸되는 전세권이 있는 경우에는 그 담보가등기, 가압류 　　　　　　또는 전세권 등기
일자를 기재한다.
민집 105, 268, 민집규 55, 194

돌려준다. 법원이 매각을 취소하는 근거가 될 정도로 매각물건명세서는 아주 중요하다.

매각물건명세서에 '인수되는 권리'가 있다면 아주 위험한 물건

※ 최선순위 설정일자보다 대항요건을 먼저 갖춘 주택 · 상가건물 임차인의 임차보증금은 매수인에게 인수되는 경우가 발생할 수 있고, 대항력과 우선변제권이 있는 주택 · 상가건물 임차인이 배당요구를 했으나 보증금 전액에 관해 배당을 받지 아니한 경우에는 배당 받지 못한 잔액이 매수인에게 인수되게 됨을 주의하시기 바랍니다.

위 문구는 임차인의 임차보증금이 매수인에게 인수될 수 있다는 경고문구로, 항상 기재되는 주의사항이다. 여기서 중요한 것은 그 아래에 적혀 있는 경고문구 중 '※등기된 부동산에 관한 권리 또는 가처분으로서 매각으로 소멸하지 아니하는 것'인데, 소멸이 안 되는 것이 있다는 이야기다. 소멸되지 않는 권리가 무엇인지 파악하는 것은 낙찰자에게 무척 중요하다고 했다. 낙찰자에게 인수된다는 뜻이기 때문이다. '매각에 따라 설정된 것으로 보는 지상권'도 중요하다. 따로 기재되어 있다면 어떤 권리인지 알아보아야 한다. 단, 아파트 경매에서는 지상권에 문제가 있는 경우가 드물다.

매각물건명세서에 인수되는 권리가 있다면 위험한 물건이라는 뜻이니 조심해야 한다. 법원은 위험한 물건의 경우, 반드시 낙찰자에게 위험성을 고지한 후 매각한다.

매각물건명세서의 임차내역

등기사항전부증명서에 기재되지 않는 채권으로는 임차인의 보증금이 있다. 임차인은 전월세로 계약한 뒤 전입하고 등기를 하지 않기 때문에 임차인의 권리는 따로 표시한다. 경매물건을 검색해보면 소유자 점유가 대부분인데, 이때는 매각물건명세서에 "조사된 임차내역 없음"으로 나온다. 임차인이 없기 때문에 등기부의 권리가 모두 말소된다면 입찰 시 시세조사만 필요한 물건이다. 경매에서는 이런 물건이 가장 많다. 난이도가 낮아서 초보자들이 가장 많이 몰리는 물건이다.

소유자 외에 다른 전입이 있다면 매각물건명세서에는 임차인으로 표시되는데, 실제 임차인인지 여부를 확인해주진 않는다. 서류상의 임차인이 실제 임차인인지를 가려내는 것에서 경매의 난이도가 결정된다. 실제 임차인이라면 전입 및 권리여부와 배당순위를 계산해보고 입찰 계획을 세울 수 있지만, 만약 실제 임차인이 아니라면 여러 가지 사실관계를 정확히 확인할 수 없으므로 본인의 경매 실력에 따라 입찰 여부를 결정하는 게 좋다.

임차인의 배당요구는 매각물건명세서에서 확인할 수 있는데, 임차인은 배당요구를 할 수도 있고 하지 않을 수도 있다. 배당요구를 했다가 마음이 바뀌어 철회할 수도 있다. 선순위임차인이 배당 여부를 결정하는 것은 거주와 관계가 있기 때문이다. 전세 임차인이 집주인에게 보증금을 돌려달라고 요구한다면 이것은 이사를 가겠다는 의미다. 다른 권리보다 빠른 선순위임차인은 「주택임대차보호법」의 보호를 받으므로 보증금을 다 받지 못하면 대항력을 행사할 수 있다. 낙찰자에게 보증금을 달라고 할 수도 있고 보증금을 받을 때까지 이사를 가지 않을 수도 있으므로, 선순위임차인은 조심스럽게 다루어야 한다.

매각물건명세서

사건	2020타경 ■■■■■ 부동산강제경매		매각물건번호	1	담임법관(사법보좌관)	
작성일자	2021.08.30		최선순위 설정일자	2020.05.13. 경매개시결정		
부동산 및 감정평가액 최저매각가격의 표시	부동산표시목록 참조		배당요구종기	2020.08.12		

부동산의 점유자와 점유의 권원, 점유할 수 있는 기간, 차임 또는 보증금에 관한 관계인의 진술 및 임차인이 있는 경우 배당요구 여부와 그 일자, 전입신고일자 또는 사업자등록신청일자와 확정일자의 유무와 그 일자

점유자의 성명	점유부분	정보출처 구분	점유의 권원	임대차 기간 (점유기간)	보증금	차임	전입신고일자. 사업자등록신청 일자	확정일자	배당요구 여부 (배당요구 일자)
박■■	전부	등기사항전 부증명서	주거 임차권자	2017.07.24~	150,000,000		2017.07.24	2017.07.10	
주택도시보증공사(양도인:박■■)	전부	권리신고	주거 임차인	2017.07.24. ~2019.07.23.	150,000,000		2017.07.24	2017.07.10	2020.07.30

〈 비고 〉
주택도시보증공사(양도인:박■■) : 주택도시보증공사는 경매신청채권자로서, 임차인 박형호의 임차보증금반환채권의 양수인임.

※ 최선순위 설정일자보다 대항요건을 먼저 갖춘 주택.상가건물 임차인의 임차보증금은 매수인에게 인수되는 경우가 발생할 수 있고, 대항력과 우선 변제권이 있는 주택.상가건물 임차인이 배당요구를 하였으나 보증금 전액에 관하여 배당을 받지 아니한 경우에는 배당받지 못한 잔액이 매수인에게 인수되게 됨을 주의하시기 바랍니다.

※ 등기된 부동산에 관한 권리 또는 가처분으로서 매각으로 그 효력이 소멸되지 아니하는 것

매수인에게 대항할 수 있는 울구 12번 임차권등기(2019.08.12.등기) 있음(임대차보증금 150,000,000원, 전입일 2017.07.24, 확정일자 2017.07.10.), 배당에서 보증금이 전액 변제되지 아니하면 잔액을 매수인이 인수함.

※ 매각에 따라 설정된 것으로 보는 지상권의 개요

해당사항 없음

※ 비고란

특별매각조건 매수신청보증금 최저매각가격의 20%

    이 사건의 임차인은 보증금 1억 5,000만원에 계약하였다. 주택도시공사의 보증을 받았고 배당요구를 하였다.

당사자끼리 소송 중인 한 사건이 있었다. 선순위 전입이 있었는데 1금융권에서 대출이 많이 나간 사건이었다. 문건송달내역을 보니 채권자가 채권회수에 적극적이었다. 채권회수에 도움이 된다면 내게 협조해줄 것 같다는 판단이 들어서 채권자인 은행 담당자와 통화를 했다. 담당자는 선순위 전입한 사람과 임차권 관련 소송을 했다고 했다. 대출할 당시에는 임차인이 아니라고 하더니 경매가 진행되자 보증금 5억원을 신고했기 때문이었다. 그래서 임차권부존재 소송결과를 기다리는 중이라고 했다. 채권사는 채권을 보전하기 위해 임차인이 아니라는 소송결과가 나오기까지 경매절차를 미루었고, 채권자가 소송에서 승소한 후 이 내용을 기재함으로써 매각물건명세서는 수정되었다.

매각물건명세서만 잘 봐도 사고를 피할 수 있다

법원 경매에서는 매각물건명세서만 잘 보아도 사고가 나지 않는다. 입찰자들이 서류 보는 법조차 모르기 때문에 사고가 나는 것이다. 초보자들이 주로 시작하는 아파트 경매에서는 임차인을 조심해야 한다. 경매에서 가장 흔한 권리는 근저당과 가압류이고 이 권리가 인수되는 경우는 없다. 가처분이나 가등기는 경매가 아니면 평생 한 번도 보기 어려운 권리다.

왕초보도 할 수 있는 권리분석 3단계

매각물건명세서 보기

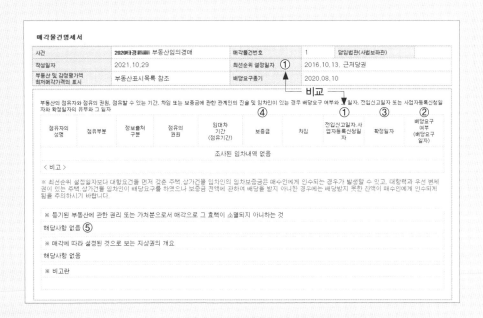

매각물건명세서

사건	2020타경■■■■ 부동산임의경매	매각물건번호	1	담임법관(사법보좌관)	
작성일자	2021.10.29	최선순위 설정일자 ①	2016.10.13. 근저당권		
부동산 및 감정평가액 최저매각가격의 표시	부동산표시목록 참조	배당요구종기	2020.08.10		

비교

부동산의 점유자와 점유의 권원, 점유할 수 있는 기간, 차임 또는 보증금에 관한 관계인의 진술 및 임차인이 있는 경우 배당요구 여부와 그 일자, 전입신고일자 또는 사업자등록신청일자와 확정일자의 유무와 그 일자

④ ① ③ ②

점유자의 성명	점유부분	정보출처 구분	점유의 권원	임대차 기간 (점유기간)	보증금	차임	전입신고일자.사 업자등록신청일 자	확정일자	배당요구 여부 (배당요구 일자)
				조사된 임차내역 없음					

〈 비고 〉

※ 최선순위 설정일자보다 대항요건을 먼저 갖춘 주택.상가건물 임차인의 임차보증금은 매수인에게 인수되는 경우가 발생할 수 있고, 대항력과 우선 변제권이 있는 주택.상가건물 임차인이 배당요구를 하였으나 보증금 전액에 관하여 배당을 받지 아니한 경우에는 배당받지 못한 잔액이 매수인에게 인수되게 됨을 주의하시기 바랍니다.

※ 등기된 부동산에 관한 권리 또는 가처분으로서 매각으로 그 효력이 소멸되지 아니하는 것

해당사항 없음 ⑤

※ 매각에 따라 설정된 것으로 보는 지상권의 개요

해당사항 없음

※ 비고란

1. ①번끼리 최선순위설정과 전입신고를 비교한다.

   둘 중 빠른 권리가 무엇인지 확인한다. 최선순위설정인가? 임차인의 전입인가?

2. 최선순위권리가 빠르다면 ①번과 ⑤번만 본다. ①번은 최선순위권리다. ⑤번은 인수되는 권리
   이고, 인수되는 권리가 없다면 경매로 모든 권리가 정리되는 물건이다.

3. 전입신고가 가장 빠르다면 ① 전입신고 → ② 배당요구 → ③ 확정일자 → ④ 보증금 → ⑤ 인
   수되는 권리 순으로 확인한다. 전입신고가 빠르다면 임차인이 중요하다. 배당요구를 했는지, 확
   정일자를 받았는지, 보증금이 얼마인지를 확인한다. 배당요구 시에는 보증금을 다 받는지 확인
   해야 하고 미배당금이 있다면 그것까지 인수된다. 배당요구를 하지 않았다면 보증금이 나에게
   인수된다. 이 밖에 따로 인수되는 권리가 있는지 확인한다.

이 3단계를 순서대로 확인하면 누구나 권리분석을 할 수 있다. 경매가 진행 중인 물건을 대상으로
반복해서 연습해보자.

절대 실패하지 않는 권리분석

1. 임차인이 없는 사건
2. 임차인의 전입이 최선순위 설정보다 늦은 경우

이 두 경우는 왕초보라도 문제없이 권리분석을 할 수 있는 경우다. 채권과 세금이 아무리 많아도
안전하다.

11

알아두어야 할
기본적인 부동산의 권리

말소할 수 없는 권리가 있다면 매각물건명세서에 매각으로 소멸하지 않는 권리가 있다고 기재된다고 했다. 매각물건명세서만으로도 입찰할 수 있지만 등기사항전부증명서를 이해하고 경매를 하면 남들이 보지 못하는 것이 보인다. 등기부에는 권리분석이 되어 있지 않아 권리의 종류와 순서를 스스로 정리해야 하므로, 권리에 대한 개념을 한 번이라도 제대로 파악하고 간다면 수익 전략을 다양하게 세워볼 수 있다. 지금부터 부동산과 얽힌 권리에는 무엇이 있는지 한번 알아보자.

물건에 대한 권리 '물권'

물권은 물건에 대한 권리가 있다는 뜻이다. 대표적으로 우리가 알고 있는 물권은 근저당이다. 소유자가 돈을 빌리면서 물건(등기사항전부증명서)에 근저당권을 설정한 것으로 날짜와 권리자를 등기한다.

1) 근저당

근저당은 돈을 빌려주면서 설정하는 권리(물권)다. 대표적인 근저당은 담보대출이다. 언제 누가 돈을 빌려줬는지와 금액을 기록하는데, 이때 금액은 채권최고액으로 표기한다. 근저당은 돈을 받을 권리이기 때문에 경매로 말소할 수 있다.

9	근저당권설정	2016년8월26일 제40440호	2016년8월26일 설정계약	채권최고액 금136,500,000원 채무자 최▨▨ 　　　경상남도 거제시 상동1길 ▨▨▨▨▨ 　　　▨▨▨▨▨ (상동동, ▨▨▨▨▨▨▨) 근저당권자 당감1동새마을금고 　　　184144-0000956 　　　부산광역시 부산진구 당감로 ▨▨▨▨ 　　　(당감동)
10	근저당권설정	2017년3월16일 제11449호	2017년3월16일 설정계약	채권최고액 금102,000,000원 채무자 최▨▨ 　　　경상남도 거제시 상동1길 ▨▨▨▨▨ 　　　▨▨▨▨▨ (상동동, ▨▨▨▨▨▨▨) 근저당권자 김천농업협동조합 171336-0000269 　　　경상북도 김천시 자산로 ▨▨ (평화동)

2) 전세권

전세권은 우리가 일반적으로 생각하는 전월세와 조금 다르다. 여기서 전세권은 등기하는 물권을 이야기한다. 보통은 전입할 수 없는 경우에 설정한다. 임대차계약에서 임차인은 계약서를 쓰고 전입해 대항력을 얻는 반면 전세권은 등기사항전부증명서에 전세권 설정 등기로 등기한다. 전세권 설정 등기 시에는 날짜와 권리자, 전세금액과 기간을 적는다. 누구나 볼 수 있게 등기하기 때문에 전입하지 않아도 보호가 된다.

5	전세권설정	2017년1월16일 제3701호	2017년1월2일 설정계약	전세금　금50,000,000원 범　위　주거용, 건물 전유부분 전부 존속기간　2017년1월16일 부터 2019년1월15일 까지 전세권자　김■■ 720814-******* 경상북도 포항시 남구 송림로79번길 ■■(송도동)

위 예시에서 임차인은 전세권 설정 등기 덕에 전입하지 않아도 순위를 유지한다. 등기부에서 가장 빠른 전세권은 배당요구를 했을 때 돈을 받을 수 있는 권리이고 이후로 말소된다.

3) 가처분

가처분은 분쟁이 있는 경우 부동산을 처분하지 못하게 하는 등기다. 소유권에 대해 소송하고 있다면 소송결과에 따라 소유자가 바뀔 수도 있으므로, 소송결과가 나올 때까지 일단 처분하지 못하게 하는 것이다. 가처분은 소유권에 대한 다툼이고 돈에 대한 권리가 아니기 때문에 선순위 권리라면 말소할 수 없다. 매우 드물지만 가처분 중에는 후순위라도 말소되지 않는 것들이 있는데, 이런 것들은 매각물건명세서에 인수되고 말소되지 않는다고 나온다.

16	1번최■■지분,최■■ 지분,김■■지분,3번최 ■■지분,김■■지분, 최■■지분,7번■■■ 지분,7번■■■지분 ,8번김■■지분,9번 최■■지분,10번최 ■■지분,15번최 ■■지분,최■■지분 가처분	2020년5월15일 제17875호	2020년5월15일 춘천지방법원 강릉지원의 가처분결정(202 0카단■■■■)	피보전권리　공유물 분할을 원인으로 한 소유권이전등기청구권 채권자　심■■　710515-******* 강원도 강릉시 교동광장로 ■■ ■■■ ■■ (교동) 금지사항　매매, 증여, 전세권, 저당권, 임차권의 설정 기타일체의 처분행위 금지

4) 가등기

부동산을 계약할 때 잔금까지 기간이 길 경우, 혹은 이중매매를 못 하게 하려고 설정하는 등기다. 가등기는 소유권에 대한 권리이기 때문에 최선순위가등기 이후에 돈을 달라고 하는 권리들이 설정되면 가등기를 말소할 수 없다. 간혹 담보할 목적으로 가등기를 설정하기도 한다. 반대로 근저당보다 늦게 설정된 가등기는 말소된다.

18	11번한상봉시분선부 이전청구권가등기	2010년7월00일 제84994호	2019년7월20일 매매예약	가등기권자 지분 14490분의 621 한 ■ 851216-******* 강원도 철원군 동송읍 금학로121번길 ■ ■ ■■■(청성아파트)

5) 경매기입등기

앞으로 법원이 경매를 진행할 것이라는 등기다. 누군가 경매를 신청하면 법원은 경매기입등기를 해서 알린다. 경매 개시결정등기 이후에 임대차 계약이나 매매, 증여, 상속 등은 보호되지 않는다. 소액임차인 최우선변제도 경매기입등기 이후로 전입했다면 받을 수 없다. 경매기입등기는 매각 시 당연히 말소된다.

13	임의경매개시결정	2021년7월14일 제139285호	2021년7월14일 서울중앙지방법 원의 임의경매개시결 정(2021타경■ ■)	채권자 주식회사 신한은행 110111-0012809 서울 중구 세종대로9길 20 (태평로2가) (여신관리부)

돈을 받을 수 있는 권리 '채권'

우리가 주고받는 돈은 대부분 채권이다. 각종 요금이나 카드값, 개인 간에 차용증을 쓰고 빌린 돈이 채권에 해당한다. 돈을 받아야 하는데 받지 못했다면 법원이 실제 채권이 맞는지 확인하고 채무자의 재산에서 돈을 받을 수 있게 권한을 부여한다. 단, 돈을 받을 권리는 있지만 돈을 못 받았다고 해서 채무자의 재산을 처분할 권한까지는 없다.

1) 압류

채권자의 신청을 받은 국가기관이 채무자가 채권을 처분하지 못하게 하는 절차다. 압류의 채권자들은 주로 국가나 시·군·구청 등 지자체, 검찰청 등의 기관이다. 압류는 돈을 달라고 하는 권리이고 모든 압류는 말소된다.

4	압류	2017년 2월 20일 제29261호	2016년 10월 10일 압류(세무2과-2 1798)	권리자 서울특별시판악구

2) 가압류

가압류는 갚아야 할 금액이 있지만 아직 법원의 판결을 받지 못한 미확정 채권으로, 이를 갚지 않은 채로는 채권을 처분하지 못하게 하는 권리다. 가압류는 돈을 달라고 하는 권리이고 경매절차에서 모두 말소된다.

5	가압류	2018년2월1일 제18293호	2018년2월1일 서울중앙지방법 원의 가압류 결정(2018카단8 01245)	청구금액 금24,000,000 원 채권자 박██ 751210-******* 강원 홍천군 홍천읍 ███ ██ ██ (상오안리)

　　법은 시간의 순서에 따라 먼저 성립한 권리를 우선시한다. 돈을 빌려준 권리가 우선하면 돈을 받을 순서대로 나누어준다. 소유권을 다투는 물건에 누군가 돈을 받아야 한다고 줄을 섰다면 법원이 마음대로 매각해 버릴 수 없다. 재판의 결과에 따라 물건이 다른 사람의 소유로 판결이 난다면 낙찰을 받았어도 인레의 소유자에게 돌려줘야 하는 것이다. 인수되는 가처분이나 가등기는 낙찰을 받아도 소유권을 빼앗길 수 있어 경매에서 매우 위험한 경우다.

전세권의 두 얼굴

　　경매에서 최선순위설정이 될 수 있는 권리는 근저당, 압류, 가압류 등 돈에 대한 권리다. 가등기, 가처분, 전세권은 돈에 대한 권리가 아니다. 전세권자는 돈을 내고 부동산을 사용하려는 목적으로 전세권을 설정한다. 그러나 전세권자가 배당요구를 했거나 경매를 신청했다면 돈을 달라고 하는 권리가 된다. 이때 전부 전세권자는 최선순위가 될 수 있고, 전세권자가 배당요구를 하면 근저당권자와 비슷하게 배당을 받는다. 이렇듯 전세권은 돈에 대한 권리인 동시에 사용하기 위한 권리의 두 가지 얼굴을 가진다.

12

등기사항전부증명서로
권리분석 하기

등기사항전부증명서 뜯어보기

　매각물건명세서는 매각 일주일 전에 비치되므로, 그전에 매각물건명세서 없이 권리분석을 하려면 등기사항전부증명서를 보면 된다.

> 등기부는 무인발급기나 주민센터에서 발급 받을 수 있고, 인터넷등기소에서 인터넷으로 열람할 수도 있다. 행꿈사옥션에서도 경매 중인 사건의 등기부를 열람할 수 있다.

　등기부는 원래 토지용과 건물용이 따로 있다. 아파트와 오피스텔 같은 집합건물은 집합건물등기부 한 가지로 표시한다. 단독주택이나 다가구 등 집합건물이 아닌 부동산은 등기부가 토지와 건물 두 가지로 표시된다. 등기부에는 말소된 권리도 볼 수 있게 빨간 줄로 표시되어 있다.

등기사항전부증명서(말소사항 포함)
- 집합건물 -

고유번호 2742-2010-004961

[집합건물] 서울특별시 은평구 진관동 25 은평뉴타운구파발

【 표 제 부 】 (1동의 건물의 표시)				
표시번호	접 수	소재지번,건물명칭 및 번호	건 물 내 역	등기원인 및 기타사항
~~1~~	~~2010년7월28일~~	~~서울특별시 은평구 진관동~~ ~~은평뉴타운구파발~~	~~철근콘크리트구조~~ ~~(철근)콘크리트평지붕 지상~~ ~~10층 공동주택(아파트)~~ ~~1층 426.44㎡~~ ~~2층 561.27㎡~~ ~~3층 561.27㎡~~ ~~4층 561.27㎡~~ ~~5층 561.27㎡~~ ~~6층 561.27㎡~~ ~~7층 561.27㎡~~ ~~8층 561.27㎡~~ ~~9층 561.27㎡~~ ~~10층 561.27㎡~~	~~건산도면번호~~ ~~10-2742-0000235~~
2		서울특별시 은평구 진관동 은평뉴타운구파발 [도로명주소] 서울특별시 은평구 진관3로	철근콘크리트구조 (철근)콘크리트평지붕 지상 10층 공동주택(아파트) 1층 426.44㎡ 2층 561.27㎡ 3층 561.27㎡ 4층 561.27㎡ 5층 561.27㎡ 6층 561.27㎡ 7층 561.27㎡ 8층 561.27㎡ 9층 561.27㎡ 10층 561.27㎡	도로명주소 2014년8월11일 등기

집합건물 등기부 뜯어보기

• 표제부

표제부에는 건물 1동의 '주소와 건물이 무엇으로 지어졌는지?', '총 몇 층인지?', '층마다 넓이가 얼마인지?'가 표시된다. 건물이 있는 토지의 주소와 면적이 대지권으로 표시되고, 그중 내가 소유한 전유부분의 표시가 나온다. 전유부분의 표제부가 중요하다. 전유부분은 현관 안쪽의 공간으로 소유자가 생활하는 부분이다. 건물면적이 몇 m²인지와 대지권이 표시되며, 공동주택의 경우 땅을 주택 소유자들이 비율대로 나누어서 대지권으로 소유한다. 전유부분의 건물면적이 흔히 말하는 실평수다. 전유부분이 84m²라면 실평수는 25평이고 분양면적은 34평이다. 현황과 건축물대장의 표제부가 다를 때는 건축물대장이 우선한다.

【 표 제 부 】	(전유부분의 건물의 표시)			
표시번호	접 수	건물번호	건 물 내 역	등기원인 및 기타사항
1 (전 1)	1995년7월19일	제8층 제802호	철근콘크리트 벽식구조 84.99m²	도면편철장 제2책16장
				부동산등기법 제177조의 6 제1항의 규정에 의하여 1999년 02월 10일 전산이기

	(대지권의 표시)		
표시번호	대지권종류	대지권비율	등기원인 및 기타사항
1 (전 1)	1, 2 소유권대지권	12313.7분의 32.87	1995년6월2일 대지권 1995년7월19일 부동산등기법 제177조의 6 제1항의 규정에 의하여 1999년 02월 10일 전산이기

• 갑구

갑구에는 소유권에 대한 사항이 나온다.

[집합건물] 서울특별시 노원구 상계동 463외 1필지 █████ ████ ███

【 갑 구 】 (소유권에 관한 사항)				
순위번호	등기목적	접 수	등기원인	권리자 및 기타사항
1 (전 2)	소유권이전	1997년1월28일 제5945호	1996년12월28일 매매	소유자 장██ ██████-******* 서울 노원구 ████ ███ ████████ ████ ████
				부동산등기법 제177조의 6 제1항의 규정에 의하여 1999년 02월 10일 전산이기
2	소유권이전	2005년3월21일 제21886호	2005년2월18일 매매	공유자 지분 2분의 1 조███-******* 서울 노원구 ████ ████ 지분 2분의 1 오██-******* 서울 노원구 ████ ████
2-1	2번등기명의인표시 변경	2008년12월16일 제145503호	2005년4월2일 전거	오██의 주소 서울특별시 노원구 ███ █ █████ ███
3	2번조규성지분전부 이전	2008년12월16일 제145502호	2008년12월16일 증여	공유자 지분 2분의 1 오██-******* 서울특별시 노원구 ████ ████ ████ ████
4	소유권이전	2010년2월22일 제14038호	2010년1월13일 매매	소유자 안██-******* 서울특별시 노원구 ████ ████ 거래가액 금340,000,000원
5	소유권이전	2011년3월31일 제30740호	2011년1월10일 매매	소유자 조██-******* 경기도 양평군 서종면 █████ 거래가액 금352,500,000원
5-1	5번등기명의인표시 변경		2011년10월31일 도로명주소	조██의 주소 경기도 양평군 서종면 █████ 2013년11월11일 부기
5-2	5번등기명의인표시	2020년6월5일	2017년10월31일	조██의 주소 경기도 양평군 서종면 █████

소유권이전등기 날짜, 소유자 이름과 주소, 주민등록번호 앞 6자리를 표시한다. 실거래가 신고대상이라면 거래가액도 표시한다. 소유자가 이사를 가면 주소를 '전

거'로 새로 표시한다. 전거는 거주지를 옮겨서 전입했다는 뜻이다. 소유권을 제한하는 권리도 표시한다. 가압류, 압류, 경매개시결정등기 등은 소유자가 소유권을 처분하지 못하도록 하는 권리다. 소유권에 대한 권리이기 때문에 갑구에 표시한다. 가압류의 정도와 금액을 보고 소유자의 경제적 상황을 유추할 수 있다. 자잘한 채권이나 카드사 채권이 있다면 소유자가 경제적으로 매우 어려운 상황에 처해 있을 것으로 추측할 수 있다.

• 을구

을구에는 소유권 이외의 권리에 대한 사항을 표시한다. 근저당 전세권 등은 을구에 표시한다.

[건물] 대전광역시 대덕구 송촌동 220-26 주건축물제1동

【 을 구 】 (소유권 이외의 권리에 관한 사항)				
순위번호	등 기 목 적	접 수	등 기 원 인	권리자 및 기타사항
1	근저당권설정	2020년8월14일 제16941호	2020년8월14일 추가설정계약	채권최고액 금 720,000,000원 채무자 김▒▒ 　대전광역시 대덕구 계족로663번길 ▒, 근저당권자 우리새마을금고 164144-0002766 　대전광역시 동구 백룡로 7(자양동) 공동담보 토지 대전광역시 대덕구 송촌동 　　토지 대전광역시 대덕구 송촌동 　　홍▒▒지분의 담보물에 추가
2	근저당권설정	2021년7월21일 제12724호	2021년7월21일 설정계약	채권최고액 금240,000,000원 채무자 이▒▒ 　대전광역시 유성구 관용로 ▒ ▒▒▒ 근저당권자 박▒▒ 660422-******* 　대전광역시 동구 계족로483번길 ▒▒ ▒▒ 공동담보 토지 대전광역시 대덕구 송촌동 　　▒▒▒

- 이 하 여 백 -

관할등기소 대전지방법원 대덕등기소

을구 순위번호 1번의 내용을 보면 채무자는 이 부동산과 다른 부동산을 공동담보로 2020년 8월 14일 우리새마을금고에서 채권최고액 7억 2,000만원을 대출받았다. 그리고 2021년 7월 21일 지인에게 채권최고액 2억 4,000만원을 근저당으로 설정하였다. 이렇게 을구에는 누가, 언제, 얼마를 빌려주었는지 또 갚았는지가 표시된다. 접수일이 같다면 접수일 아래에 접수번호가 빠른 권리가 순위가 빠르다.

복잡할 때는 요약본을 보사

등기사항전부증명서에는 말소된 권리까지 표시되기 때문에 복잡하다. 이럴 때는 맨 뒤 페이지에 있는 주요 등기사항 요약을 확인하자. 현재 유효한 등기만 표시되기 때문에 비교적 간단하다.

등기부에는 갑구와 을구가 따로 표시되는데 권리분석을 할 때 함께 보아야 한다. 등기부로 분석하려면 갑구와 을구를 시간 순서대로 통합해서 확인한다. 갑구와 을구의 접수날짜를 확인해서 순서를 매기고 시간 순서에 따라 다시 적어본다. 이때 날짜가 같으면 물권이 채권보다 우선하고 같은 권리끼리는 번호가 빠른 것이 우선한다. 말로 설명하면 장황하지만 직접 한번 해보면 쉽다.

주요 등기사항 요약 (참고용)

[주 의 사 항]

본 주요 등기사항 요약은 증명서상에 말소되지 않은 사항을 간략히 요약한 것으로 증명서로서의 기능을 제공하지 않습니다.
실제 권리사항 파악을 위해서는 발급된 증명서를 필히 확인하시기 바랍니다.

고유번호 1641-2020-000281

[건물] 대전광역시 대덕구 송촌동 220-26 주건축물제1동

1. 소유지분현황 (갑구)

등기명의인	(주민)등록번호	최종지분	주　　　소	순위번호
김▦▦ (소유자)	980627-*******	단독소유	대전광역시 서구 남선로60번길 ▦-▦ ▦▦▦ (탄방동)	1

2. 소유지분을 제외한 소유권에 관한 사항 (갑구)

순위번호	등기목적	접수정보	주요등기사항	대상소유자
2	가압류	2021년11월10일 제18769호	청구금액　금18,867,219 원 채권자　주식회사케이비국민카드	김▦▦
3	임의경매개시결정	2022년1월24일 제1039호	채권자　우리새마을금고	김▦▦

3. (근)저당권 및 전세권 등 (을구)

순위번호	등기목적	접수정보	주요등기사항	대상소유자
1	근저당권설정	2020년8월14일 제16941호	채권최고액　금 720,000,000원 근저당권자　우리새마을금고	김▦▦
2	근저당권설정	2021년7월21일 제12724호	채권최고액　금240,000,000원 근저당권자　박▦▦	김▦▦

나땅의
특별과외

혼자서 통합등기부 작성해보기 ①

등기사항전부증명서에서는 갑구와 을구를 구별하지만 경매에서 권리의 순위를 따질 때는 갑구와 을구를 같이 검토해야 한다. 경매 권리분석을 하기 위해서는 각각 떼어놓은 등기부를 한데 모아 정리하는 과정이 필요하다. 그래서 작성하는 것이 통합등기부다(유료사이트에는 통합등기부가 정리되어 있다).

통합등기부 작성 순서

1. 맨 뒤에 있는 주요 등기사항 요약을 본다.
2. 갑구와 을구의 접수 날짜를 비교한다(날짜가 같으면 물권이 채권보다 우선하고 같은 권리끼리는 접수 번호가 빠른 것이 우선한다).
3. 순서가 정해진 대로 번호를 매겨본다.
4. 번호 순서대로 다시 적어본다.
5. 최선순위설정이 될 수 있는 권리를 찾는다.

이런 순서로 등기부에 숫자를 적어보면 다음과 같다.

무조건 수익 내는 실전 부동산 경매

주요 등기사항 요약 (참고용)

── [주 의 사 항] ──

본 주요 등기사항 요약은 증명서상에 말소되지 않은 사항을 간략히 요약한 것으로 증명서로서의 기능을 제공하지 않습니다.
실제 권리사항 파악을 위해서는 발급된 증명서를 필히 확인하시기 바랍니다.

고유번호 1641-2020-000281

[건물] 대전광역시 대덕구 ▨▨▧ ▨▨▧▧ 주건축물제1동

1. 소유지분현황 (갑구)

등기명의인	(주민)등록번호	최종지분	주　　　소	순위번호
김▧▧ (소유자)	▨▨▧-*******	단독소유	대전광역시 서구 남선로▨▧ ▨ ▨▨-▨ ▧▨▨▧	1

2. 소유지분을 제외한 소유권에 관한 사항 (갑구)

순위번호	등기목적	접수정보	주요등기사항	대상소유자
2	가압류 ③	2021년11월10일 제18769호	청구금액　금18,867,219 원 채권자　주식회사케이비국민카드	김▧▧
3	임의경매개시결정 ④	2022년1월24일 제1039호	채권자　우리새마을금고	김▧▧

3. (근)저당권 및 전세권 등 (을구)

순위번호	등기목적	접수정보	주요등기사항	대상소유자
1	근저당권설정 ①	2020년8월14일 제16941호	채권최고액　금 720,000,000원 근저당권자　우리새마을금고	김▧▧
2	근저당권설정 ②	2021년7월21일 제12724호	채권최고액　금240,000,000원 근저당권자　박▧▧	김▧▧

[참 고 사 항]
가. 등기기록에서 유효한 지분을 가진 소유자 혹은 공유자 현황을 가나다 순으로 표시합니다.
나. 최종지분은 등기명의인이 가진 최종지분이며, 2개 이상의 순위번호에 지분을 가진 경우 그 지분을 합산하였습니다.
다. 지분이 통분되어 공시된 경우는 전체의 지분을 통분하여 공시한 것입니다.
라. 대상소유자가 명확하지 않은 경우 '확인불가'로 표시될 수 있습니다. 정확한 권리사항은 등기사항증명서를 확인하시기 바랍니다.

등기사항전부증명서의 요약이다. 갑구와 을구가 따로 구분되어 있다. 날짜순으로 정리해보자.

통합등기부

① 2020년 8월 14일　　근저당 우리새마을금고 채권최고액 7억 2,000만원

② 2021년 7월 21일　　근저당 박○○ 채권최고액 2억 4,000만원

③ 2021년 11월 10일　　가압류 케이비 국민카드 청구금액 1,886만 7,219원

④ 2022년 1월 24일　　임의경매개시결정 채권자 우리새마을금고

날짜순으로 정렬한 후 돈에 대한 권리 중 가장 빠른 권리를 찾는다. 2020년 8월 14일에 설정된 우리새마을금고 근저당이 가장 빠른 권리다. 임차인의 전입을 날짜순으로 정리한 통합등기부에 끼워 넣는다. 이보다 먼저인 다른 권리가 없으며 임차인의 전입이 있다면 이 권리보다 먼저 전입했는지를 살핀다. 소유자가 거주하는 중이라면 물건의 가치 외에는 경매로 문제될 것은 없다. 아무리 많은 압류, 가압류, 근저당이 있어도 모두 말소된다. 경매 사건 대부분이 이렇게 모두 말소되는 사건이다. 유료사이트에는 이와 같은 방법으로 통합등기부를 기재하여 놓았다.

13

배당의 원리

경매로 배당 받을 채권자 중에는 물권자도 있고 채권자도 있다. 법원은 최고가 매수신고인이 낸 대금으로 배당을 하는데, 배당금이 채권에 비해 부족하면 누군가는 배당을 받지 못한다. 배당의 원리를 안다면 자신이 돈을 받을 수 있는지 없는지 어느 정도 가늠할 수 있다. 법은 시간 순서대로 보호하므로 권리가 우선하는 채권자에게 먼저 배당한다. 같은 순위인 물권과 채권이 있다면 물권자에게 먼저 배당한다.

순서가 중요한 물권

물권에는 우선변제권이 있어서 자신의 채권을 다 받아야 다음 순위로 배당이 넘어간다. 물권자끼리는 등기부 순위를 따른다. 배당 순위를 따지려면 먼저 갑구와 을구의 등기부를 시간 순서대로 정리한다. 순차배당으로 1순위 물권자가 배당을 다 받아야 2순위 물권자에게 배당 순위가 넘어온다. 만일 배당금이 부족하다면 2순위 물권자는 배당을 받지 못할 수 있다.

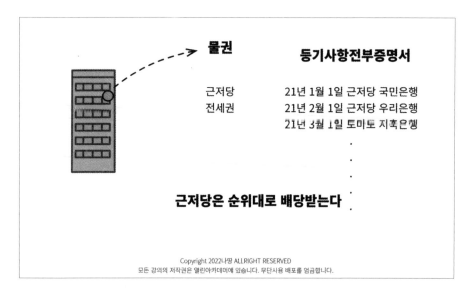

대표적인 물권인 근저당은 선착순으로 돈을 받는다. 1순위 근저당권자(국민은행)가 2021년 1월 1일 근저당을 설정했다. 만약 소유자가 다른 은행에 찾아가서 후순위 대출을 받는다면 2순위 근저당권자(우리은행)는 1순위 근저당의 날짜와 대출 금액을 알게 된다. 이미 등기사항전부증명서에 공시되어 있기 때문이다. 2순위 근저당권자는 1순위 근저당권자가 모두 배당을 받아야 자신에게 배당 순위가 온다는 것을 인지하고 대출해주었다. 후순위 대출은 원금을 받지 못할 위험이 크기 때문에 이율이 높은 편이다.

순서와 관계 없이 평등한 채권

채권은 시간 순서에 관계없이 평등하다. 우리가 주고받는 거의 모든 돈이 채권이다. 카드대금을 납부하지 않았다고 해서 카드사가 내 집을 바로 경매로 넘길 수는 없다. 내가 처분 권한을 주지 않았기 때문이다. 채무자가 돈을 갚지 않았다면, 채권자는 법원의 판결을 받아 집행권원을 확보해야 채무자의 재산을 압류할 수 있디. 채무자가 여러 카드사를 상대로 카드값을 내지 않았다면 어떤 카드사 채권이 우선할까? 본래 채권은 우선변제권이 없고 공시가 되지 않는다. 법원은 채권자에게 사이좋게 나눠주고, 받을 돈이 많은 채권자에게 더 많이 배당해준다. 채권은 이렇듯 비율로 계산해 안분배당 한다.

> 안분은 각 채권 금액의 비율에 따라 고르게 나눈다는 뜻이다.

배당 스터디: 물권 – 물권

물권끼리는 순차배당한다. 1순위 근저당 6억원, 2순위 근저당 6억원이 있다. 물권끼리 경합하고 배당금은 10억원이라고 하자. 물권은 우선변제권이 있어 배당할 때 채권을 모두 만족한 후에야 다음 순위로 넘어간다.

순위	권리종류	채권금액	배당액
1순위	근저당	6억원	6억원
2순위	근저당	6억원	4억원

2순위 근저당권자는 1순위 근저당권자가 배당을 모두 받고 나서 채권의 일부를 배당 받는다. 6억원의 채권 중 4억원은 배당 받고 2억원은 받지 못했지만 등기부에서 말소된다. 못 받은 금액을 낙찰자에게 요구할 수는 없다.

배당 스터디: 채권 – 채권 1

채권끼리는 안분배당한다. 1순위 압류채권 6억원, 2순위 압류채권 6억원이 있다. 채권끼리 경합하고 배당금은 10억원이라고 하자.

순위	권리종류	채권금액	배당액
1순위	압류	6억원	5억원
2순위	압류	6억원	5억원

1순위 배당금 계산: 6억원(1순위 채권)/[6억원+6억원(총채권 12억원)]×10억원
(배당재단)=5억원

2순위 배당금 계산: 6억원(2순위 채권)/[6억원+6억원(총채권 12억원)]×10억원
(배당재단)=5억원

채권은 총채권에서 비율로 계산하고 채권액이 많은 채권자가 더 많이 배당받는다. 근저당권자의 경우 1순위 채권자가 다 배당 받는 것과 비교해 물권과 채권이 어떻게 다른지 비교해보았다.

배당 스터디: 채권 - 채권 2

채권끼리는 안분배당한다고 했다. 1순위 압류채권 8억원, 2순위 압류채권 12억원이 있다. 채권끼리 경합하고 배당금은 10억원이라고 하자.

순위	권리종류	채권금액	배당액
1순위	압류	8억원	4억원
2순위	압류	12억원	6억원

1순위 배당금 계산: 8억원(1순위 채권)/[8억원+12억원(총채권 20억원)]×10억원(배당재단)=4억원

2순위 배당금 계산: 12억원(2순위 채권)/[8억원+12억원(총채권 20억원)]×10억원(배당재단)=8억원

순위가 늦지만 안분배당이므로 채권이 더 많은 2순위권자 채권에 배당도 더 많이 되었다. 순위대로 하는 배당 외에 세금이나 최우선변제금 등이 있어 배당에는 예외가 많다.

배당은 선순위임차인이 배당요구를 했을 경우에만 확인하면 된다. 소유자 점유의 경매사건에서 입찰자가 권리분석의 중요한 뼈대를 놓친 경우에는 채무자의 세금체납액을 알아내려고 애를 쓰기도 한다. 소유자나 후순위임차인의 경우 세금을 체납해도 입찰하는 데는 문제가 없고 안전하다. 그러나 임차인이 선순위이고 배당요구를 했는데 법정기일이 빠른 세금이 먼저 배당금을 가져갈 경우, 임차인의 보증

금을 인수해야 할 수도 있다. 선순위임차인이 배당요구를 한 경우에는 보증금의 배당여부를 꼭 확인해야 한다. 섣불리 입찰했다가는 생각지도 않은 돈이 인수될 수도 있다.

14

소유자가 사는 집 경매가
가장 쉽다

인수되는 권리가 없어야 편하다

주택 경매 중에서는 소유자가 대출 받아서 집을 매수하고 거주하는 형태가 가장 많은데, 이런 경우는 경매 시 거의 대부분 인수되는 권리가 없고 임차인도 없다. 부동산에 가서 일반적인 아파트를 살 때 알아보는 정도로만 조사해도 되므로 낙찰자에게 권리분석이라는 부담을 주지 않는 쉬운 물건이다. 소유자가 살고 있으며 근저당과 압류 외에 다른 권리가 없다면 시세조사와 미납관리비만 조사하면 된다.

> 관리비는 사용자가 내는 것이 원칙이다. 소유자가 파산했거나 낼 여력이 안 되는 경우 미납관리비 중 공용부분은 낙찰자에게 인수된다는 판례가 있다.

임차인이 있는지는 다음 세 가지 방법으로 확인한다. 첫 번째는 매각물건명세서, 두 번째는 현황조사서, 세 번째는 전입세대열람이다.

매각물건명세서로 임차내역 확인하기

매각물건명세서						
사건	2021타경 ■■■■ 부동산강제경매		매각물건번호	1	담임법관(사법보좌관)	
작성일자	2021.12.28		최선순위 설정일자	2015.11.05,근저당권		
부동산 및 감정평가액 최저매각가격의 표시	부동산표시목록 참조		배당요구종기	2021.05.13		

부동산의 점유자와 점유의 권원, 점유할 수 있는 기간, 차임 또는 보증금에 관한 관계인의 진술 및 임차인이 있는 경우 배당요구 여부와 그 일자, 전입신고일자 또는 사업자등록신청일자와 확정일자의 유무와 그 일자

점유자의 성명	점유부분	정보출처 구분	점유의 권원	임대차 기간 (점유기간)	보증금	차임	전입신고일자.사 업자등록신청일 자	확정일자	배당요구 여부 (배당요구 일자)
조사된 임차내역 없음									

〈 비고 〉

※ 최선순위 설정일자보다 대항요건을 먼저 갖춘 주택,상가건물 임차인의 임차보증금은 매수인에게 인수되는 경우가 발생할 수 있고, 대항력과 우선 변제권이 있는 주택,상가건물 임차인이 배당요구를 하였으나 보증금 전액에 관하여 배당을 받지 아니한 경우에는 배당받지 못한 잔액이 매수인에게 인수되게 됨을 주의하시기 바랍니다.

※ 등기된 부동산에 관한 권리 또는 가처분으로서 매각으로 그 효력이 소멸되지 아니하는 것

해당사항 없음

※ 매각에 따라 설정된 것으로 보는 지상권의 개요

해당사항 없음

※ 비고란

※ 주1 : 경매, 매각목적물에서 제외되는 미등기건물 등이 있을 경우에는 그 취지를 명확히 기재한다.
2 : 최선순위 설정보다 먼저 설정된 가등기담보권, 가압류 또는 소멸되는 전세권이 있는 경우에는 그 담보가등기, 가압류 또는 전세권 등기
일자를 기재한다.
민집 105, 268, 민집규 55, 194

1) 점유자가 있는 경우

주택 경매의 난이도는 임차인이 있는지 없는지에 따라 달라진다. 매각물건명세서에 '조사된 임차내역 없음'으로 표시되면 임차인이 없는 것이다. 현재 소유자가 거주 중일 수 있다. 소유자와 가족인 세대원도 임차인으로 보지 않으며, 임차인이

아닌 점유자는 낙찰자에게 대항할 수 없다. 점유자는 낙찰 이후 인도명령에 의해 집을 비워줘야 한다. 경매에는 정당한 권한 없이 점유하는 사람을 인도명령으로 내보내는 시스템이 있다. 대항력 있는 임차인이 아니라면 명도가 가능하다.

2) 점유자가 없는 경우

공실로 오래 방치되다가 경매로 진행되면 점유자가 없는 경우두 있다. 이때는 시세와 미납관리비만 조사해 입찰한다. 장기간 공실이었다면 미납관리비가 많고 거의 공용부분에 대한 것일 것이다. 사람이 오랫동안 살지 않았다면 집의 상태가 나쁠 수 있으니, 시세조사 시 이를 감안해 입찰한다.

현황조사서로 상황 파악하기

조사일시: 2021년 3월 11일 10시 50분,
2021년 3월 12일 12시 45분

소재지	1. 서울특별시 성북구 오패산로
점유관계	미상
기타	* 본 건 현황조사를 위해 현장 방문. 폐문부재로 소유자 및 점유자들을 만나지 못해 안내문을 문틈에 꽂아 두었으나 아무 연락이 없어 점유자 확인 불능임. * 전입세대주 홍○○(채무자 조○○의 남편)을 발견함.

위 예시에서는 소유자나 채무자의 전입이 있어서 임차인은 없는 것으로 나타난다. 전입이 있는지는 서류를 열람하면 확인되지만 실제로 사는지는 현장에 가야만

확인할 수 있다. 현황조사서에는 "점유자들을 만나지 못해 안내문을 문틈에 꽂아 두었으나 아무 연락이 없어 점유자 확인 불능임."이라고 쓰여 있다. 현황조사를 할 때 조사관이 주로 낮에 방문하기 때문에 이렇게 폐문부재, 즉 문이 닫혀 있고 사람을 만나지 못했다는 경우가 많다. 이번에는 평일 낮시간에 두 번 방문했다. 조사관은 사실을 판단할 권한이 없으므로 보고 들은 것을 그대로 진술한다.

전입세대열람으로 확실하게 확인하기

경매사건의 전입세대열람은 주민센터에서 할 수 있다. 원래 전입세대열람은 임차인 본인이나 소유자만 할 수 있지만 경매사건 물건의 전입세대열람은 일반인도 가능하다. 대법원 사이트에서 경매정보를 출력하고 신분증과 수수료를 내면 발급받을 수 있다. 현황조사를 할 때 집행관도 전입세대열람을 하는데, 실제 건물의 명칭과 건축물대장상 명칭과 호수가 같은지 꼭 확인해야 한다. 다세대는 다른 경우가 가끔 있다.

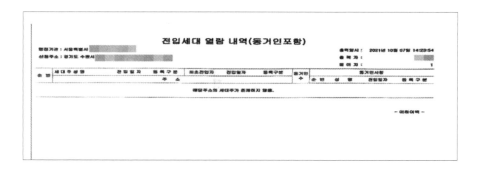

경매 사이트에 올라온 정보들을 통해 1차로 확인하는 것이 좋다. 입찰할 때는

대법원 사이트를 다시 체크하고 서류를 직접 떼어보아야 한다. 모든 책임은 낙찰자의 몫이다. 혹시 현황조사서에 전입이 없는 점유자가 있다면 대항력 있는 임차인이 아니니 신경 쓰지 않아도 된다.

권리분석에 자신이 없다면 소유자가 점유한 물건에만 입찰할 수도 있다. 경매는 어렵게 할 수도 있고 쉽게 할 수도 있다. 여러 가지 경우를 다 따질 줄 알면 선택의 폭이 더 넓어지고 수익의 폭도 커지기 마련이다. 자신의 능력만큼 하면 충분히 안전하다.

15

선순위임차인과
후순위임차인 파악하기

임차인에는 선순위임차인과 후순위임차인이 있다. 경매물건의 소유자는 낙찰자에게 보증금을 요구할 수 없으므로 신경 쓰지 않아도 되지만 임차인은 권리의 선후를 따져보아야 한다. 임차인의 권리가 등기사항전부증명서의 다른 권리보다 빠른지 늦은지, 임차인이 전입할 때 다른 권리가 있었는지를 파악해야 한다. 임차인 입장에서는 계약하고 입주할 때 등기부를 열람해서 자신보다 빠른 권리가 있는지 확인해야 한다.

선순위임차인은 보증금과 계약기간을 보호받는다

선순위임차인이란 등기부에 다른 권리가 없는 상태에서 전입한 임차인을 말한

무조건 수익 내는 실전 부동산 경매

다. 이 임차인은 가장 빠른 권리를 가지고 있고 경매절차에서 대항력을 행사할 수 있다. 다른 권리보다 빠르므로 대항력이 있는 임차인은 정당하게 계약하고 전입하고 점유하면 권리가 인정된다.

등기부의 권리는 접수일을 기준으로 하고 임차인의 권리는 전입일로 따진다. 등기접수일이나 전입날짜는 조작이나 수정이 불가능해서 공신력이 있다. 임차인이 아무런 권리 설정 없는 집에 살고 있었는데 그 뒤로 압류가 설정되었다면, 임차인은 예상치 못하게 손해를 볼 수 있다. 선순위임차인은 보호받아야 하는 임차인이고 대항력이 있다. 대항력 있는 임차인이 정당하게 계약하고 전입하고 점유하면 제3자에게도 자신의 보증금을 주장할 수 있다.

경매에서는 실제 계약이 정당한지, 점유를 언제 했는지 확인이 어렵다. 따라서 보수적으로 다른 조건은 맞췄다고 보고 전입만을 보고 판단한다. 전입했을 때 등기부상에 다른 권리가 없어서 대항력이 있는 임차인이라면 현재의 소유자에게 자신의 보증금을 내달라고 할 수 있다. 계약한 임대인뿐 아니라 추후 새로운 소유자나 낙찰자에게도 똑같이 요구할 수 있다. 이것을 보장해주는 것이 사회적 약자인 임차인을 보호하는 「주택임대차보호법」이다. 「주택임대차보호법」은 특별법으로 다른 법보다 우위에 있다.

후순위임차인은 배당 받고 나가야 한다

근저당 설정 이후 임차인이 들어온다면 근저당권자를 우선 보호한다. 이 경우 임차인은 근저당권자보다 늦은 후순위임차인이 된다. 등기사항전부증명서에 근저당이나 압류가 있었는데도 계약한 임차인을 먼저 보호해주어야 할까? 법원은 자신이 후순위임을 충분히 알 수 있었던 임차인까지 보호하지는 않는다. 다른 선순위 권리자들의 이익을 너무 침해하기 때문이다. 경매에서 이럴 때는 근저당권자가 먼저 채권을 변제 받고 임차인은 나중에 (보증금의 전부 또는 일부를) 배당 받게 된다. 그런데 근저당권자를 보호하기는 하나 선순위임차인처럼 자신의 채권을 다 받을 수 있을 만큼 보호하지는 않는다. 후순위임차인은 낙찰자가 낙찰 받은 물건을 사용하고 처분할 수 있도록 배당 받고 이사를 가야 한다.

법은 여러 입장을 다 고려해 사회적인 통념과 상식이 이해되는 선에서 임차인을 보호한다. 경매에서 1순위 근저당권자는 가장 먼저 배당을 받을 수 있고, 배당을 못 받는다고 해도 낙찰자에게 요구할 수는 없

> 「주택임대차보호법」은 특별법으로, 임차인을 특별히 보호하기 위한 법이다. 같은 선순위일 때를 비교하면 근저당권자보다 임차인을 훨씬 두텁게 보호한다.

다. 반면 임차인이 선순위라면 배당을 다 못 받을 경우 낙찰자에게 나머지를 달라고 요구할 수 있다. 임차인이 선순위일 때와 근저당권자가 선순위일 때의 가장 큰 차이점이다.

대항력을 갖춘 임차인의 특징

임차인이 대항력을 갖추려면 다른 권리보다 빠른 것이 가장 중요하다. 강력하게 보호해주는 만큼 다음 요건을 반드시 모두 갖추어야 한다.

첫 번째, 다른 권리보다 전입이 빨라야 한다.
두 번째, 정당한 계약이어야 한다.
세 번째, 배당요구 종기일까지 점유해야 한다.

무조건 수익 내는 실전 부동산 경매

「주택임대차보호법」에 따르면 임차인의 대항력에 대해 '전입하고 이사한 다음 날' 생긴다. 대항력이 생기려면 전입보다 빠른 다른 권리가 없어야 하는 것이 핵심이다. 전입만 하면 대항력이 있는 것으로 오해하는 경우가 많다. 전입한 다음 날부터 대항력의 효력이 발생하고, 근저당은 설정 당일부터 효력이 있으므로 같은 날 전입신고와 근저당 설정이 이루어지면 전입의 순위가 근저당보다 늦어진다(대항력에는 확정일자가 필요 없다) 임차인의 전입과 근저당 설정이 같은 날 이루어진다면 임차인이 후순위라는 점을 기억하자.

전입은 다른 권리보다 빠를 때 의미가 있다. 다른 권리가 먼저 있었다면 전입하고 확정일자를 받아도 후순위일 뿐이다. 후순위임차인도 배당요구를 하고 배당을 받을 수 있지만 자신의 순위까지 배당금이 남을 때만 받을 수 있다.

은행은 선순위임차인이 있으면 아예 대출해주지 않거나 적게 대출해준다. 임차인보다 은행의 권리 순위가 늦다는 것을 알기 때문이다. 반면 앞 순위에 근저당이 있어 자신의 권리 순위가 늦음에도 전입하는 임차인도 있다. 이런 집은 애초에 계약하지 말아야 한다. 등기부를 조금만 파악할 줄 알았더라면 자신의 전입이 권리 순위에서 뒤로 밀린다는 것을 알 수 있었을 것이다.

16

후순위세입자는
안전하다

소액임차인 최우선변제권은 사회적 약자를 보호하는 장치

임차인이 후순위라면 선순위 채권자가 배당 받고 남은 배당금이 있을 때 배당 받을 수 있다. 냉정한 배당의 룰대로 한다면 후순위임차인의 보증금은 완전히 보호되지 않는다. 특히 월세 임차인은 후순위인 경우가 많다. 임대인들이 대부분 대출을 받고 나서 월세를 놓기 때문이다. 임대인 입장에서는 자신의 자본이 적게 들어가야 수익률이 좋기 때문에 월세 임대물건에 대출이 없는 경우는 거의 없다. 따라서 경매사건에서 후순위 월세 임차인의 보증금은 배당이 매우 불안하다.

법원은 배당의 순위와 채권의 성격에 따라 순서대로 배당한다. 그런데 이렇게 순위대로만 배당을 실행하면 상대적으로 사회적 약자인 월세 임차인들이 거리로 내몰릴 우려가 있다. 이에 시간 순서에 따른 권리를 유보하고 후순위임차인을 보호하는 것이 소액임차인 최우선변제권이다. 물건지의 위치와 담보물권의 날짜, 보증금. 이 세 가지가 조건에 맞으면 최우선으로 보증금을 돌려받을 수 있다. 기준이 되는 날짜는 임차인의 계약날짜나 전입일이 아니라 담보물권자의 접수일이다. 담보물권자보다 앞서서 배당해주기 때문에 담보물권자가 대출을 실행하던 때의 기준으로 보호해준다. 담보물권 설정일이 없다면 배당일이 기준이 된다.

최우선변제는 소액임차인이어야 가능하다. 소액의 기준은 법률로 정해져 있고 물건지 지역과 시기에 따라 계속 개정된다. 소액임차인 보호제도가 처음 만들어진 1980년대에는 보증금이 300만원 이하일 때만 보호 받았는데, 지속적으로 개정되면서 보증금액이 높아지고 있다.

2023년 2월 14일, 서울 기준으로 1억 6,500만원 이하의 보증금으로 계약한 임차인을 소액임차인이라고 한다.

주택소액임차인 최우선 변제금

담보물권 설정일	지역	소액보증금 범위	최우선변제금액
1984.01.01 ~	서울특별시 및 직할시	300만원 이하	300만원
	기타지역	200만원 이하	200만원
1987.12.01~	서울특별시 및 직할시	500만원 이하	500만원
	기타지역	400만원 이하	400만원
1990.02.19 ~	서울특별시 및 직할시	2,000만원 이하	700만원
	기타지역	1,500만원 이하	500만원
1995.10.19 ~	서울특별시	3,000만원 이하	1,200만원
	수도권(과밀억제권역)	2,000만원 이하	800만원

담보물권 설정일	지역	소액보증금 범위	최우선변제금액
2001.09.15~	서울특별시	4,000만원 이하	1,600만원
	수도권(과밀억제권역)	4,000만원 이하	1,600만원
	광역시	3,500만원 이하	1,400만원
	기타지역	3,000만원 이하	1,200만원
2008.08.21~	서울특별시	6,000만원 이하	2,000만원
	수도권(과밀억제권역)	6,000만원 이하	2,000만원
2008.08.21~	광역시	5,000만원 이하	1,700만원
	기타지역	4,000만원 이하	1,400만원
2010.07.26~	서울특별시	7,500만원 이하	2,500만원
	수도권(과밀억제권역)	6,500만원 이하	2,200만원
	광역시	5,500만원 이하	1,900만원
	기타지역	4,000만원 이하	1,400만원
2014.01.01~	서울특별시	9,500만원 이하	3,200만원
	수도권(과밀억제권역)	8,000만원 이하	2,700만원
	광역시(인천, 군지역 제외), 안산, 용인, 김포, 경기도 광주	6,000만원 이하	2,000만원
	기타지역	4,500만원 이하	1,500만원
2016.03.31~	서울특별시	1억원 이하	3,400만원
	수도권(과밀억제권역)	8,000만원 이하	2,700만원
	광역시(인천, 군지역 제외), 안산, 용인, 김포, 경기도 광주	6,000만원 이하	2,000만원

담보물권 설정일	지역	소액보증금 범위	최우선변제금액
2016.03.31~	세종시	6,000만원 이하	2,000만원
	그 밖의 지역	5,000만원 이하	1,700만원
2018.09.18~	서울특별시	1억 1,000만원 이하	3,700만원
	수도권(과밀억제권역)	1억원 이하	3,400만원
	광역시(인천, 군지역 제외), 안산, 김포, 경기도 광주, 파주	6,000만원 이하	2,000만원
	그 밖의 지역	5,000만원 이하	1,700만원
2021.05.11~	서울	1억 5,000만원 이하	5,000만원
	수도권 과밀억제권역, 용인, 화성, 세종, 김포	1억 3,000만원 이하	4,300만원
	광역시 및 안산, 광주, 파주, 이천, 평택	7,000만원 이하	2,300만원
	그 외 지역	6,000만원 이하	2,000만원
2023.02.14~	서울	1억 6,500만원 이하	5,500만원
	수도권 과밀억제권역, 용인, 화성, 세종, 김포	1억 4,500만원 이하	4,800만원
	광역시 및 안산, 광주, 파주, 이천, 평택	8,500만원 이하	2,800만원
	그 외 지역	7,500만원 이하	2,500만원

현재 과밀억제권역은 서울특별시, 의정부시, 구리시, 하남시, 고양시, 수원시, 성남시, 안양시, 부천시, 광명시, 과천시, 의왕시, 군포시, 시흥시(반월특수지역 제외), 남양주시(호평동, 평내동, 금곡동, 일패동, 이패동, 삼패동, 가운동, 수석동, 지금동 및 도농동만 해당), 인천광역시(강화군, 옹진군, 서구 대곡동, 불로동, 마전동, 금곡동, 오류동, 왕길동, 당하동, 원당동, 인천경제자유구역 및 남동 국가산업단지 제외)다.

최우선변제의 조건

소액임차인 최우선변제는 후순위여도 최우선변제를 해주는 만큼 악용될 여지가 있는 게 사실이다. 경매가 진행되고 있는 집에 최우선변제금을 받을 목적으로 전입하는 경우가 여기에 해당한다. 그래서 최우선변제에는 경매개시결정등기 이전에 계약하고 점유하며 전입해야 하는 조건이 있다. 경매 진행이 공시된 이후에 전입한 임차인은 보호하지 않는다. 소액임차인 최우선변제는 순위대로 배당하지 않기 때문에 확정일자는 필요 없다. 임차인이 확정일자를 받은 소액임차인이라면 최우선변제금을 먼저 배당 받고 나머지 보증금은 확정일자 순위에 맞게 배당 받는다. 은행 입장에서는 대출해 줄 때 소액임차인의 최우선변제금을 염두에 두고 대출한도에서 이 금액을 제외하고 대출해준다.

CASE STUDY

실제 낙찰된 사례를 살펴보자.

무조건 수익 내는 실전 부동산 경매

* 건물 등기부현황 (최선순위 설정일자 : 목록1/2017.01.18.근저당권,목록2/2017.06.08.근저당권(추가설정))

No.	접수	권리종류	권리자	채권금액	소멸여부	비고
1		소유권	변■■		소멸	
2	2017.6.8	근저당권	수협은행	1,176,000,000원	소멸기준	
3	2019.7.2	임차권설정	박■■	140,000,000원	소멸	
4	2019.7.9	임차권설정	최■	160,000,000원	소멸	
5	2019.7.9	임의경매	수협은행	[청구금액] 995,456,396원	소멸	

2017년 6월 8일의 근저당이 최선순위 설정이다. 임차인 15명이 후순위로 전입되어 있다. 임차인이 전입하는 시점에 대출금 11억 7,600만원이 등기부에 있었다. 모두 후순위임차인이고 대항력 있는 임차인은 단 한 명도 없다. 소액임차인 최우선변제로 보호받는 임차인이 있는지 알아보자.

담보물권 설정일은 2017년 6월 8일이고 물건지는 수원이다. 앞의 표에서 최우선변제금을 찾아보면, 이 사례의 소액임차인 보증금은 수도권과밀억제권역이므로 8,000만원 이하의 계약에서 2,700만원까지 보호된다. 모든 임차인이 후순위이고 305호 임차인 한○ 씨만 소액임차인에 해당하므로, 최우선변제액인 2,700만원을 먼저 변제받고 나머지는 우선변제권 순위에 맞게 배당될 것이다.

＊ 임차인현황 (말소기준권리 : 2017.06.08 / 배당요구종기일 : 2019.09.20)

임차인	점유부분	전입/확정/배당	보증금/차임	대항력	기타
김■■	202호전부 (주거 임차인)	전입일자: 2017.6.27. 확정일자: 2017.6.9. 배당요구: 2019.07.31	130,000,000	없음	2017.6.30.~2019.6.29.
김■■	304호전부 (주거 임차인)	전입일자: 2017.6.9. 확정일자: 2017.6.9. 배당요구: 2019.08.05	140,000,000	없음	2017.6.15.~2019.6.14.
김■■	204호전부 (주거 임차인)	전입일자: 2017.6.8. 확정일자: 2017.6.8. 배당요구: 2019.07.26	130,000,000	없음	2017.6.30.~2019.6.29.
박■■	303호전부 (주거 임차인)	전입일자: 2017.6.12. 확정일자: 2017.6.12. 배당요구: 2019.07.26	140,000,000	없음	2017.5.6.~2019.5.5.
송■■	402호전부 (주거 임차인)	전입일자: 2017.9.29. 확정일자: 2017.9.18. 배당요구: 2019.07.26	140,000,000	없음	2017.9.30.~2019.9.29.
신■■	301호전부 (주거 임차인)	전입일자: 2017.6.9. 확정일자: 2017.4.17. 배당요구: 2019.08.16	140,000,000	없음	2017.5.31.~2019.5.30
이■■	302호전부 (주거 임차인)	전입일자: 2017.6.23. 확정일자: 2017.6.9. 배당요구: 2019.08.07	140,000,000	없음	2017.6.3.~2019.6.2.
이■■	205호전부 (주거 임차인)	전입일자: 2017.6.9. 확정일자: 2017.6.9. 배당요구: 2019.07.29	130,000,000	없음	2017.5.27.~현재까지
이■■	403호전부 (주거 임차인)	전입일자: 2017.6.16. 확정일자: 2017.6.9. 배당요구: 2019.08.08	160,000,000	없음	2017.5.15.~2019.5.14.
이■■	201호전부 (주거 임차인)	전입일자: 2018.9.18. 확정일자: 2018.8.20. 배당요구: 2019.08.07	120,000,000	없음	2018.9.14.~2020.9.13.
정■■	404호전부 (주거 임차인)	전입일자: 2017.6.26. 확정일자: 2017.6.9. 배당요구: 2019.07.23	160,000,000	없음	2017.6.24.~2019.6.23.
조■■	203호전부 (주거 임차인)	전입일자: 2017.6.9 확정일자: 2017.6.9. 배당요구: 2019.08.08	130,000,000	없음	2017.6.20.~2019.6.19.
최■■	405호전부 (주거 임차인)	전입일자: 2017.6.12. 확정일자: 2017.6.9. 배당요구: 2019.07.24	160,000,000	없음	2017.5.30.~2019.5.29.
현■	305호전부 (주거 임차인)	전입일자: 2017.12.26. 확정일자: 2017.6.26. 배당요구: 2019.07.30	70,000,000 [월]640,000	없음	2017.7.7.~현재까지
황■■	401호전부 (주거 임차인)	전입일자: 2017.6.19. 확정일자: 2017.6.19. 배당요구: 2019.09.24	160,000,000	없음	2017.6.19.~2019.6.18.

후순위임차인 보증금의 합이 20억원이 넘는다. 낙찰대금 21억 7,000만원에서 경매비용과 최우선변제금을 제외하고 1순위 채권자인 은행이 채권 11억 7,600만원을 먼저 받는다. 나머지 약 10억원을 임차인들이 순서대로 배당 받게 되는데, 배

무조건 수익 내는 실전 부동산 경매

당 재단의 돈이 임차인의 보증금을 갚기에는 부족하다. 임차인은 후순위라서 보증금을 받지 못해도 이사를 가야 한다. 후순위임차인 중 전입신고와 확정일자가 없는 임차인은 없다. 하지만 전입신고와 확정일자를 받는 것은 자신의 순위를 공식적으로 인정받기 위함일 뿐, 후순위를 선순위로 만들어주지는 못한다.

원룸에 살던 15명의 임차인들이 보증금을 잃게 되었다. 이미 선순위 채권이 많은 집에 전월세로 들어갈 때는 보증금이 소액임차인 최우선변제 보증금액 이하인 월세계약이 안전하다(이 사건에서는 2,700만원). 임차인들은 월세가 아까워 전세계약을 했겠지만, 임차인 전원이 월세보다 더 큰 금액을 잃게 된 안타까운 사건이다.

최우선변제는 대출금액을 줄어들게 한다

2022년 현재 수도권과밀억제권역(예시의 수원)을 기준으로 하면 보증금 1억 3,000만원 이하의 소액임차인은 4,300만원까지 최우선변제를 받는다. 일반적인 아파트 대출에서는 소액임차인이 한 명일 것으로 예상하지만, 다가구는 여러 명을 예상한다. 대출 실행 이후 최우선변제 임차인이 여럿 있을 수 있으므로 은행이 이에 대비해서 대출한도를 그만큼 줄인다. 따라서 다가구는 대출이 적게 나온다. 최우선변제금은 대출상담사들 용어로 방빼기, 방공제 등으로도 불린다.

만일 대출한도가 낙찰가의 80%이고 낙찰을 5억원에 받았다고 하자. 5억원×0.8-최우선변제금이 대출한도가 된다. 최우선변제금이 많으면 대출한도가 그만큼 줄어들고, 최우선변제금이 너무 적으면 임차인이 그만큼 적게 보호된다. 보증금이 계속 올라가는 추세이기 때문에 최우선변제금 한도는 적정 수준으로 계속 개정되고 있다.

혼자서 통합등기부 작성해보기 ②

매각물건명세서가 없을 때는 임차인 현황과 통합등기부로 분석할 수 있다.

• 임차인현황 (말소기준권리 : 2021.03.30 / 배당요구종기일 : 2022.05.31)

임차인	점유부분	전입/확정/배당	보증금/차임	대항력	기타
신○○	2001호전부 (주거 임차인)	① 전입일자: 2021.01.14 확정일자: 2020.12.22 ③ ② 배당요구: 2022.03.25	④ 290,000,000	있음	2021.01.14.~2023.01.13
현황조사서 기타	임차인수: 1명				
	임차인 신○○(2021.1.14.)에게 문의한 바, 본인 세대가 점유중이라고 함 위 사항은 임차인 통지를 하기 위해 작성된 것임				

• 집합건물등기부현황 (채권액합계 : 207,484,833원)

⑤

No.	접수	권리종류	권리자	채권금액	소멸여부	비고
1	2020.12.15	소유권이전	배○○			보존
① 2	2021.03.30	근저당권	온앤온대부	52,500,000원	말소	말소기준권리
3	2022.02.23	임의경매	온앤온대부	[청구금액] 52,500,000원	말소	2022타경807
4	2022.04.21	가압류	비엔케이캐피탈	22,222,667원	말소	부산지법2022카단51109
5	2022.04.26	가압류	하나은행	17,110,414원	말소	서울중앙지법2022카단 807516
6	2022.05.20	가압류	롯데캐피탈	63,151,752원	말소	서울중앙지법2022카단 809179

통합등기부 5단계 분석

① 임차인 전입과 말소기준권리를 비교한다.

　　2021년 1월 14일 전입, 2021년 3월 30일 근저당 설정이므로 임차인이 근저당보다 빨리 전입

　　하였다.

② 선순위 임차인이 배당요구를 하였다.

③ 확정일자도 다른 권리보다 날짜가 빠르다. 우선변제권은 2021년 1월 15일 0시로 갖추었다.

④ 보증금은 2억 9,000만원이다.

⑤ 따루 인수되는 권리는 없다.

이 물건은 임차인이 보증금을 다 받는다면 따로 인수할 권리가 없는 물건이다. 임차인이 보증금을 배당 받을 수 있는지 따져보고 입찰을 준비하면 된다.

17

배당 받는 줄로 착각해
낭패본 사례

채권자 중 배당요구를 해야 배당 받는 채권자가 있고 당연히 배당 받는 채권자가 있다. 선순위임차인의 보증금은 배당요구를 해야 배당받는 채권이다. 선순위임차인이 배당요구를 하지 않았다면 낙찰자에게 보증금 전액을 요구할 수 있고, 배당요구를 했는데 전액이 아닌 일부만 배당 받는다면 배당 받지 못한 나머지 금액이 낙찰자에게 인수된다. 세금을 포함하여 다른 채권자들의 채권은 낙찰자에게 인수되지 않고 오로지 선순위임차인의 보증금만 인수된다.

한편, 배당요구는 계약의 해지의사다. 선순위임차인이 배당요구를 하는 것은 자신의 보증금을 배당일에 배당 받고 이사 가겠다는 의사표현이다.

무조건 수익 내는 실전 부동산 경매

배당요구 종기일 후에 배당요구를 했다면

배당요구는 배당요구 종기일 안에 접수해야 한다. 종기일이 지나도 배당요구를 할 수는 있지만 배당이 되지 않는다. 임차인이 배당요구를 했는지만 확인했다가 낭패를 보는 경우가 있다. 배당여부는 배당요구 종기일에 확정된다. 다음 예시에서 선순위임차인이 배당요구 종기일이 지나서 배당요구를 했는데, 입찰자는 임차인에게 배당이 되는 줄 알고 입찰했다. 대항력이 있는 선순위임차인이 보증금은 배당받지 못하면 낙찰자에게 인수된다. 임차인에게 배당이 되는 줄로 착각했다가 3억 원의 보증금이 그대로 인수되는 바람에 낙찰자는 잔금을 미납하고 낙찰을 포기했다. 이렇듯 선순위임차인이 배당요구를 했는지 살필 때 배당요구 종기일 안에 했는

매각물건명세서

사건	2018타경■■■■ 부동산강제경매 2018타경■■■■(중복)	매각물건번호	1	담임법관(사법보좌관)	
작성일자	2020.12.28	최선순위 설정일자	2018.05.16.가압류		
부동산 및 감정평가액 최저매각가격의 표시	부동산표시목록 참조	배당요구종기	2018.09.06		

부동산의 점유자와 점유의 권원, 점유할 수 있는 기간, 차임 또는 보증금에 관한 관계인의 진술 및 임차인이 있는 경우 배당요구 여부와 그 일자, 전입신고일자 또는 사업자등록신청일자와 확정일자의 유무와 그 일자

점유자의 성명	점유부분	정보출처 구분	점유의 권원	임대차 기간 (점유기간)	보증금	차임	전입신고일자, 사업자등록신청 일자	확정일자	배당요구 여부 (배당요구 일자)
임■■		현황조사	오피스텔 임차인				2015.04.21		
		권리신고	주거 임차인		300,000,000		2015.04.21.	2017.04.11	2018.10.12

〈 비고 〉
임■■ : 해당 임차인은 중복 경매사건(2018타경■■■)의 신청채권자로서 "배당요구종기 후"에 신청함

※ 최선순위 설정일자보다 대항요건을 먼저 갖춘 주택.상가건물 임차인의 임차보증금은 매수인에게 인수되는 경우가 발생할 수 있고, 대항력과 우선 변제권이 있는 주택.상가건물 임차인이 배당요구를 하였으나 보증금 전액에 관하여 배당을 받지 아니한 경우에는 배당받지 못한 잔액이 매수인에게 인수되게 됨을 주의하시기 바랍니다.

※ 등기된 부동산에 관한 권리 또는 가처분으로서 매각으로 그 효력이 소멸되지 아니하는 것

해당사항 없음

※ 매각에 따라 설정된 것으로 보는 지상권의 개요

해당사항 없음

※ 비고란

•임차인 임■■는 선행사건에 권리신고 및 배당요구하지 아니함. •재매각보증금 20%

지도 살펴야 한다.

배당요구 종기일 후에 배당요구를 하는 사례는 드물지만 입찰자들이 놓치는 부분이다. 이 사실을 잘 알면 권리분석이 더 치밀해진다.

대항력이 있다고 배당을 먼저 받는 것은 아니다

확정일자가 빨라도 선입이 늦으면 배당 순위는 늦을 수 있다. 대항력은 보증금을 보장받을 자격을 주고 확정일자는 보증금 금액과 순위를 증거한다. 대항력이 있으면 자신의 보증금을 보장받을 수 있지만, 법원에서 배당 받기 위해서는 그 보증금의 금액에 대해 공적인 증거를 확보해야 한다. 임차인의 보증금은 당사자끼리의 계약에 따라 추후 수정할 수 있으며, 증액하면 기간에 따라 계속 달라질 수 있다. 확정일자는 확정일자를 받은 날짜에 보증금이 얼마였는지를 증거한다.

법원은 확정일자가 있는 보증금을 증거로 삼는다. 확정일자가 없는 경우 순위가 확보되지 않아 법원 배당에서 뒤로 밀리든지 낙찰자에게 인수된다. 이때 대항력을 갖추었다면 임차인은 낙찰자 또는 법원에 보증금을 주장할 수 있다. 보증금을 보장받을 자격(대항력)이 있는 데다 순위(확정일자)도 빠르다면 배당을 요청해서 받을 수 있다. 보증금을 보장받을 자격이 있는데 순위가 늦다면 법원에서는 받지 못해도 낙찰자에게 요구할 수 있다. 보증금을 받을 자격이 없다면 순위가 빨라도 의미가 없다.

나땅의 경매 꿀팁

임차권등기를 한 임차인은 배당요구를 한 것으로 본다. 경매개시결정등기 이전에 임차권등기가 있다면 임차인이 배당요구를 한 것으로 보며 임차권등기일부터 효력이 발생한다. 그러므로 임차권등기를 신청하더라도 등기명령 후 접수되어 등기가 완료되기 전까지는 대항력을 유지해야 한다. 임차권등기 이후에는 공시되기 때문에 전입을 유지하지 않아도 대항력이 유지된다. 경매개시결정등기 이후에는 임차권등기를 해도 자동으로 배당되지 않는다. 임차권등기가 된 시점을 잘 체크하자.

18

배당요구 없는 집으로
갭투자하기

배당을 요구했다면 이사를 가겠다는 뜻

전세 계약한 지 얼마 지나지 않았는데 집이 경매로 나왔다면 임차인은 어떻게 해야 할까? 등기부상 다른 권리자보다 순위가 앞서는 선순위임차인은 배당요구를 할 수도 있고 하지 않을 수도 있다.

선순위임차인이 배당요구를 하지 않았다면 계약을 유지하겠다는 뜻이고, 임차인이 경매절차에서 배당을 요구한다면 계약을 해지하고 이사 가겠다는 의미다. 임차인은 거주의 자유가 있어서 배당을 받을지 말지 선택할 수 있다.

법원이 배당 관련 서류를 임차인에게 보내고, 임차인이 배당을 받으려면 배당요구 종기일 안에 신청해야 한다. 배당요구를 할 때는 자신의 보증금과 함께, 계약 기간과 확정일자 유무를 알 수 있는 주민등록등본 등 첨부서류를 제출한다. 임차인

무조건 수익 내는 실전 부동산 경매

권리신고 겸 배당요구신청서

사건번호   타경   부동산강제(임의)경매
채 권 자
채 무 자
소 유 자

　본인은 이 사건 경매절차에서 임대보증금을 우선변제받기 위하여 아래와 같이

권리신고 겸 배당요구를 하오니 매각대금에서 우선배당을 하여 주시기 바랍니다.

아　　　　래

1. 계 약 일 :　　　．　　　．　　　．

2. 계약당사자 : 임대인(소유자) ○　　○　　　○

　　　　　　　　임 　차 　인 ○　　○　　　○

3. 임대차기간 :　　　．　　　．　　．부터　　　．　　．　．까지(　　 년 　간)

4. 임대보증금 : 전세　　　　　　원

　　　　　　　　보증금　　　　　　　원에 월세

5. 임차 부분 : 전부(방　　칸), 일부(　　 층　방　　　칸)

　 (※ 뒷면에 임차부분을 특정한 내부구조도를 그려주시기 바랍니다)

6. 주택인도일(입주한 날) :　　　．　　　．　　　．

7. 주민등록전입신고일　 :　　　．　　　．　　　．

8. 확　 정　 일 　자　 유무 : □ 유(　　．　　　．　　．), □ 무

9. 전세권(주택임차권)등기　 유무　 : □ 유(　　．　　　．　　．), □ 무

〔첨부서류〕

1. 임대차계약서 사본　1통

2. 주민등록등본　　　　1통

년　　　　　월　　　　　일

　　　　　　　권리신고 겸 배당요구자　　　　　　　　　(인)

　　　　　　　　연락처(☎)

　　　　　　　지방법원　　　　　　　귀중

이 권리신고만 하고 배당요구는 하지 않는 경우도 있는데 이는 이사 갈 의향이 없는 경우다. 배당요구를 하면 잔금납부로부터 한 달 후 배당기일에 배당을 받을 수 있다. 전세와 마찬가지로 보증금 반환과 이사는 동시이행관계다. 즉, 동시에 이루어져야 한다는 말이다. 낙찰자의 명도확인서가 있어야 배당이 나오기 때문에 이사를 가야 배당을 받을 수 있다.

보증금액 O, 배당요구 X, 권리신고 O

임차인이 배당을 받지는 않지만 보증금이 명확할 경우, 인수되는 보증금을 고

매각물건명세서

사건	2021타경 ■■■■ 부동산임의경매		매각물건번호		1	담임법관(사법보좌관)	
작성일자	2022.06.03		최선순위 설정일자		2019.02.28. 근저당권		
부동산 및 감정평가액 최저매각가격의 표시	부동산표시목록 참조		배당요구종기		2021.05.10		

부동산의 점유자와 점유의 권원, 점유할 수 있는 기간, 차임 또는 보증금에 관한 관계인의 진술 및 임차인이 있는 경우 배당요구 여부와 그 일자, 전입신고일자 또는 사업자등록 신청일자와 확정일자의 유무와 그 일자

점유자의 성명	점유부분	정보출처 구분	점유의 권원	임대차 기간 (점유기간)	보증금	차임	전입신고일자,사 업자등록신청일 자	확정일자	배당 요구 여부 (배당요구 일자)
박■■		현황조사	주거 임차인	2016.02.22	삼억천만 원(3 10,000,000)		2016.02.22		

※ 최선순위 설정일자보다 대항요건을 먼저 갖춘 주택.상가건물 임차인의 임차보증금은 매수인에게 인수되는 경우가 발생할 수 있고, 대항력과 우선 변제권이 있는 주택.상가건물 임차인이 배당요구를 하였으나 보증금 전액에 관하여 배당을 받지 아니한 경우에는 배당받지 못한 잔액이 매수인에게 인수됨을 주의하시기 바랍니다.

※ 등기된 부동산에 관한 권리 또는 가처분으로서 매각으로 그 효력이 소멸되지 아니하는 것
해당사항 없음

※ 매각에 따라 설정된 것으로 보는 지상권의 개요
해당사항 없음

※ 비고란
특별매각조건 매수신청보증금 최저매각가격의 20%

※ 주1 : 경매, 매각목적물에서 제외되는 미등기건물 등이 있을 경우에는 그 취지를 명확히 기재한다.
　　 2 : 최선순위 설정일자보다 먼저 설정된 가등기담보권, 가압류 또는 소멸되는 전세권이 있는 경우에는 그 담보가등기, 가압류 또는 전세권 등기일자를 기재한다.
민집 105, 268, 민집규 55, 194

려해서 입찰가를 결정하면 된다. 입찰자 입장에서는 임차인의 보증금을 인수하면서 낙찰 받는 셈인데, 소위 말해 경매 갭투자가 된다.

6억원짜리 아파트를 산다고 치자. 소유자에게 6억원을 주어야 한다. 이 아파트에 보증금이 3억 1,000만원인 임차인이 있다면, 소유자에게 6억원에서 임차인의 보증금을 뺀 나머지 금액인 2억 9,000만원을 주고 소유권을 가져온다. 임차인의 보증금 3억 1,000만원은 계약기간이 끝나는 시점에 임차인에게 돌려주면 된다(매매가 – 임차인 보증금 = 낙찰가). 경매 시 감정가가 6억원 언저리일 것이므로 몇 차례 유찰된 후에 낙찰 받아야 한다. 인수할 보증금 3억 1,000만원을 고려해야 하기 때문이다.

배당요구 O, 권리신고 O, 보증금액 O

다음 예시의 임차인은 자신의 보증금이 2억 8,000만원임을 밝히고 배당요구를 했다. 실제 배당이 되는지는 배당 부분에서 따져보아야 한다. 보증금이 모두 배당된다면 아무 문제도 없다. 보증금을 밝혔기 때문에 임차인에게 배당되는지 확인하고 입찰이 가능하다. 배당은 예외가 많으므로 선순위임차인이 배당요구를 한 경우에는 배당이 확실히 계산될 때만 입찰한다. 정보 출처의 구분이 현황조사와 권리신고로 기재되면 같은 임차인이라도 두 번 표기된다. 조사방법이 달라서 그렇다. 두 가지 중 권리신고를 더 권위 있게 본다. 권리신고는 필요한 서류를 제출한 것이기 때문이다.

매각물건명세서

사건	2021타경 ▨▨▨ 부동산임의경매	매각물건번호	1	담임법관(사법보좌관)	
작성일자	2021.11.01	최선순위 설정일자	2020.12.8.근저당권		
부동산 및 감정평가액 최저매각가격의 표시	부동산표시목록 참조	배당요구종기	2021.04.29		

부동산의 점유자와 점유의 권원, 점유할 수 있는 기간, 차임 또는 보증금에 관한 관계인의 진술 및 임차인이 있는 경우 배당요구 여부와 그 일자, 전입신고일자 또는 사업자등록신청일자와 확정일자의 유무와 그 일자

점유자의 성명	점유부분	정보출처 구분	점유의 권원	임대차 기간 (점유기간)	보증금	차임	전입신고일자. 사업자등록신청 일자	확정일자	배당요구 여부 (배당요구 일자)
채▨▨	전부	현황조사	주거 임차인	미상	2억8천만원	없음	2018.11.14	미상	
	전부(방3칸)	권리신고	주거 임차인	2018.11.14. 부터 2021.0 3.현재까지	280,000,00 0		2018.11.14.	2018.11.14.	2021.03.19

< 비고 >

※ 최선순위 설정일자보다 대항요건을 먼저 갖춘 주택,상가건물 임차인의 임차보증금은 매수인에게 인수되는 경우가 발생할 수 있고, 대항력과 우선 변제권이 있는 주택,상가건물 임차인이 배당요구를 하였으나 보증금 전액에 관하여 배당을 받지 아니한 경우에는 배당받지 못한 잔액이 매수인에게 인수되게 됨을 주의하시기 바랍니다.

※ 등기된 부동산에 관한 권리 또는 가처분으로서 매각으로 그 효력이 소멸되지 아니하는 것
해당사항 없음

※ 매각에 따라 설정된 것으로 보는 지상권의 개요
해당사항 없음

※ 비고란

무조건 수익 내는 실전 부동산 경매

선순위 전세권이 인수된 사례

최근에 낙찰된 사례로, 3번의 대금 미납으로 6차에 낙찰된 물건이 있다. 어떤 위험이 있었기에 수많은 사람들이 입찰보증금을 날리면서도 대금을 미납했을까? 첫 번째 낙찰받은 사람의 입찰보증금은 2,500만원이었다. 두 번째 낙찰받은 사람의 입찰보증금은 3,500만원이었다. 재매각이 되어 최저매각가격의 20%를 보증금으로 내야 했기 때문이다. 세 번째 낙찰받은 사람의 보증금도 동일하게 3,500만원이었다. 네 번째 낙찰받은 최고가매수신고인이 진정한 승자였다. 이 물건의 실거래 시세는 3억 5,000만원 내외로 거래되었다.

이 물건에 미납이 많았던 이유는 바로 선순위 전세권 때문이었다. 선순위 전세권자는 선순위임차인과 마찬가지로 배당여부를 선택할 수 있다. 배당요구를 하면 배당을 받고 이사를 가야 하므로, 경매에서는 임차인의 거주의 자유를 보장하기 위해 경매절차에서 이를 선택할 수 있도록 하고 있다. 현재 이 아파트의 대략적인 매매가는 3억 5,000만원이며 전세시세는 2억 5,000만원이다.

이 경매물건의 전세임차인은 1억 4,500만원에 전세로 거주 중이었는데 현재와 비슷한 조건의 아파트로 이사가려면 2억 5,000만원의 보증금을 마련해야 했다. 그래서 배당요구를 하지 않고 계약을 갱신하며 더 살기로 결정한 것이다. 임차인은 자신에게 유리하도록 합리적인 선택을 하였다. 매각물건 명세서에서 인수되는 권리를 살펴보면 전세권등기는 매수인이 인수한다고 하였고 임차인은 배당요구를 하지 않았다. 결과적으로 앞에서 이야기한 경매 갭투자가 되는 것이다. 임차인 보증금 1억 4,500만원을 떠안으면서 낙찰가가 매매가와 전세가의 차액만큼 떨어진 다음 입찰해야 하는 물건이었다. 전에

매각물건명세서									
사건	2021타경 ▨▨▨ 부동산강제경매			매각물건번호	1		담임법관(사법보좌관)		
작성일자	2022.03.22			최선순위 설정일자	2021.2.10.경매개시결정(신청채권자)				
부동산 및 감정평가액 최저매각가격의 표시	부동산표시목록 참조			배당요구종기	2021.05.04				

부동산의 점유자와 점유의 권원, 점유할 수 있는 기간, 차임 또는 보증금에 관한 관계인의 진술 및 임차인이 있는 경우 배당요구 여부와 그 일자, 전입신고일자 또는 사업자등록신청일자와 확정일자의 유무와 그 일자

점유자의 성명	점유부분	정보출처 구분	점유의 권원	임대차 기간(점유기간)	보증금	차임	전입신고일자, 사업자등록신청일자	확정일자	배당요구 여부(배당요구일자)
김▨▨	주거용 건물의 전부	등기사항전부증명서	주거 전세권자	2019.04.26.~2021.04.2▨	145,000,000				
	전부	현황조사	주거 전세권자	2019.04.26~2021.04.25	145,000,000			2020.06.09	
박▨▨		현황조사	주거 임차인				2020.06.25		

〈 비고 〉
박▨▨ : 전세권자 김▨▨의 배우자로서 김▨▨의 가족이 점유하고 있다는 전세권자 김▨▨의 진술이 있음

※ 최선순위 설정일자보다 대항요건을 먼저 갖춘 주택, 상가건물 임차인의 임차보증금은 매수인에게 인수되는 경우가 발생할 수 있고, 대항력과 우선 변제권이 있는 주택, 상가건물 임차인이 배당요구를 하였으나 보증금 전액에 관하여 배당을 받지 아니한 경우에는 배당받지 못한 잔액이 매수인에게 인수되게 됨을 주의하시기 바랍니다.

※ 등기된 부동산에 관한 권리 또는 가처분으로서 매각으로 그 효력이 소멸되지 아니하는 것
을구 순위 1번 전세권설정등기(2019. 6. 4. 제7319호)는 말소되지 않고 매수인이 인수함

※ 매각에 따라 설정된 것으로 보는 지상권의 개요
해당사항없음

※ 비고란
~재매각(매수신청보증금 최저매각가격의 20%) ~을구 순위 1번 전세권설정등기(2019. 6. 4. 제7319호)는 말소되지 않고 매수인이 인수함

낙찰 받았다가 포기한 사람들은 이 정도 지식도 없었던 것 같다. 낙찰은 쉽다. 가장 높은 가격을 쓰면 된다.

마지막 회차에 낙찰받은 최고가매수신고인은 전세권 1억 4,500만원을 인수하며 1억 6,010만원에 낙찰 받았다. 최종 매수가격은 3억 510만원이었다. 시세보다 5,000만원 정도 저렴하게 낙찰 받은 셈이 된다. 이런 유형이 선순위임차인의 보증금이 인수되는 경매갭투자 유형이다. 임차인의 보증금을 인수하는 경우에도 보증금을 포함하여 취득세를 내야 하며, 낙찰 이후 남은 계약기간에 대해 임차인과 상의한다. 계약기간은 묵시적 갱신으로 처리된다. 대신 명도를 하지 않으며 대출도 일으키지 않는다. 법원은 낙찰자에게 인수되거나 위험한 내용이 있다면 반드시 고지하고 매각한다. 단지 경매에 대해 이해가 부족한 입찰자들이 이를 모르고 입찰하는 것이다. 법원은 위험한 내용을 숨기지 않는다.

19

선순위임차인 물건의
5가지 장점

경매에서 선순위임차인이 배당요구를 하지 않으면 임차인의 보증금은 낙찰자에게 인수된다. 보증금은 매각물건명세서에 기재되는데, 이런 물건은 유찰을 반복하며 인수되는 금액만큼 떨어질 때까지 기다렸다가 입찰해야 한다. 앞에서 이것을 경매 갭투자라고 했다.

> 임차인은 배당요구를 했다가 철회할 수 있다. 배당요구나 철회는 배당요구 종기일 안에만 할 수 있다.

임차인 보증금이 인수되는 경매 갭투자 물건에는 몇 가지 특징이 있는데, 아무한테도 알려주고 싶지 않을 정도로 정말 특별하다.

무조건 수익 내는 실전 부동산 경매

중도상환 수수료를 아낄 수 있다

담보대출을 실행하면 부대비용이 드는데, 이런 비용을 들여 설정한 대출을 대출자가 조기에 갚아버리면 은행 입장에서는 비용만 들이고 이자는 몇 개월밖에 받지 못하게 된다. 그래서 대출 상품에 따라 0.5~2%까지 중도상환 수수료를 받는다.

만약 경매로 낙찰 받아 저세임차이이 들어올 때까지 3개월 정도 기간이 소요되었다고 치자. 1억원을 대출받았다면 중도상환 수수료가 0.5%일 때는 50만원, 2%일 때는 200만원이다. 대출금액이 커질수록

> 매수자는 낙찰을 받으면 대금지급기한까지 나머지 대금을 납부해야 한다. 보통 경락잔금대출로 대금을 납부한다.

중도상환 수수료도 커지므로, 대출이자보다 중도상환 수수료가 더 커질 수도 있다. 그런데 임차인의 보증금이 인수되는 경매물건을 낙찰 받으면 중도상환 수수료를 아낄 수 있다. 대출을 일으키지 않아도 되기 때문이다.

임차인의 보증금이 인수되고 임차인이 배당요구를 하지 않는다면, 임차인의 보증금을 레버리지로 삼아 대출 없이 잔금을 내는 셈이다.

초기자금이 적게 든다

예를 들어 2억원짜리 주택이 경매로 나왔다고 하자. 임차인의 보증금이 1억 5,000만원이고 임차인이 배당요구를 했다면 아마 2억원 정도에 낙찰을 받을 것이다. 입찰보증금 2,000만원 외에 나머지를 잔금으로 납부해야 하는데 무주택 서민 실수요자라면 LTV(주택담보대출비율)가 투기지역에서는 시세의 50%이므로 1억원, 조정지역에서는 60%이므로 1억 2,000만원, 비조정지역에서는 70%이므로 1억

4,000만원까지 대출된다.

반면에 같은 조건에서 임차인의 보증금 1억 5,000만원이 인수된다면 5,000만원 정도에 입찰한다. 입찰보증금 2,000만원을 제외한 잔금이 3,000만원이므로 이를 납부하고, 보증금은 나중에 임차인이 계약을 해지하고 나갈 때 마련해주면 되므로 초기자금이 적게 든다. 대출 나오는 금액보다 임차인의 보증금이 크다면 이쪽이 유리하다.

대출을 받지 않아도 된다

어떤 대출은 주택 추가매수금지 약정이 있다. 대출을 받으면서 더는 주택을 구입하지 않겠다고 약속하는 것이다. 그런데 대출을 받지 않으면 이 약정을 피할 수 있다. 주택 관련 대출 약정을 지키지 않았을 때의 금융제재는 크게 두 가지다.

① 해당 채무 기한의 이익을 상실하고 즉시 상환해야 한다. 원래 대출기간이 30년이었다 해도 기한의 이익을 상실해 약속한 기한을 주지 않겠다는 것이다.

② 신용정보집중기관에 위반 사실이 등재되어 해당 채무자에게 향후 3년간 주택 관련 자금대출이 제한된다.

이와 같이 상당한 제재를 받는데, 임차인의 보증금을 인수해 낙찰 받는다면 금융제제를 피할 수 있다. 보증금으로 잔금이 충당되어 대출을 받지 않아도 되므로 다음 투자를 할 때 유리하다.

대출이 없으면 소유권이전을 직접 진행해 법무비를 아낄 수 있다. 인터넷에서 해당 과정을 포스팅한 글을 찾을 수 있는데, 복잡하지만 하나씩 따라 하면 할 만하다. 비용을 아끼고 싶다면 이것도 장점이 된다. 경락잔금대출을 실행하면 낙찰자

신분으로 잔금을 내면서 소유권이전등기를 하는데, 대출을 받으면 소유권이전등기를 은행과 연계된 법무사가 해야 한다.

각종 부대비용이 없다

임차인이 이사를 가지 않아 공실기간이 없으므로 이 기간 동안의 이자와 중개수수료는 물론이고 시간도 절약된다. 만일 점유자를 명도해 다시 전세를 놓으면, 매물을 거래하는 과정에서 공실기간의 이자와 중개수수료가 발생한다. 이자는 대출금액에 따라 다르지만, 앞서 예시로 들었던 보증금 1억 5,000만원의 이자를 5%로 계산해보면 한 달에 62만 5,000원, 3개월에 190만원 정도의 이자를 지급해야 한다. 중개수수료는 앞의 예시와 같이 전세보증금이 1억 5,000만원이라면 법정 상한요율 0.3%로 계산해 부가세 포함 49만 5,000원이다. 큰 금액은 아니지만 이것 또한 아낄 수 있다.

> 보증금 1억 5,000만원의 임차인이 인수되어 5,000만원에 낙찰 받았더라도, 취득세는 5,000만원이 아닌 5,000만원 + 1억 5,000만원에 대해 납부해야 한다.

명도의 부담이 없다

경매가 부담스러운 이유 중 하나는 명도다. 임차인이 인수된다면 점유자를 명도하는 과정에서 불편한 일이 생길까 봐 염려하지 않아도 된다. 임차인을 내보내지 않고 추후에 협의해 계속 살 수도 있고, 낙찰자가 입주할 수도 있다. 임차인이 이사를 나갈 경우에는 다른 임차인이 입주하는 시점에 나간다. 보증금을 100% 받고 이사하는 데다 이사 시기도 협의해서 정하기 때문에 감정적으로 불편할 이유가 없다. 마치 법원에서 갭투자 물건을 산 것과 같다. 임차인이 인수되는 경우 계약기간은 묵시적 갱신상태로 본다.

20

무늬만 선순위임차인

선순위 전입이 있지만 선순위임차인이 아닌 경우가 2가지 있다.

첫 번째는 전 소유자인 경우다. 소유자가 집을 팔고 그 집에 전세를 사는 경우다. 이럴 때 전출했다가 다시 전입하지는 않는다. 전입한 지는 오래되었지만 실제 매도한 날, 새로운 소유자에게 소유권이전등기한 날 다시 전입한 것으로 본다. 이것을 소유자에서 임차인으로, 전입에서 점유로 성격이 달라진다고 해서 점유개정이라고 한다. 소유권이전등기 다음 날 대항력이 생기므로 소유권이전과 같은 날 대출이 있다면 전 소유자 임차인이 후순위가 된다. 소유권이전등기보다 전입이 빠른 임차인이라면 점유개정인지 등기부를 확인해보자. 이 정도 사건은 은행에서도 임차인이 아니라고 봐서 대출이 잘 나온다.

두 번째는 소유자와 가족인 경우다. 이때는 과거 말소된 등기부목록을 확인한다. 보통은 주요사항이 요약된 등기부만 확인하는데, 임차인에 대해 정보가 더 필요하면 말소된 것까지 본다. 과거 근저당을 설정하고 말소하는 과정에서 지금 선순위 전입인 사람이 채무자로 대출을 받은 적이 있는지 살펴보자. 임차인 이름으로 대출을 받았다면 소유자와 가족일 것이다. 임차인이 임대인의 부동산으로 대출을 받을 수는 없기 때문에 임차인이 아니라는 증거가 된다. 아마도 가족 간에 보증을 서서 대출 받은 것일 것이다. 이런 물건은 경락잔금대출이 까다로우므로 미리 대출이 나오는지 알아보고 입찰해야 한다.

✋ 나땅의 경매 꿀팁

등기부에 대한 이해가 없는 입찰자, 일반적인 경매 서류만 보는 입찰자에게는 지금까지 말한 포인트가 한 번에 보이지 않는다. 약간 난이도가 있는 물건이라서 그렇다. 경매 물건을 분석하려면 등기부나 서류를 볼 줄 알아야 하고 이는 경매의 기본이다. 남들보다 조금 더 높은 수익을 원한다면 조금 더 깊이있게 들여다보면 된다. 경쟁자들보다 심층적으로 분석하는 만큼 더 큰 수익을 얻을 수 있다.

21

공매로 파주 아파트
갭투자 성공

얼마 전 경기도 파주에서 공매로 진행 중인 물건에 전세권자가 인수되는 경우가 있었다.

CASE STUDY

이 사건의 전세권자는 회사였는데 해당 물건을 직원 기숙사로 사용 중이었다. 경매절차에서 배당요구를 하지 않았고 선순위였기 때문에 전세보증금 1억 8,000만원이 낙찰자에게 인수되었다. 이 아파트의 시세는 2억원대였다.

공매는 경매와는 달리 인도명령제도가 없어서 명도가 원활하지 않으면 명도소송을 해야 한다. 세금에 의한 공매는 배당도 잘 따져보아야 한다. 세금은 압류 날짜 외에 법정기일로 배당이 되기 때문이다. 또, 경매에서는 체납액을 알기가 어렵다. 법정기일 날짜와 금액을 알 수 없다 보니 선순위임차인이 배당 받을 경우 얼마나 배당 받는지 예측하기 어렵다.

이 물건은 여러 가지 장점이 있는 물건이었다. 첫 번째로, 공매는 명도가 까다롭지만 이 물건은 전세입자가 추후에 협의로 이사를 갈 것이므로 명도를 하지 않아도 된다. 두 번째로, 전세가가 높아서 진행 중인 물건의 감정가와 전세가에 큰 차이가 나지 않아 잔금이 적게 필요하다. 세 번째로, 공매는 경매보다 경쟁이 덜해서 경매보다 낮은 금액에 낙찰된다. 네 번째로, 임차인이 인수되니 세금 배당을 계산할 필요가 없다. 낙찰대금에서 채권이 배당되고 낙찰자에게 인수되지 않는다.

배당을 공부해 보면 세금의 배당이 까다로운데, 임차인의 보증금이 인수되는 물건의 세금은 임차인의 보증금을 위협하지 않아 배당이 단순하다. 세금은 실제 압류날짜를 기준으로 배당하지 않고 법정기일로 배당하기 때문이다. 공매에서는 재산명세서에 법정기일과 세금체납액이 표기된다. 법정기일은 등기부에 기재되지 않으며 실제로 세금을 납부했어야 하는 날짜다. 체납이 있어도 바로 압류되지 않아 법정기일과 압류날짜는 상당히 떨어져 있다. 또, 공매는 공인인증서를 이용해 인터넷으로 입찰하기 때문에 법원에 가지 않고도 낙찰이 가능하다. 패찰하면 입찰보증금은 통장으로 돌려준다. 이 물건은 법원도 안 가고, 대출 없이 잔금을 내고, 명도도 안 하는, 한마디로 손 안 대고 코 푸는 물건이었다.

공매는 온비드(www.onbid.co.kr)에서 진행한다. 경매와 달리 인터넷으로 입찰해서 평일에 법원에 입찰하러 가기 어려운 직장인에게 좋다. 다만, 경매에 비해 물건이 많이 없고 배당과 명도가 까다로운 편이다. 초보자에게는 검색에 불편함이 있고, 명도에 대한 두려움 때문에 법원 경매보다 낙찰가가 낮은 편이다.

22

낙찰 운명을 가른
주택임차권등기

계약기간에 맞춰서 이사를 해야 하는데 여러 가지 사정으로 보증금을 돌려받지 못하는 경우가 있다. 이럴 때 임차인이 전입을 유지할 수 없는 사정, 예를 들어 이사 갈 집으로 전입해야 자녀가 그쪽 지역 학교로 배정 받을 수 있다면 주택임차권등기 제도를 활용한다.

경매에서 주택임차권등기 제도를 알아두어야 하는 이유는 임차인의 권리 순서와 관련이 있기 때문이다.

> **주택임차권등기명령 제도**
> 임대차 기간이 끝났음에도 임대인이 보증금을 돌려주지 않는 경우, 임차인이 법원에 신청해 임차권을 단독으로 등기할 수 있도록 한 제도

출처: 국토교통부

법원이 임차권등기명령을 내려 등기가 접수되면 임차권등기설정일부터 효력이 발생한다. 임차권등기를 하면 등기사항전부증명서에 접수가 완료될 때까지 대항력을 유지하기 위해 계속 거주해야 한다. 접수완료일부터 효력이 발생하기 때문이다. 임차권등기가 완료된 후에는 전입을 유지하지 않아도 제3자에게 공시되므로 등기된 대로 대항력이 인정된다. 이때 임차권등기 접수일은 후순위일 수 있다.

CASE STUDY

실제 낙찰된 사례를 살펴보자.

• 건물 등기부현황 (최선순위 설정일자 : 2019.01.28. 압류)

No.	접수	권리종류	권리자	채권금액	소멸여부	비고
1	2016.8.31 전입 소유권	소유권	오흥嘉		소멸	
2	2019.1.28	압류	국		소멸기준	
3	2019.12.3	압류	국		소멸	
4	2020.7.27	임차권설정	김嘉■	120,000,000원	소멸	
5	2020.10.21	가압류	케이비캐피탈 (주)	14,401,736원	소멸	
6	2021.7.22	강제경매	주택도시보증공사	[청구금액] 187,560,050원	소멸	
7	2021.8.18	압류	국민건강보험공단		소멸	

• 주의사항

매각으로 소멸되지 않는 등기부권리	매수인에게 대항할 수 있는 을구 순위 9번 임차권등기(2020. 7. 27. 등기) 있음(임대차보증금 1억2천만 원, 전입일 2016. 8. 31., 확정일자 2016. 6. 30.). 배당에서 보증금이 전액 변제되지 아니하면 잔액을 매수인이 인수함.
매각으로 소멸되지 않는 지상권	해당사항 없음
주의사항	

위 예시는 임차권등기로 진행 중인 경매사건이다. 경매정보지의 통합등기부를 보면 주택임차권등기가 2020년 7월 27일에 접수되었고 이보다 빠른 2019년 1월 28일에 압류가 있었다. 이 경우 임차인이 후순위일까?

임차권등기는 계약이 끝난 시점에 보증금을 받지 못해 설정하는 것이기 때문에 항상 접수 날짜가 늦다. 실제 임차인은 2016년 8월 31일에 전입하고 확정일자는 2016년 6월 30일 이전에 받았다. 임차인의 대항력은 전입일인 2016년 8월 31일을 기준으로 한다. 따라서 임차인이 선순위다. 임차권등기는 나를 대신해서 대항력을 유지해주는 허수아비 같다고 생각하면 이해가 빠를 것이다. 임차권등기를 굳이 힘없는 허수아비에 비유한 것은 임차권등기 자체가 임차인의 보증금을 보장하는 것은 아니기 때문이다. 다만, 전입과 점유를 유지하지 않아도 원래의 순위를 보존해 준다.

임차권등기의 특징
1. 대항력의 순위를 유지해 준다.
2. 전입이 없이 대항력을 유지해 준다.
3. 임대계약이 끝난 시점에 등기된다.

임차권등기를 하고 나서 경매개시결정이 있거나 임차권등기자가 경매를 신청한 경우에는 배당이 된다. 경매개시결정등기 이후에 자동으로 배당되지 않기 때문에 주의해야 한다. 임차권등기가 있고 임차인이 이미 이사를 나간 경우는 배당되는 즉시 명도가 된다는 장점이 있다. 임차인이 주택도시보증공사에서 보증금을 미리 지급을 받아 이사하는 경우도 있다.

전세권등기는 순위를 잘 따져보자

임차권등기와 항상 비교되는 것은 전세권등기다. 임대계약에서 전세는 「주택임대차보호법」의 대항력으로 보호받는데, 특별한 사정이 있을 때는 전세권등기로 보호받는다. 전입을 못 하는 경우가 대표적이다. 법인의 경우 직원 사택을 계약할 때 전세권을 설정한다. 직원들의 전입을 관리하기가 어렵기 때문이다. 전세권등기는 전입을 대신해서 입주하는 시점에 하고, 선순위 전세권등기라면 선순위임차인과 같이 배당 여부를 선택할 수 있다. 전세권이 인수된다면 임차인과 마찬가지로 경매 진행 중에는 묵시적 갱신상태로 본다.

◦ 집합건물등기부현황 (채권액합계 : 140,417,710원)

No.	접수	권리종류	권리자	채권금액	소멸여부	비고
1	2014.05.09	소유권이전	서○○	[매매] 320,000,000원		전소유자.이○○ 매매 (2014.04.04)
2	2015.12.31	전세권	한국건설기술인협회	70,000,000원	인수	(~2018.01.10)
3	2019.09.05	압류	성신구청장		말소	말소기준권리
4	2020.09.24	강제경매	한국건설기술인협회	[청구금액] 70,417,710원	말소	2020타경107878

이때 전세권자가 배당요구를 했다면 권리행사를 어떤 지위로 요구했는지가 중요하다. 임차인으로서 배당요구를 했다면 임차인 지위의 대항력과 확정일자로 자격을 따져 배당 여부가 결정된다. 전세권자로서 배당요구를 했다면 전세권자의 순위를 살펴보아야 한다. 동일인이지만 이 두 지위는 전혀 다르다. 후순위 전세권은 무조건 배당되고 말소된다.

임차인의 지위로 배당요구한 전세권자, 낙찰자는 결국 입찰금 포기

CASE STUDY

분당 미켈란 쉐르빌 전세권 경매사건을 소개한다. 이 사건의 임차인은 전입신고도 하고 전세권 설정도 했다. 즉, 임차인과 전세권자의 두 가지 지위를 모두 가지고 있었다. 그런데 전세권자가 아닌 임차인의 지위로 배당요구를 했다. 전세권자로서는 선순위여서 배당요구를 하면 배당되는 물건이었지만, 임차인 자격으로는 전입하고 확정일자를 나중에 받아서 배당순위가 늦었다. 결국 이 임차인은 배당을 받지 못했다. 전세권자로서는 배당이 되는데 임차인의 지위로 배당요구를 해서 배당이 안 된 경우다.

　　낙찰자는 당연히 배당이 될 것으로 생각하고 입찰했는데 알고 보니 임차인의 보증금을 인수해야 했다. 결국 낙찰자는 잔금을 미납하고 이 물건을 포기했다. 이 사례에서 볼 수 있듯 두 가지 지위를 동시에 가진 임차인의 경우, 임차인으로서 배당요구를 했는지 전세권자로서 배당요구를 했는지 따져보아야 한다. 또한, 임차인이 전세권자로서 물권의 효력과 임차인의 지위 중 어떤 권리를 행사하는지에 따라 보증금이 인수될 수 있음을 유의해야 한다.

23

우선변제권은
순서대로 배당 받는 것

임대차계약은 임대인과 임차인만 안다

임대차계약은 등기하지 않는 채권이지만, 전입신고를 하고 확정일자를 받으면 물권화되어 순위와 금액을 인정받는다. 채권이지만 물권처럼 순위와 금액을 보장하는 것이다. 채권은 순위가 같은 채권끼리 본래 비율대로 나누고, 우선변제권은 해당순위가 배당을 다 받아야 다음 순위로 배당이 넘어간다. 대항력은 임차인이 보증금을 보장받는 권리이고, 이와 달리 우선변제권은 대항력과는 별개로 법원에서 배당 받는 순위다. 임대차계약의 우선변제권을 보장받기 위해서는 등기된 근저당권들과 같이 우선변제 날짜와 금액에 대한 객관적인 증명이 필요하다. 임대차계약은 임대인과 임차인 당사자 간의 거래라서 공식적인 증거가 전혀 없기 때문이다.

확정일자만 있고 전입이 없다면

우선변제권에 확정일자가 필요한 이유는 당사자끼리 계약서를 얼마든지 다시 작성할 수 있어서다. 임차인의 보증금은 기간에 따라 증액되거나 감액될 수 있다. 계약을 갱신해 보증금을 올렸다면 올린 금액에 대해 확정일자를 다시 받아야 증액분에 대한 순위를 공시적으로 인정받을 수 있다. 우선변제권은 전입신고와 확정일자를 모두 갖춘 날 성립한다. 간혹 계약서를 작성하고 확정일자를 먼저 받은 이후 실제 이사하는 날 전입하기도 한다. 이렇게 확정일자는 빠르고 전입이 늦을 때 우선변제권은 전입신고와 확정일자를 모두 갖춘 날을 기준으로 성립한다.

CASE STUDY

실제 낙찰된 사례를 살펴보자.

매각물건명세서					
사건	2017타경◼◼◼ 부동산임의경매		매각물건번호	1	담임법관(사법보좌관)
작성일자	2018.03.29		최선순위 설정일자	2014. 4. 3.근저당권	
부동산 및 감정평가액 최저매각가격의 표시	부동산표시목록 참조		배당요구종기	2017.05.08	

부동산의 점유자와 점유의 권원, 점유할 수 있는 기간, 차임 또는 보증금에 관한 관계인의 진술 및 임차인이 있는 경우 배당요구 여부와 그 일자, 전입신고일자 또는 사업자등록신청일자와 확정일자의 유무와 그 일자

점유자의 성명	점유부분	정보출처 구분	점유의 권원	임대차 기간 (점유기간)	보증금	차임	전입신고일자. 사업자등록신 청일자	확정일자	배당요구 여부 (배당요구 일자)
이◼◼	전부	권리신고	주거 임차인	2014.4.3~	250,000,000		2014.4.3.	2014.3.18.	2017.03.21

〈비고〉
이◼◼◼ : 이◼◼◼의 배우자 이◼◼이 본건 부동산에 대하여 보증금 190,000,000원으로 2014. 3. 5.자 임대차계약(전입일:2014. 4. 3., 확정일자:2014. 3. 18.) 후 보증금 250,000,000원(임차인:이◼◼◼, 확정일자:2015. 8. 20.)으로 증액 계약 함, ..

※ 최선순위 설정일자보다 대항요건을 먼저 갖춘 주택.상가건물 임차인의 임차보증금은 매수인에게 인수되는 경우가 발생할 수 있고, 대항력과 우선 변제권이 있는 주택.상가건물 임차인이 배당요구를 하였으나 보증금 전액에 관하여 배당을 받지 아니한 경우에는 배당받지 못한 잔액이 매수인에게 인수되게 됨을 주의하시기 바랍니다.

※ 등기된 부동산에 관한 권리 또는 가처분으로서 매각으로 그 효력이 소멸되지 아니하는 것

해당사항 없음

※ 매각에 따라 설정된 것으로 보는 지상권의 개요

해당사항 없음

위 예시에서 임차인은 2014년 3월 18일 확정일자를 받았고 전입신고는 2014년 4월 3일에 했다. 계약서를 작성하고 전입하기 전 확정일자 도장을 먼저 받은 것이다. 대항력은 전입 다음 날인 2014년 4월 4일 0시부터 성립하고 우선변제권도 똑같이 성립한다. 2014년 3월 18일에 확정일자를 받았지만, 4월 3일까지 확정일자만 있고 전입이 없어서 이 기간에는 임차인에게 대항력과 우선변제권이 없다.

이 임차인은 자신의 보증금을 2억 5,000만원으로 신고했다. 그런데 첫 번째 계약 시 확정일자의 우선변제권 순위로 보면 전입신고와 확정일자를 모두 갖춘 2014년 4월 4일 0시 기준으로 보증금은 1억 9,000만원이었고, 그 이후인 2015년 8월 20일 6,000만원을 증액했다. 증액분에 대해 다시 확정일자를 받았는데, 첫 번째 계약과 증액 계약 사이에 다른 채권이 있다면 그것에 대해서는 후순위가 된다.

• 건물 등기부현황 (최선순위 설정일자 : 2014. 4. 3.근저당권)

No.	접수	권리종류	권리자	채권금액	소멸여부	비고
1		소유권	정██		소멸	
2	2014.4.4 임차인 보증금 190,000,000원				소멸	
3	2014.4.3	근저당권	(주)국민은행	335,400,000원	소멸기준	
4	2014.7.17	근저당권	정██외 1명	200,000,000원	소멸	
5	2016.8.12	압류	국민건강보험공단		소멸	
6	2016.9.27	압류	인천광역시연수구		소멸	
7	2016.12.30	압류	국		소멸	
8	2017.2.24	임의경매	(주)국민은행	[청구금액] 281,222,597원	소멸	
9	2018.1.29	압류	국민건강보험공단		소멸	

2015.8.20 임차인 보증금 60,000,000원

통합등기부에 임차인의 우선변제권 날짜와 금액을 순서에 맞게 넣어보았다. 우선변제권은 임차인이 금액과 날짜를 확정 받아 등기부의 채권자들과 순위를 따져 배당 받는 권리라고 생각하면 된다. 전세계약 시 첫 번째 계약 이후로 갱신할 때 보증금을 증액한다면, 등기부를 다시 떼어보고 새로운 채권이 있는지 확인한 이후에

무조건 수익 내는 실전 부동산 경매

증액하고 증액계약서에 다시 확정일자를 받아야 한다. 첫 번째 계약과 갱신하는 시기 사이에 다른 등기가 설정된다면 갱신 시점에 이를 알거나 알 수 있다. 증액계약을 하는 사이 다른 등기가 설정되어 있다면 증액분은 그 이후 순위가 된다. 등기사항전부증명서는 공시되어 누구나 알 수 있으므로, 공시된 채권을 알지 못한 것은 본인의 책임이다.

이 사건에서 두 번째 확정일자를 받은 시점에 등기부에는 근저당이 추가로 설정되어 있었다. 따라서 NO. 4인 근저당보다 증액분 6,000만원은 후순위가 되었다. 정리해보면 다음과 같다.

통합등기부

2014년 4월 3일: 근저당 국민은행 채권최고액 3억 3,340만원

2014년 4월 4일: 임차인 보증금 1억 9,000만원(첫 번째 우선변제권)

　　　　　　　　　　→ 전입한 다음 날과 확정일자를 모두 갖춘 날

2014년 7월 17일: 근저당 2억원, 정○○ 외 1명

2015년 8월 20일: 임차인 보증금 증액분 6,000만원(두 번째 우선변제권)

임차인의 우선변제권은 임차인의 보증금이 등기부에 없지만, 등기부에 기재된 물권자와 같이 순위대로 배당 받을 수 있음을 뜻한다.

선순위로 전입신고만 했다면

전입신고만 하고 확정일자가 없다면 대항력은 있지만 우선변제권은 없다. 대항

력 있는 임차인으로서 자신의 보증금을 주장할 수는 있지만 법원에서 배당 받을 권리는 없는 것이다. 확정일자가 없는 임차인이 배당을 받으려면 순위가 매우 늦고 배당 받지 못하는 금액은 낙찰자에게 인수된다. 전입신고는 선순위라도 확정일자가 늦으면 배당요구를 해도 앞선 채권이 많을 경우 배당이 안 될 수 있다. 선순위임차인은 배당요구를 했다가 못 받으면 낙찰자에게 요구할 수 있다. 일부 못 받는 보증금에 대해서 법원은 경매 배당일에 낙찰자에게 임차인의 나머지 보증금에 지급에 대해 공증하라고 한다. 선순위임차인이 있다면 현재 경매 최저가가 낮더라도 보증금을 따로 변제해 주어야 한다는 것을 염두에 두어야 한다.

임차인 입장에서 보증금을 증액할 때는 증액하는 시점에 등기부를 다시 확인하고 다른 채권이 없다면 증액한다. 증액계약서를 작성하고 여기에 확정일자를 다시 받는다. 이때 기존에 받아놓은 확정일자를 잘 보관해야 한다. 새로 확정일자를 받으면 기존 확정일자의 효력이 없어진다고 생각해 증액분에 대해 확정일자를 다시 받는 것을 꺼리는 사람들이 있는데, 먼저 받은 확정일자의 효력을 잃지 않으려면 기존 계약서와 증액계약서를 함께 잘 보관해야 한다. 확정일자는 금액과 날짜를 증거하는 것이기 때문이다.

무조건 수익 내는 실전 부동산 경매

나땅의 특별과외

임차인 배당 시뮬레이션

빠른 이해를 돕기 위해 실제 사례를 살펴보자. 임차인 황○○ 씨는 2020년 5월 7일 전셋집을 계약하고 전입해서 살고 있었다.

• 임차인현황 (말소기준권리 : 2020.11.30 / 배당요구종기일 : 2022.01.14)

임차인	점유부분	전입/확정/배당	보증금/차임	대항력	기타
황�oo	전부 (주거 임차인)	전입일자: 2020.05.07 확정일자: 2020.04.09. 배당요구: 2022.01.12	320,000,000	있음	2020.05.06.- 2022.05.06.
매각물건 명세서비고	황▩▩ : 2022.01.12. 주택도시보증공사로부터 임차인 권리승계신고 및 배당요구서가 제출됨.				
현황조사서 기타	임차인수: 1명 현장에 임하였으나 이해관계인 만나지 못하여 점유관계 알 수 없었음. 다만, 전입세대열람 및 주민등록등본 발급받아 확인 한 바, 소유자 아닌 사람이 세대주로 등재되어있어 이 세대주를 임차인으로 보고함				

• 집합건물등기부현황 (채권액합계 : 546,885,266원)

No.	접수	권리종류	권리자	채권금액	소멸여부	비고
1	2014.05.30	소유권이전	김▩▩	[매매] 343,441,755원		전소유자:(주)한라 매매 (2014.05.15)
2	2020.11.30	근저당권	장▩▩	99,600,000원	말소	말소기준권리
3	2020.12.11	가압류	주택도시보증공사(서울동부관 리센터)	310,000,000원	말소	부천지원2020카합10517
4	2020.12.21	가압류	케이비캐피탈	34,772,929원	말소	수원지법2020카단507851
5	2020.12.23	가압류	삼성카드	42,246,612원	말소	부천지원2020카단11986
6	2021.01.29	가압류	케이비국민카드(채권관리부)	20,176,616원	말소	서울중앙지법2021카단30395
7	2021.11.02	강제경매	케이비캐피탈(서울지점)	[청구금액] 40,089,109원	말소	2021타경39063
8	2022.02.08	압류	김포시		말소	

2020년 11월 30일 장○○ 씨가 임차인이 살고 있는 집을 담보로 돈을 빌려주었다.

● 예상배당표 임찰예상가 : 520,800,000원(최저경매가기준)

- 건물, 토지 등기부등본이 있는 경우는 건물 등기부등본만을 기준으로 예상배당표를 분석하고 있으니, 반드시 토지 등기부등본을 확인하시기 바랍니다.
- 신건일 경우 입찰 7일전 매각물건명세서 업데이트후 다시 꼭 확인하시기 바랍니다.
- 등기부상의 설정금액 기준으로 계약되어 실제 채권액하고 다를수 있습니다.
- 예상배당표는 참고용으로만 사용하시기 바랍니다.

권리	권리자	등기/전입일	채권액	채권배당금	미수금	인수여부	비고
법원경비	법원			520만원	0원		
압류	김포시	2022.02.08	체납상당액	교부청구액	0원	말소	
임차인	황■■	2020.04.09	3억 2,000만원	3억 2,000만원	0원	말소	배당요구
근저	장■■■	2020.11.30	9,960만원	9,960만원	0원	말소	말소기준권리
가압	주택도시보증공사(서울동부관리센터)	2020.12.11	3억 1,000만원	7,308만원	2억 3,691만원	말소	
가압	케이비캐피탈	2020.12.21	3,477만원	819만원	2,657만원	말소	
가압	삼성카드	2020.12.23	4,224만원	995만원	3,228만원	말소	
가압	케이비국민카드(채권관리부)	2021.01.29	2,017만원	475만원	1,541만원	말소	
강제	케이비캐피탈(서울지점)	2021.11.02	0원	0원	0원	말소	
합계			8억 2,679만원	5억 2,080만원	3억 1,119만원		

배당 순서를 알아보면, 법원은 경매를 신청한 채권자가 미리 납부한 경매비용을 가장 먼저 돌려준다. 그다음이 김포시의 세금이고 그다음 순위로 임차인이 변제를 받는다. 실제 우선변제권은 임차인이 가장 빠르지만 경매비용과 세금 중 일부는 우선변제권보다 먼저 배당이 된다. 세금은 금액과 법정기일을 알기가 어렵기 때문에 선순위임차인이 배당을 요구한 사건에서는 주의를 요한다. 이 사건에서는 김포시의 물건이므로 재산세일 것으로 추정되고 물건의 가격이 7억원 정도로, 경매비용(520만원), 세금(?)과 임차인의 보증금(3억 2,000만원)을 배당해주기에 충분하다. 임차인의 우선변제권 날짜보다 늦은 채권들에 배당이 되는지는 낙찰자와는 무관하다. 낙찰자에게는 선순위임차인이 배당을 받는 것이 중요하다. 만일 순위가 앞서는 세금이 아주 클 것으로 예상되고, 배당금이 빠듯하다면 주의하여야 한다.

나땅의
특별과외

한 방에 끝내는
임차인 분석(case study)

모든 경매물건은 다음과 같은 6가지 유형으로 나눌 수 있다.

case1. 소유자가 점유한 경우

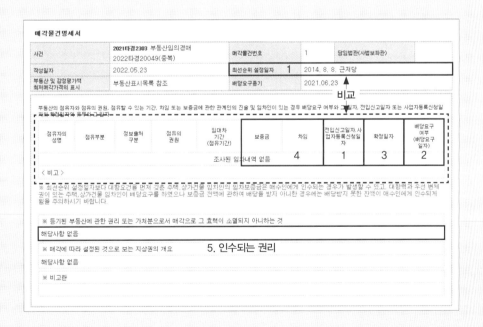

매각물건명세서										
사건	2021타경2303 부동산임의경매 2022타경20049(중복)			매각물건번호		1	담임법관(사법보좌관)			
작성일자	2022.05.23			최선순위 설정일자 **1**		2014. 8. 8. 근저당				
부동산 및 감정평가액 최저매각가격의 표시	부동산표시목록 참조			배당요구종기		2021.06.23				

> 부동산의 점유자와 점유의 권원, 점유할 수 있는 기간, 차임 또는 보증금에 관한 관계인의 진술 및 임차인이 있는 경우 배당요구 여부와 그 일자, 전입신고일자 또는 사업자등록신청일자와 확정일자의 유무와 그 일자

비교

점유자의 성명	점유부분	정보출처 구분	점유의 권원	임대차 기간 (점유기간)	보증금	차임	전입신고일자·사 업자등록신청일 자	확정일자	배당요구 여부 (배당요구 일자)
				조사된 임차내역 없음	**4**		**1**	**3**	**2**

〈 비고 〉

※ 최선순위 설정일자보다 대항요건을 먼저 갖춘 주택, 상가건물 임차인의 임차보증금은 매수인에게 인수되는 경우가 발생할 수 있고, 대항력과 우선 변제권이 있는 주택, 상가건물 임차인이 배당요구를 하였으나 보증금 전액에 관하여 배당을 받지 아니한 경우에는 배당받지 못한 잔액이 매수인에게 인수되게 됨을 주의하시기 바랍니다.

※ 등기된 부동산에 관한 권리 또는 가처분으로서 매각으로 그 효력이 소멸되지 아니하는 것

해당사항 없음

※ 매각에 따라 설정된 것으로 보는 지상권의 개요   **5. 인수되는 권리**

해당사항 없음

※ 비고란

1. 최선순위설정과 전입일자를 비교한다. 전입한 임차인이 없다.

2~4. 임차인이 없어 확인할 것이 없다.

5. 인수되는 권리가 없다.

권리분석에 문제가 없는 유형으로 가장 많은 유형이다. 시세와 미납관리비를 확인하고 해당 물건에 대해 조사하면 된다. 초보가 낙찰 받아도 문제없는 유형이다.

case2. 후순위임차인이 있는 경우

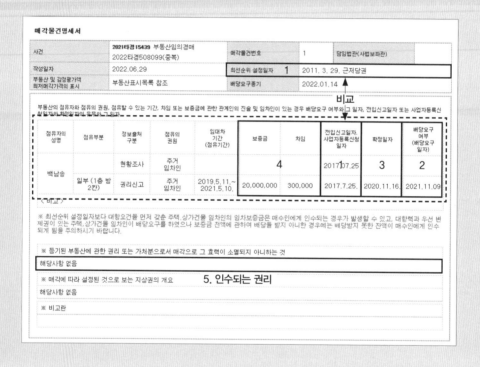

1. 최선순위설정과 전입일자를 비교한다. 최선순위설정은 2011년 3월 29일이고, 전입일자는 2017년 7월 25일이다. 임차인이 늦는다.

2~4. 후순위임차인의 보증금은 낙찰자에게 인수되지 않는다.

5. 인수되는 권리가 없다.

임차인이 후순위라서 낙찰자에게 부담이 없는 경우다. 혹시 임차인이 보증금을 배당 받지 못하더라도 문제가 없으나, 낙찰자 입장에서는 임차인이 기왕이면 보증금을 받아서 나가는 것이 심적으로 편안할 수 있다. 소유자 점유와 마찬가지로 초보자가 낙찰 받아도 문제없는 유형이다. 소유자나 후순위임차인이 점유한 경우는 세금압류가 많아도 전혀 문제될 것이 없다.

case3. 선순위임차인의 보증금을 아는 경우

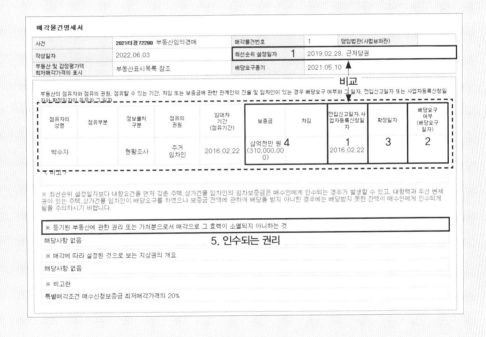

1. 최선순위설정과 전입일자를 비교한다. 최선순위설정인 2019년 2월 28일 근저당과 임차인 전입인 2016년 2월 22일을 비교하니 임차인이 빠르다.
2. 임차인은 배당요구를 하지 않았다.
3. 확정일자는 밝히지 않았다.

4. 보증금은 3억 1,000만원이다.

5. 인수되는 권리가 없다.

선순위임차인의 보증금이 3억 1,000만원으로 밝혀졌고 배당요구를 하지 않았다. 낙찰 받을 때 임차인의 보증금을 인수하는 물건이다. 입찰가 산정 시 보증금 3억 1,000만원은 임차인이 이사 갈 때 대출을 받든지, 다른 임차인을 들이면서 받아 돌려주어야 한다. 경매 갭투자물건으로, 인수되는 금액이 정확하기 때문에 입찰할 수 있다.

case4. 선순위임차인이 배당요구를 한 경우

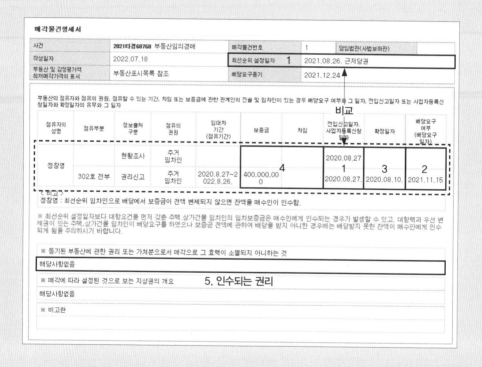

매각물건명세서

사건	2021타경68768 부동산임의경매	매각물건번호	1	담임법관(사법보좌관)	
작성일자	2022.07.18	최선순위 설정일자 **1**		2021.08.26. 근저당권	
부동산 및 감정평가액 최저매각가격의 표시	부동산표시목록 참조	배당요구종기		2021.12.24	

부동산의 점유자와 점유의 권원, 점유할 수 있는 기간, 차임 또는 보증금에 관한 관계인의 진술 및 임차인이 있는 경우 배당요구 여부와 그 일자, 전입신고일자 또는 사업자등록신청일자와 확정일자의 유무와 그 일자

비교

점유자의 성명	점유부분	정보출처 구분	점유의 권원	임대차 기간 (점유기간)	보증금	차임	전입신고일자. 사업자등록신청일자	확정일자	배당요구 여부 (배당요구일자)
정창영		현황조사	주거 임차인		400,000,00 0 **4**		2020.08.27 **1**	**3** 2020.08.10.	**2** 2021.11.15
	302호 전부	권리신고	주거 임차인	2020.8.27~2 022.8.26.			2020.08.27.		

< 비고 >
정창영 : 최선순위 임차인으로 배당에서 보증금이 전액 변제되지 않으면 잔액을 매수인이 인수함.

※ 최선순위 설정일자보다 대항요건을 먼저 갖춘 주택.상가건물 임차인의 임차보증금은 매수인에게 인수되는 경우가 발생할 수 있고, 대항력과 우선 변제권이 있는 주택.상가건물 임차인이 배당요구를 하였으나 보증금 전액에 관하여 배당받지 아니한 경우에는 배당받지 못한 잔액이 매수인에게 인수되게 됨을 주의하시기 바랍니다.

※ 등기된 부동산에 관한 권리 또는 가처분으로서 매각으로 그 효력이 소멸되지 아니하는 것

해당사항없음

※ 매각에 따라 설정된 것으로 보는 지상권의 개요   **5. 인수되는 권리**

해당사항없음

※ 비고란

1. 최선순위설정과 전입일자를 비교한다. 최선순위설정은 2021년 8월 26일 근저당이고 임차인의 전입은 2020년 8월 27일이다. 임차인이 빠르다.

2. 선순위임차인이 배당요구 종기일 내에 배당요구를 하였다.

3. 확정일자는 2020년 8월 10일이다.

4. 보증금은 4억원이다.

5. 인수되는 권리가 없다.

선순위임차인이 배당요구를 한 경우는 임차인이 내가 입찰하는 금액으로 보증금을 다 받을 수 있을지, 혹은 인수된다면 얼마나 되는지 확실하게 계산할 줄 아는 경우에만 입찰이 가능하다. 배당을 계산해야 한다면 당해세나 근로목지낭난 임금채권 등에 임자인보다 먼지 배당되는 경우가 있기 때문에 주의를 요한다. 세금이 문제 되는 경우는 선순위임차인이 배당요구를 한 경우다.

case5. 선순위임차인의 보증금을 모르는 경우

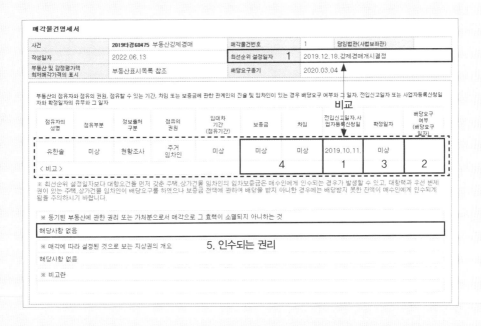

5. 인수되는 권리

1. 최선순위설정과 전입일자를 비교한다. 최선순위설정은 2019년 12월 18일이고 임차인의 전입은 2019년 10월 11일이다. 임차인의 전입이 빠르다.

2. 선순위임차인이 배당요구를 하지 않았다.

3. 선순위임차인이 확정일자를 밝히지 않았다.

4. 보증금을 알 수 없다.

5. 인수되는 권리가 없다.

이 경우는 선순위임차인이 배당요구를 하지 않아 보증금이 얼마인지 알 수 없는 사례다. 임차인의 보증금이 낙찰자에게 인수될 수 있지만 얼마인지 알 수 없어 입찰할 수 없다. 간혹 선순위전입이 있지만 소유자의 가족이고 임차인이 아니라고 밝혀지는 경우도 있는데, 이 경우가 아니라면 입찰할 수 없는 물건이다.

case6. 매각으로 소멸되지 않고 인수되는 권리가 있는 경우

매각물건명세서

사건	2020타경76426 부동산강제경매			매각물건번호		1	담임법관(사법보좌관)	
작성일자	2022.06.03			최선순위 설정일자 **1**		2019.09.18.압류		
부동산 및 감정평가액 최저매각가격의 표시	부동산표시목록 참조			배당요구종기		2021.03.02		

부동산의 점유자와 점유의 권원, 점유할 수 있는 기간, 차임 또는 보증금에 관한 관계인의 진술 및 임차인이 있는 경우 배당요구 여부와 그 일자, 전입신고일자 또는 사업자등록신청일자와 확정일자의 유무와 그 일자

점유자의 성명	점유부분	정보출처 구분	점유의 권원	임대차 기간 (점유기간)	보증금	차임	전입신고일자. 사업자등록신청 일자	확정일자	배당요구 여부 (배당요구 일자)
김하균		현황조사	알수없음 임차인		180,000,00 0 **4**		2018.05.02 **1**	**3** 2018.05.02	**2** 2020.12.04
	전부	권리신고	주거 임차인	2018.08.18~ 현재			2018.05.02		

〈 비고 〉
김하균 : 경매신청채권자임

※ 최선순위 설정일자보다 대항요건을 먼저 갖춘 주택.상가건물 임차인의 임차보증금은 매수인에게 인수되는 경우가 발생할 수 있고, 대항력과 우선 변제권이 있는 주택.상가건물 임차인이 배당요구를 하였으나 보증금 전액에 관하여 배당을 받지 아니하는 경우에는 배당받지 못한 잔액이 매수인에게 인수되게 됨을 주의하시기 바랍니다.

※ 등기된 부동산에 관한 권리 또는 가처분으로서 매각으로 그 효력이 소멸되지 아니하는 것

갑구 순위 7번 소유권이전등기청구권 가등기(2018.11.29.등기)는 말소되지 않고 매수인이 인수함. 만약 가등기된 매매예약이 완결되는 경우에는 매수인이 소유권을 상실하게 됨

※ 매각에 따라 설정된 것으로 보는 지상권의 개요   **5. 인수되는 권리**

해당사항 없음

※ 비고란

무조건 수익 내는 실전 부동산 경매

1. 최선순위설정과 전입일자를 비교한다. 최선순위설정은 2019년 9월 18일이고 임차인의 전입은 2018년 5월 2일이다. 임차인이 빠르다.
2. 선순위임차인이 배당요구 종기일 안에 배당요구를 하였다.
3. 확정일자는 2018년 5월 2일이다.
4. 선순위임차인의 보증금은 1억 8,000만원이다.
5. 인수되는 권리가 있다. 소유권이전등기 청구권 가등기는 말소되지 않고 매수인이 인수한다.

　매우 특별한 경우로, 법원이 말소할 수 없는 소유권에 내한 권리가 있는 사례다. 가등기가 인수되기 때문에 경매초보는 입찰해서는 안 되는 물건이다. 이렇게 5번 항목에 인수되는 권리가 있는 경우에는 대출이 나오지 않고 가등기의 진위 여부에 따라 소유권을 빼앗길 수 있다. 물론 이런 특수물건을 전문으로 하는 고수도 있다.

　이상의 6가지 유형을 3단계로 구분하면 다음과 같다.

1단계: 초보도 입찰 가능
case1. 소유자가 점유한 경우
case2. 후순위임차인이 있는 경우

2단계: 경매 중수라면 입찰 가능
case3. 선순위임차인의 보증금을 아는 경우
case4. 선순위임차인이 배당요구를 한 경우

3단계: 경매 고수만 입찰 가능
case5. 선순위임차인의 보증금을 모르는 경우
case6. 매각으로 소멸되지 않고 인수되는 권리가 있는 경우

chapter
3

짤막정리

그래서 무엇에 입찰할까요?

- 돈 되는 물건 고르는 방법
- 투자금을 적게 들이는 일급 기술
- 모르는 지역 우량물건 판별 노하우

이 3가지를 알면 입찰할 물건을 고르는 안목이 생깁니다.

24

부동산의 가치를 보거나
시장 흐름을 타라

가치 투자자는 '좋은 부동산'에 집중한다

수익을 내는 데는 다양한 방법이 있다. 가치 있는 부동산은 유동성과 수요의 힘으로 수익이 난다. 부동산의 가치는 입지에 있다. 부동산 가치 투자자들은 좋은 입지에 있는 부동산이나 공급이 더 될 수 없는 희소한 가치에 집중한다. 예를 들면 강남권역에는 지식산업센터 같은 업무시설이 들어오기가 어렵다. 그래서 문정동의 지식산업센터는 강남 아파트처럼 많이 오른다.

가치 투자 ① - 교통

부동산의 가치를 높이는 대표적인 것은 교통망이다. 고속도로 IC가 생겨서 핵심지역으로 이동이 편리해지면 그 인근 토지 가격이 몇 배는 오른다. 고속도로의 개통이 토지와 공장의 가치를 올려주기 때문이다. 서울-세종 고속도로, 신월지하차도(신월-여의도), 서부간선도로 지하화 모두 인근 지역의 땅과 입지 가치를 높인다.

새로운 철도 노선은 언제나 핫이슈다. 도로 사정과 날씨에 상관없이 정시성이 확보되는 지하철은 도심지와 근처에서 주택을 구입할 때 중요한 요소다. 집값에도 가장 직접적으로 영향을 주는 것이 교통인데, 출퇴근 소요시간과 피로도는 삶의 질을 직접적으로 좌우하기 때문이다.

가치 투자 ② - 개발호재

개발호재는 부동산의 가치를 올린다. 택지지구나 산업단지가 들어온다는 계획이 수립되면 허허벌판도 가치가 올라간다. 정부에서는 여러 산업단지를 계획 중이다. 가장 성공한 판교테크노밸리의 뒤를 이어 판교 제2테크노밸리를 조성 중이고, 창업혁신지원기관을 비롯해 수백 개의 첨단 업종 기업과 벤처기업을 육성할 계획이다. 그 뒤를 이어 일산테크노밸리와 부산의 센텀2지구가 올해 착공한다. 첨단 산업단지가 들어서면 저공해 고소득 일자리가 많아지고 높은 수준의 주거지도 필요해지므로, 해당 지역은 가치가 높아진다. 주변의 부동산들도 따라서 가치가 올라간다.

가치 투자 ③ - 신축

재개발·재건축의 경우 오래되고 낡은 집이 새 아파트가 되므로 가치가 올라간다. 사람들이 살지 않았던 지역이 선호하는 주거지로 바뀐다. 도시는 계속 낡아가기 때문에 일정한 규모로 계속 개발해야 한다. 재개발 인기가 높아지다 보니 구역을 지정하려는 움직임만 있어도 매물의 호가가 오른다. 새것에 열광하는 사람들의 심리가 호가를 끌어올린다. 재개발·재건축 사업은 당장 눈앞에 보이는 것이 아니기 때문에 관심을 가지고 공부해야 한다. 특히 재개발의 경우 다양한 물건이 존재하고 재건축보다 복잡하다 보니, 잘 모르는 상태로 부동산중개소에 가면 설명을 알아듣는 것조차 어렵다.

기술적 투자자는 '시장 흐름'에 집중한다

기술적 투자자에게는 호재보다는 시장의 흐름이 중요하다. 딱히 철도가 개통한다든지 하는 개발호재가 없어도 시장의 흐름이 상승세라면 이에 따라 아파트 가격이 오른다. 돈의 힘으로 상대적인 가치가 올라가는 것이다. 이것이 시장의 힘이고 유동성의 힘이다. 시장 흐름과 매물 시세를 보다가 타이밍을 잡아서 투자하는 것이 대표적인 기술적 투자다. 기술적 투자자들은 금리와 M1·M2 통화량, 매수 매도심리의 변화, 수요와 공급, 전세가와 매매가의 차이, 소득 대비 집값의 가치 등 여러 가지를 고려한다. 이들은 단순히 호재만 보고 투자하지 않는다.

M1, M2는 통화지표의 하나로 M1은 당장 쓸 수 있는 돈, 즉 좁은 의미의 통화를 말한다. M2는 M1을 포함해 수일 내에 현금화할 수 있는 돈을 의미하는 넓은 의미의 통화를 말한다.

기술적 투자 ① - 디벨로퍼

부동산 디벨로퍼들은 부동산에 자신의 기술을 더해 새로운 가치를 만드는 일을 한다. 나쁜 상가에 새로운 가치를 만들기도 한다. 최근 활발해진 전기자동차의 보급으로 내연기관차는 향후 점점 없어질 것이다. 그럼 주유소는 전기자동차를 위한 시설로 바뀌든지 없어질 텐데, 만약 주유소를 스타벅스DT로 개발한다면 전에는 없던 가치가 부여된다. 이것이 투자자의 기술이고, 부동산에 콘텐츠를 입혀 새로운 가치를 만드는 것이 진정한 부동산 투자다. 부동산은 사람이 모여야 가치가 올라간다. 부동산은 결국 사람이다.

가치 투자든 기술적 투자든 어떤 선택을 해도 성공할 수 있다. 가치 투자냐 기술적 투자냐를 이분법으로 나누기에 애매한 영역도 분명 존재한다. 절대적 가치가 높아지는 지역도 있고 상대적인 가치가 올라가는 지역도 있다. 가치 투자로 결국 가치가 올라가는 것에 투자하든지 새로운 가치를 만들어 낼 수도 있다. 가격의 향방을 보고 가격이 오르는 타이밍에 투자하는 기술적 투자로 성공하는 투자자도 많다. 투자라는 것은 시간과 돈을 투자하고 거기에 자신의 노력을 더하는 것이다.

25

권리분석 3배속 학습법

수익을 크게 내려면 권리분석이 중요하다

좋은 부동산은 부동산 자체의 가치로 수익이 난다. 그런데 경매에서는 나쁜 부동산, 즉 문제가 있는 부동산으로도 수익을 낸다. 매우 싸게 낙찰받아 문제를 해결하는 방식이다. 자신이 입찰하는 부동산이 좋은 부동산이라면 부동산 정책과 트렌드를 챙겨야 하고, 나쁜 부동산이라면 권리분석과 문제해결 능력 그리고 경매의 여러 가지 기술적인 면을 챙겨야 한다.

이때 가장 중요한 것이 바로 권리분석이다. 권리분석을 오랫동안 공부하면 학습하는 속도보다 잊어버리는 속도가 빠르다. 그래서 권리분석은 빠르게 익혀야 한다. 아주 어려운 특수물건에 입찰하는 것이 아니고서야 기본적인 권리분석은 책 몇

권 혹은 강의 몇 개를 듣고 공부하면 배울 수 있다. 그러니 자주 패찰하더라도 입찰 경험을 많이 쌓아보자.

권리분석 공부는 실제 물건으로만 한다

경매정보 사이트에 나오는 사례를 가지고 권리분석을 연습하는 것이 좋다. 잘 아는 지역에서 물건을 선정하여 매주 3개 정도씩 입찰가를 예측해보고 실제 낙찰되는 가격과 비교해본다. 이것을 3개월 정도 계속하면 낙찰가에 대한 감각이 생긴다. 경매사건 이해관계인들이 구체적인 상황에서 어떻게 행동하는지 파악할 수 있기 때문이다.

권리분석 공부에서 혼자만의 가정이나 상상은 도움이 안 된다. 따라서 반드시 실제로 있는 사건만을 가지고 고민해야 하며, 내가 모든 사건을 알 수 없다는 사실도 받아들여야 한다.

26

경매로 나오는
나쁜 부동산의 3가지 특징

경험 쌓는 것을 목적으로 가볍게 입찰한다면 물건에 대한 검토가 부실할 수 있다. 부동산을 취득한 뒤에는 필요시 다른 이에게 매도해야 하는데, 물건이 나쁘면 골칫덩어리 애물단지가 될 수 있다. 경매로 입찰할 때 물건이 나쁜 징후가 몇 가지 있는데 이럴 때는 신중히 입찰해야 한다. 물론 고수는 어떤 상황에서도 수익을 낼 자신이 있을 때 입찰한다.

첫 번째, 전 소유자도 경매로 낙찰 받은 경우

이전 소유자가 경매로 낙찰 받았는데 이번에 또다시 경매로 나왔다면? 소유자의 경제 사정이 나빠서일 수도 있지만 물건이 나쁠 가능성이 더 높다. 평생 한 번도 겪기 어려운 경매라는 절차를 한 부동산이 두 번이나 겪었다면, 우연이라기보다는 물건이 나쁠 확률이 높다. 이 경우 전 소유자가 낙찰 받아 잘해보려고 했지만 의도대로 잘 안 되었기 때문에 나도 같은 방법으로는 힘들 수 있다고 생각해야 한다.

두 번째, 동일지번 경매물건이 지속적으로 나오는 경우

특별한 사건이 있는 경우가 아니라면 같은 물건이 경매로 계속 나오기는 어려우므로, 매매가 안 되거나 나쁜 물건일 가능성이 상당히 높다. 강변의 모 오픈 상가는 계속 경매로 나오는데 낙찰가율도 매우 낮다. 임대가 잘 안 나가는데도 관리비는 비싸기 때문이다. 월세는 안 나오고 관리비 채권만 계속 쌓이다 보니 팔리지도 않는다. 동일지번의 매각사례를 찾아보면 과거 낙찰가와 매물 개수를 확인할 수 있다. 낙찰가율도 낮고 지속적으로 경매에 나온다면 물건이 나쁠 가능성이 높다.

세 번째, 개인의 채권만 있는 경매사건인 경우

금융기관이 아닌 채권으로 경매가 진행된다면 채권의 진정성 여부를 확인해야 한다. 채권은 별로 없는데 개인 명의로 근저당이 설정되고 얼마 지나지 않아 경매 개시가 결정되는 경우다. 자신의 물건을 팔고 싶은데 매각이 안 되는 경우 지인 간에 경매신청을 해서 매각할 수 있다. 물건이 나쁠 때 생기는 사례다. 이처럼 경매에는 나쁜 물건이 많이 섞여 있기 때문에 잘 모르는 물건이라면 이런 징후로 걸러낸다.

부동산 거래 경험이나 일반적인 지식이 없다면 경매에 입찰할 때 물건에 대한 검토가 부족할 수 있다. 위 3가지는 그동안 경매물건을 검토하면서 객관적으로 물건이 나쁜 사례라고 판단한 것들이다. 경매로 처음 부동산 투자를 시작하는 경우라면 일반상식을 조금이라도 공부한 뒤 낙찰 받는 것을 권한다. 조금만 보는 눈이 생기면 입찰 안 했을 물건을, 보는 눈이 없어서 덥석 낙찰 받는 경우가 있다. 종잣돈이 작을수록 안전하고 확실한 곳에 투자해야 한다. 종잣돈이 작은 사람이 잘못 투자했다가는 다시 기회를 잡기 어렵다.

대표적인 나쁜 물건

1) 분양형 호텔

분양형 호텔은 운영을 직접 하는 것이 아니라서 통제할 수 없는 부분이 많고, 또 전체가 운영을 중단한 경우 처분이 잘되지 않는다. 노후 대비 수익형으로 여러 개 분양받았다가 큰 피해를 본 사례가 많다.

2) 오픈형 상가

밀리오레처럼 벽체 구분 없이 한 층에 작은 매장이 많이 밀집된 형태다. 과거에 많이 유행했는데 월세를 받고 싶어 하는 사람들이 여러 개를 분양받기도 했다. 온라인쇼핑몰의 활성화로 오프라인 매장이 어려움을 겪고 있는 데다가, 한 건물의 일부를 소유하는 것이다 보니 처분도 어렵다. 게다가 관리비가 높은 편이라서 임차인이 꺼리다 보니 월세는 못 받고 관리비만 내는 경우가 수두룩하여 경매로 자주 나온다.

3) 원룸형 초소형 주택

전용면적 10평 이하는 원룸으로 보아야 하는데 이 정도 면적은 시세가 잘 오르지 않는다. 월세가 잘 나온다면 수익형으로 볼 수 있지만, 주택수에 포함되므로 보유하는 동안 다른 주택에 투자하는 데 제한이 많아진다. 또, 이 정도 크기의 주택을 매수하려는 수요도 한정적이라 매도도 어렵다.

4) 기획부동산 토지

기획부동산 업체에서 토지를 적당한 크기로 잘라 분양하는 것이다. 시세보다 비싸게 분양했거나 지분으로 분양해서 처분이 안 되는 경우가 많다.

이런 물건들은 매매로 매각이 안 되어 경매로 자주 나오는 종류로, 우스갯소리로 원수에게나 권하는 부동산들이다. 단점을 확실히 알고 접근한다면 모를까, 투자금에 맞춰서 이상한 것을 싸게 낙찰 받으면 곤란하다. 부동산에 투자할 때는 내가 원할 때 팔 수 있는 물건만 사야 한다. 경매도 마찬가지다.

27

물건을 검색할 때부터
수익률이 보인다

처음에는 법원경매정보에 익숙해지자

경매사건들은 대한민국 법원 법원경매정보 사이트(www.courtauction.go.kr)에서 검색할 수 있다. 인터넷으로 쇼핑하듯이 원하는 물건을 고르면 된다. 경매에서는 많은 물건들 중에서 나의 관심물건을 잘 찾아내는 것이 중요하다. 권리분석 다음으로 가장 꾸준히 노력해야 하는 부분이다.

대한민국 법원 법원경매정보 사이트에서 회원가입을 하지 않아도 검색은 가능하지만, 관심물건과 관심지역 기능은 회원가입을 해야 사용할 수 있다.

대한민국 법원 법원경매정보 사이트는 법원 경매정보를 얻을 때 가장 중요한 정보를 제공한다. 무엇보다 대한민국 법원에서 공식적으로 경매사건에 대한 자료를 제공하므로 공신력이 있다. 만일 중대한 권리상의 변동이나 정보가 누락됐을 경우 수정해 공고하는데, 이러한 사항이 낙찰 이후에 발견되었다면 일정 기간 안에 매각불허가를 신청하여 보증금을 돌려받을 수 있다. 법원의 실수로부터 낙찰자를 보호하는 것이다. 경매는 진행 중에 여러 가지 이유로 매각기일이 변경되거나 취하될 수 있다. 가장 정확한 정보를 무료로 제공하기 때문에 입찰자들은 대법원 사이트를 필수로 체크해야 한다.

좋은 경매물건을 찾아내는 방법

여러 가지 기준으로 경매물건을 검색할 수 있는데 첫 번째는 지역, 두 번째는 금액, 세 번째는 물건의 종류, 네 번째는 입찰기일, 다섯 번째는 사건번호다. 나름대로 다른 기준을 세워 검색해볼 수도 있다.

처음 경매정보 사이트를 검색할 때는 자신이 잘 아는 소재지부터 검색하는 것이 좋다. 보통 입찰자들은 잘 아는 지역만 검색한다. 다른 지역을 검색해도 눈에 잘 들어오지 않으므로 법원 경매정보가 편안해질 때까지 자주 보아야 한다.

1. 대법원 경매정보 사이트에 접속한다.
2. 물건상세검색으로 들어간다.
3. 소재지(지번 주소, 도로명 주소)를 선택한다.
4. 시/도를 선택하고 시/군/구까지 설정한다.

범위를 넓게 잡으면 물건이 너무 많이 나오고, 너무 좁게 잡으면 경매가 진행 중인 물건이 별로 없다. 검색해서 나오는 물건에 모두 들어가서 감정가격과 최저매각 가격, 물건의 종류와 상태를 확인한다.

검색 기준 ① – 지역(지도)

지도검색 기능을 활용할 수도 있다. 시각적으로 어떤 위치의 물건인지 확인하는 데 편리하다. 지도검색으로 들어가서 원하는 조건을 다시 정하면 지도에 물건이 표시된다. 이 물건을 중심으로, 지도상에서 동서남북으로 옮기면서 주변에 어떤 물건이 나와 있는지 검색해볼 수 있다. 잘 아는 지역을 검색할 때 좋은 방법이다.

검색 기준 ② – 금액(종잣돈)

자신의 종잣돈에 맞는 물건을 범위로 잡아 검색할 수도 있다. 비주거용 중 대출이 잘 나오는 상가나 지식산업센터 등의 부동산은 대출비율에 따라서 자기자본의 3배에서 5배까지 입찰이 가능하다. 대출한도는 규제지역 여부 등 정부의 정책에 따라 언제든 달라질 수 있다. 내 종잣돈에 맞게 최저매각가격이나 감정평가액을 검색해본다. 검색으로 나오는 개수가 너무 많다면 필요에 따라 면적이나 금액이 일정 기준 이상인 물건만 나오도록 설정한다.

검색 기준 ③ – 물건의 종류(용도)

물건의 종류를 정했다면 용도를 기준으로 검색할 수 있다. 용도는 대분류에서 토지, 건물, 차량 운송장비, 기타로 나눌 수 있다. 대분류를 정했다면 소분류를 선택한다. 토지의 경우는 소분류로 지목에 따라 검색한다. 건물은 주거용 건물, 상업용 및 업무용 건물, 산업용 및 기타 특수용 중에서 선택하여 검색한다. 차량 및 운송장비에는 차량, 중기, 선박, 항공기, 이륜차가 있다. 자동차도 법원경매로 매각되는데 자동차나 중장비는 등록하기 때문에 경매로 매각된다. 자동차 경매는 인수되는 임차인이나 권리가 없어 부동산 경매보다 간단하다. 차에 대해 잘 아는 것이 중요하다.

검색 기준 ④ – 입찰기일(경매기일)

입찰기일을 기준으로 검색할 수 있다. 입찰방법은 기일입찰로 선택하고 법원을 선택한다. 몇월 며칠 어느 법원인지를 선택해서 그날 진행하는 물건을 검색하는 방식이다. 먼 곳까지 입찰을 간다면 같은 날 진행하는 물건을 검토해서 복수로 입찰할 수 있다. 법원경매는 법원에서 신행하기 때문에 평일에만 경매법정이 열린다. 직장인인데 법원에 가보고자 한다면, 자신이 시간 나는 날 가기에 편한 법원을 선택해서 검색해볼 수 있다. 꼭 한 번 가보기를 권한다. 한 번의 경험이 많은 실수를 줄여준다.

검색 기준 ⑤ – 사건번호

사건번호를 아는 경우 이를 직접 입력해서 검색할 수 있다. 입찰할 물건을 결정한 이후 사건을 확인하려면 사건번호로 검색한다. 입찰 당일에 변경되거나 새로운 내용이 있는지 확인한다. 대법원 말고 다른 사이트로 물건을 검색했다면 입찰할 때 대법원에서 확인하는 절차가 필요하다. 사설 사이트는 종종 오류가 있고 업데이트가 늦어 중요한 내용을 놓칠 수 있기 때문이다. 입찰하려고 먼 길을 갔는데 경매가 취하되거나 변경되는 경우도 많다. 검색할 때는 각자 편한 사이트에서 검색하고 입찰할 때는 대법원에서 확인한다. 당일 아침에도 반드시 확인해야 한다.

무조건 수익 내는 실전 부동산 경매

입찰하지 않아도 내 것으로 만들어라

다시 말하지만 경매성공의 핵심은 물건검색에 달려 있다. 위에 제시한 방법으로 일단 시작해보자. 검색 시간을 줄이면서 원하는 물건을 찾아야 한다. 관심 있는 물건이 있다면 따로 저장해두고 관련 서류를 열람해보거나 더 조사해본다. 입찰하지 않은 물건도 얼마에 낙찰되었는지 지켜보고, 따로 출력해서 메모두 하면서 입찰하려고 마음먹은 물건의 입찰기일을 놓치지 않도록 관리한다. 경매도 바둑처럼 복기하면서 데이터를 쌓으면 패찰도 자산이 된다.

 나땅의 경매 꿀팁

대법원 사이트보다 편리한 기능을 원한다면 사설 사이트들을 이용한다. 지지옥션, 옥션원, 탱크옥션, 스피드옥션, 행꿈사옥션 외에도 많이 있다. 이들 사이트의 전국 1년 사용요금은 적게는 30만원부터 많게는 100만원이 훌쩍 넘어가기도 한다. 대법원 사이트와 이들 사이트의 차이점은 등기사항전부증명서, 건축물대장, 전입세대열람 등의 공적인 서류와 과거 낙찰사례 데이터, 현재 실거래가 등을 함께 볼 수 있도록 제공한다는 점이다. 행꿈사옥션을 비롯해 유료사이트에서는 등기사항전부증명서와 건축물대장 등의 서류 열람을 제공한다.

28

물건 검색할 때
가장 효율적인 4가지 기준

물건을 검색하는 4가지 요령

경매물건을 본격적으로 검색해보자. 경매를 처음 시작할 때는 법원과 생소한 경매용어, 법적 절차, 명도가 어렵지만 실제로 입찰을 마음먹은 다음에는 어떤 물건에 입찰해야 할지 고르는 것이 가장 어렵다. 이에 몇 가지를 기준으로 경매물건을 빠르고 쉽게 찾는 법을 알려주고자 한다.

검색하는 기준이 없으면 검색되는 물건이 너무 많아서 효율이 떨어진다. 그리고 같은 물건만 계속 보게 된다. 궁극적으로는 자신만의 검색 루틴과 기준을 가져야 한다. 우선 물건검색 기준을 다음과 같이 네 가지로 나눠보았다.

무조건 수익 내는 실전 부동산 경매

첫 번째, 종잣돈의 크기에 맞는 금액

두 번째, 잘 알거나 관심 있는 지역

세 번째, 물건의 종류

네 번째, 역세권 검색

종잣돈의 크기에 맞는 금액

대출 없이 투자하는 것도 좋지만, 종잣돈이 작으면 물건의 범위가 제한된다. 종잣돈에 대출을 더하면 입찰할 수 있는 물건의 금액 규모가 커진다. LTV(주택담보대출비율)에 맞춰서 최대로 투자 가능한 금액을 정할 수 있다. LTV만을 고려해 아래 표와 같이 정리할 수 있다.

LTV	최대 물건 한도	종잣돈 1억원	종잣돈 2억원	종잣돈 3억원	종잣돈 4억원	종잣돈 5억원
40%	종잣돈X1.65	1.65억원	3.3억원	4.95억원	6.6억원	8.25억원
50%	종잣돈X2	2억원	4억원	6억원	8억원	10억원
60%	종잣돈X2.5	2.5억원	5억원	7.5억원	10억원	12.5억원
70%	종잣돈X3.3	3.3억원	6.6억원	9.9억원	13.2억원	16.5억원
80%	종잣돈X5	5억원	10억원	15억원	20억원	25억원
90%	종잣돈X10	10억원	20억원	30억원	40억원	50억원

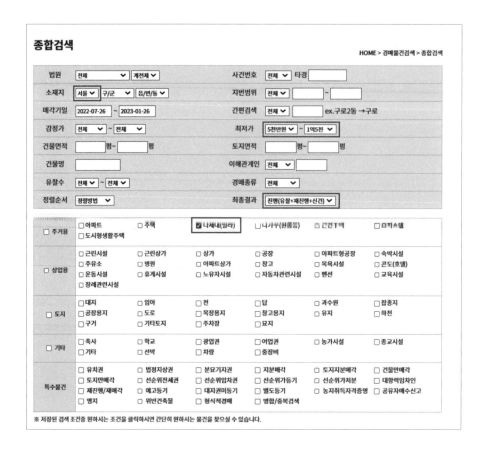

행꿈사옥션 경매검색 페이지에서 최저가가 5,000만원~1억 5,000만원인 서울 지역 빌라로 지정했다. 현재 진행 중인 경매사건 163건이 검색되었다. 조금 더 구체적으로 검색하려면 구/군까지 지정하면 된다.

무조건 수익 내는 실전 부동산 경매

입찰결과   신건 : 9건   유찰 : 153건   재진행 : 4건

전체 : 166건   다세대(빌라) : 166건

관심물건등록   선택물건리스트   리스트인쇄   정렬 : ▼   20 ▼ 개씩 보이기

□	사진	매각기일 용도	물건기본내역	감정가 최저가	상태	조회수
□		2022.07.28 (입찰 2일전) 서울중앙지방법원 다세대(빌라)	2020-5847 서울특별시 동작구 국사봉6길 █ █, (상도동, ████████) [토지 7.93평 / 건물 11.43평]	200,000,000 102,400,000	유찰 (3회) (51%)	534
□		2022.07.28 (입찰 2일전) 서울중앙지방법원 다세대(빌라)	2021-101896 서울특별시 동작구 상도로17길 ███ ████ 호 (상도동, ████████) [토지및건물 지분매각] [토지 4.54평 / 건물 5.92평]	137,972,000 137,972,000	신건 (100%)	41
□		2022.07.28 (입찰 2일전) 서울중앙지방법원 다세대(빌라)	2021-104451 서울특별시 동작구 매봉로2길 █, ███, █ 호 (상도동, ████) [토지 4.44평 / 건물 7.04평]	135,000,000 135,000,000	신건 (100%)	89
□		2022.08.01 (입찰 6일전) 서울동부지방법원 다세대(빌라)	2021-51574 서울특별시 송파구 새말로 ███, ██████ (문 정동, ████) [위반건축물,선순위전세권][토지 5.98평 / 건 물 12.50평]	317,000,000 103,874,000	유찰 (5회) (33%)	386
□		2022.08.01 (입찰 6일전) 서울동부지방법원 다세대(빌라)	2021-52102 서울특별시 강동구 올림픽로81길 ██ ████ ████ (천호동, ████████) [위반건축물][토지 4.93평 / 건물 9.01평]	274,000,000 71,827,000	유찰 (6회) (26%)	392
□		2022.08.02 (입찰 7일전) 서울중앙지방법원 다세대(빌라)	2020-103802[1] 서울특별시 관악구 당곡6라길 ██ ███ █, (봉천동, ████) [임차권등기][토지 10.36평 / 건물 13.72평]	335,000,000 137,216,000	유찰 (4회) (41%)	304

이때 '~이하'로만 검색하면 아주 나쁘고 이상한 물건도 검색되므로 면적에 제한을 둔다든지 금액의 하한선을 정하는 것이 좋다. 예를 들어 빌라를 검색한다면 면적 10평 이상, 최저가 5,000만원 이상~1억 5,000만원 미만으로 검색할 수 있다. 면적에 하한선을 두고 투자금에 맞춰서 나쁜 물건은 검색에서 거르자.

잘 알거나 관심 있는 지역

잘 알거나 관심 있는 지역으로 한정해서 검색조건을 설정해 본다. 범위를 넓게 잡으면 경매물건이 너무 많이 나오고, 좁게 잡으면 진행 중인 물건이 없거나 적게 나온다.

서울 노원구로 특정해서 조건을 넣어보니 11개 물건이 경매로 진행 중이다.

자신이 잘 아는 지역으로 시작하는 것이 쉽게 접근하는 방법이다. 대략의 시세를 알고 있고, 유동인구가 많은 지역, 교통 노선 등을 이미 알고 있기 때문에 현장답사 시간을 줄일 수 있다. 다만, 아는 지역으로 시작하되 지역을 점차 넓혀야 한다. 선택지가 좁으면 최고의 선택을 할 수 없기 때문이다. 잘 아는 지역이라면 경매정보 사이트에서 지도검색기능을 이용해보자.

물건의 종류

관심 있는 지역의 물건이 따로 있다면 그 물건의 종류를 한정할 수 있다. 토지에 관심 있는 투자자라면 물건의 종류에서 토지를 체크하고 검색한다. 최근 주거용 부동산에 규제가 심하다 보니 상가나 지식산업센터에 관심이 높아지고 있다. 아파트형 공장이나 상가에 체크하고 검색해본다. 상가는 지역을 조금 넓게 검색하면 물건의 선택지가 많다. 물건의 종류를 내가 가진 종잣돈의 범위보다 넓게 검색해본다. 만약 내가 종잣돈 1억원을 가지고 있다면 4억~5억원대의 물건까지 검색해보자. 경매물건은 유찰되면서 가격이 낮아질 수 있기 때문에 종잣돈보다 기준을 높게 잡아서 검색해야 한다.

역세권 검색

경매사이트에는 역세권 검색 카테고리가 있어서 전국 부동산 중 지하철 노선과 역세권의 범위를 정할 수 있다. 이 기능은 지하철의 직장 출근노선을 따라 경매물건을 검색하는 데 도움이 된다. 만일 7호선을 이용하는 통근자라면 7호선을 따라 역을 하나씩 지나가면서 검색이 가능하다.

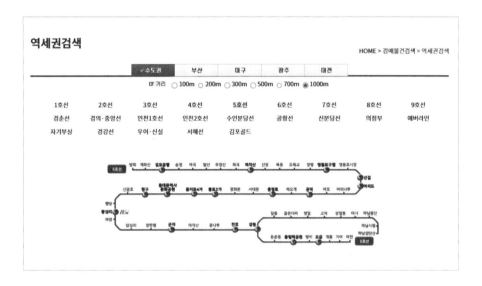

자신만의 기준이 여러 개 생기면 기준에 맞는 검색 요령 또한 생기면서 입찰물건을 찾는 시간이 줄어든다. 관심 있는 물건은 관심물건으로 저장해두고 지켜보자. 경매는 부동산을 싸게 사는 방법 중 하나이고, 무엇을 살지 결정하는 것은 입찰할 때마다 끊임없이 이어지는 고민이다. 돈의 크기에 맞춰 내 꿈의 크기를 제한할 필요는 없다. 가지고 싶은 부동산이 있다면 자주 가보고 그 지역 주민이 되었다고 생각하며 다각도로 살펴보자.

29

경매물건 고르기:
데이터가 말해주는
'좋은 부동산' 고르기

프롭테크 이용하기

프롭테크(Prop Tech)는 최근 부동산 검색자료
의 퀄리티에 획기적인 발전을 가져왔다. 부동산(Pro-
perty)과 기술(Technology)의 결합을 통해 산발적으
로 흩어져 있던 정보들을 하나의 검색창에서 검색할

> 각종 사이트와 경매정보를 함께 보려
> 면 듀얼 모니터를 사용하는 것이 좋
> 다. 여러 창을 열고 닫는 수고를 줄이
> 며 효율을 높여준다.

수 있게 되었다. 각종 프롭테크 기술이 결합된 경매정보 사이트, 포털 사이트 지도,
부동산 사이트를 잘 활용하면 좋은 물건을 찾을 수 있다.

지금부터 프롭테크 기술을 이용해서 구체적인 조건을 만족하는 물건을 어떻게
찾는지 알아보자.

경매정보 사이트

경매정보 사이트는 필수다. 옥션사이트에 가입해 지역, 금액, 물건 종류별로 검색해보고 관심물건에 저장해 관리한다. 조사한 내용이 있다면 메모로 남겨 다음에 검색할 때 다시 볼 수 있게 관심물건 폴더를 만들어 저장한다.

출처: 행꿈사옥션(www.hksauction.com)

출처: 지지옥션(www.ggi.co.kr)

출처: 옥션원(www.auction1.co.kr)

출처: 탱크옥션(www.tankauction.com)

관심물건은 여러 기준으로 폴더를 만들어 관리하는 것이 좋다. 예를 들면 입찰 예정 아파트, 관심 아파트, 상가, 토지 등으로 구분해 폴더로 만든다. 관심물건을 잘 정리해 두어야 낙찰결과를 지켜보며 간접 경험치를 늘릴 수 있다.

네이버 부동산

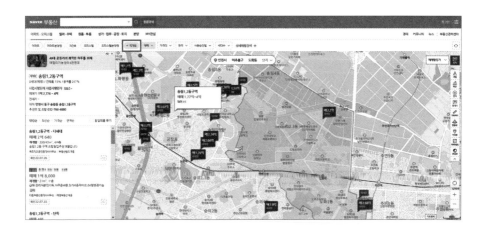

네이버 부동산 사이트에서 급매매물을 체크하는 것은 가장 기본이다.

네이버 부동산의 기본은 아파트로 설정되어 있다. 아파트 외에 다른 투자대상에 관심이 있다면 조건 검색한다. 재개발, 재건축, 분양권, 상가 등 여러 조건으로 검색해본다. 재개발·재건축 중인 구역과 단지도 검색된다. 네이버의 장점은 현재 중개를 위해 올라온 매물의 시세와 진행단계까지 검색이 가능하다는 점이다. 위 화면의 단지는 인천 송림1, 2구역이고 사업시행인가 중이다. 다세대 매물이 2억원대에 나와 있다. 해당 중개업소에 직접 전화해서 자세한 사항을 더 물어볼 수 있다. 얼마 전 송림1, 2구역의 현금청산 물건이 경매로 낙찰되었다.

모든 매물이 다 네이버 부동산에 올라오지는 않으므로 참고하는 정도로 활용한다.

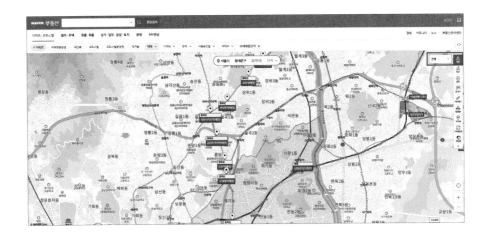

　　고깔 모양의 개발 아이콘을 클릭하면 현재 진행 중인 교통망과 지구단위계획이 표시된다. 계획 중인 철도 노선의 개통예정일과 역사의 위치가 어디인지 대략적으로 알 수 있다. 이 지도의 장점은 다른 노선과 지역의 개발을 함께 볼 수 있다는 것이다. 과거에는 정비구역 정보와 지하철 계획 예정정보가 따로 나와 있어서 이를 함께 고려하기가 어려웠다. 그러나 지금은 산발적인 정보를 한곳에 모아 시각화해두어 경매정보 사이트와 비교하면 호재가 있는 지역을 빠르게 찾을 수 있다.

호갱노노

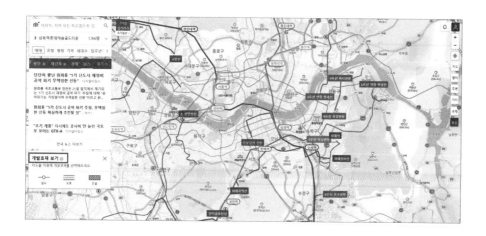

호갱노노의 여러 기능 중에는 개발호재 기능이 있다. 설정으로 들어가서 개발호재 기능을 사용하도록 설정해야 기능탭이 보인다. 현재 계획 중인 노선을 굵은 선으로 표시해준다. 사이트마다 업데이트되는 내용이 다르기 때문에 다른 사이트와도 비교해보아야 한다. 이미 착공한 노선도 빠져 있는 경우가 있다.

사람들이 가장 중요하게 생각하는 교통수단은 지하철이다. 사람들은 자신의 출퇴근 이용노선에 있는 역세권 아파트를 가장 선호한다. 역세권 아파트의 가격이 부담스럽다면 곧 역세권이 될 지역을 선택하는 것도 좋다. 계획 중인 노선보다는 개통을 앞두거나 착공한 노선을 살펴보는 것을 추천한다. 생각보다 개통이 많이 늦어질 수 있기 때문이다.

역세권 예정지 경매물건에 입찰하고 싶다면 개발호재 화면과 경매정보사이트의 지도를 비교하며 검색하자. 두 개의 화면으로 역세권 예정지 경매물건을 검색할 수 있다.

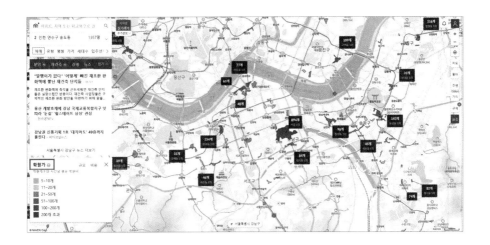

학원가 검색기능도 유용한데 주거용 부동산에서 학원가는 중요한 편의시설이다. 잘 조성되어 있으면 플러스 요소가 된다. 대한민국 학군1번지 대치동에는 학원이 830개 모여 있다.

또, 호갱노노의 가장 강력한 기능은 규제지역 확인이다. 오른쪽 아래에 규제를 누르면 규제지역의 종류와 규제사항이 나오고 지도에 색으로 표시된다.

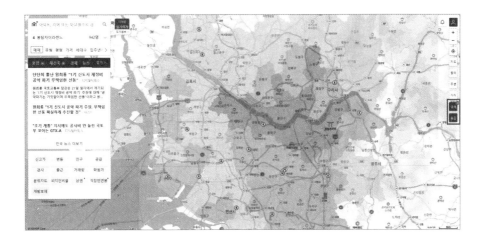

3장. 무조건 수익 내는 경매 비밀 전략

아실

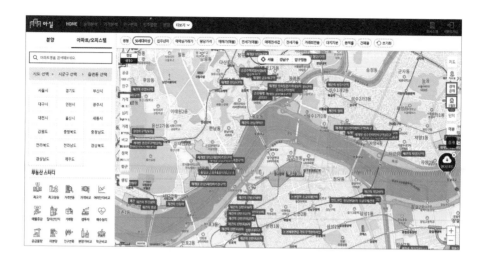

　　개발이 예정된 지역은 하늘색으로 구역이 표시되어 있다. 경매로 진행 중인 사건을 함께 검색할 수 있어 가장 직접적으로 유용한 사이트다. 오른쪽 검은색 경매·공매 아이콘으로 노출을 조절할 수 있다. 아실에서 물건을 찾고 경매정보 사이트에서 사건번호로 검색한 뒤 본격적인 검토를 시작한다. 관심 있는 물건이 있다면 관심물건으로 저장해서 체크해둔다. 한번 보고 지나간 뒤에는 다시 찾기 어렵기 때문이다. 정비사업 진행 중인 구역 안의 물건이 표시되므로, 재개발예정 지역의 경매물건을 검색할 때는 아실의 지도가 가장 편리하다.

30

그래프 패턴으로
아파트 단지 분석하는 법

아파트에 입찰한다면 알아야 할 정보들

경매를 시작할 때 가장 많이 입찰하는 물건은 아파트다. 그러므로 아파트 정보를 파악하는 방법은 반드시 알아두어야 한다.

호갱노노에는 아파트와 관련된 각종 정보가 잘 정리되어 있는데, 특히 매매가와 전세가를 그래프로 보여주어 시각적으로 보기에 편리하다. 물건을 분석해보면 물건마다 패턴이 있고 우량한 아파트는 패턴이 비슷하다. 우리가 모든 지역을 샅샅이 알지는 못하기 때문에 잘 모르는 지역의 물건이 어느 정도 우량한지 판단할 기준이 필요하다. 아파트는 서열이 있어서 가격으로 순위를 매길 수 있고, 같은 가격이라면 더 좋은 것을 고를 줄 알아야 한다. 내 투자금으로 더 좋은 선택을 할 수 있도록 도와주는 기준이 되는 아파트 매매/전세 그래프 패턴을 알아보자.

아파트별 매매/전세 그래프 패턴 예시

① 서울 우량 재건축아파트 파형★★★★★

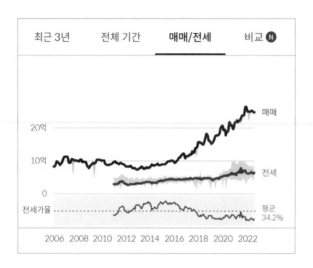

– 전세가가 꾸준하다. 크게 빠지는 구간이 없다.

– 매매가와 전세가의 차이가 상당하다. 내재된 가치가 많다.

– 조금 떨어지고 많이 오른다.

– 매매가가 꾸준히 오른다. 이런 아파트는 대기수요가 늘 존재한다.

입지가 좋은 기축아파트는 늘 대기수요가 있다. 이때 아파트 연식이 좋으면 전세가가 많이 오를 여지가 있다. 사용가치가 높기 때문이다. 너무 오래된 아파트는 사용가치가 적어 전세가가 많이 오르기는 어렵다. 대신 전세가 하방경직도 강한 편이다. 전세의 절대적인 가격이 입지에 비해 낮기 때문이다. 최종 목적지는 이렇게 완만하게 상승하는 그래프의 아파트를 가지는 것이다.

② 택지지구 신축아파트 패턴★★★★

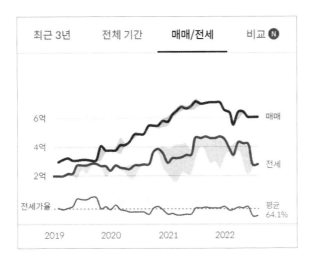

- 전세가가 꾸준히 상승한다. 사용가치가 높기 때문이다.
- 매매가와 전세가의 차이가 점점 벌어진다. 입주 후 2년 동안 매매거래가 없다가 상승한다. 신축아파트는 입주 후 등기가 나기까지 거래가 어렵다.
- 매매가가 꾸준하게 상승한다.

택지지구의 신축아파트는 입주가 마무리되면 본래의 가격을 회복하고, 입주 2년차가 되어야 진정한 시세로 거래된다. 우량하고 안전한 그래프다. 이런 물건은 전세임차인을 들인 채로 보유하기 좋다. 팔지 않아도 전세를 갱신할 때 전세금액 상승으로 현금흐름을 주므로 낙찰 후 전세로 보유하기에 좋다.

③ 우량 기축아파트 패턴★★★

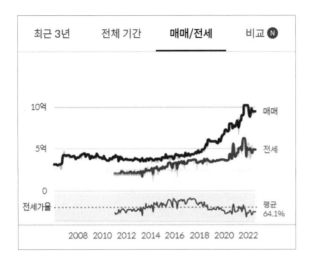

– 전세가와 매매가 차이가 일정한 차이를 항상 유지한다(평균전세가율 70% 이하).

– 매매가가 전세가의 영향을 받는다. 주변 신축 입주장에 힘들 수 있다.

– 비교적 소액투자가 가능하다. 갭메우기로 상승했던 지역이다.

    우량 기축 아파트는 시세가 안정적이어서 경매로도 급매보다 조금 싸게 낙찰 되는 편이다. 그러나 역전세의 우려는 적은 편이어서 안전한 물건이다. 전세가율이 높으면 투자금은 적으나 물건의 가치가 낮다. 전세가율이 지나치게 낮으면 투자금 이 많이 필요하다. 경매로 조금 싸게 낙찰 받아 소액으로 보유 가능한 아파트는 평 균전세가율이 60~70%대로 적정한 수준의 우량 아파트다.

④ 기축아파트 패턴 ★★

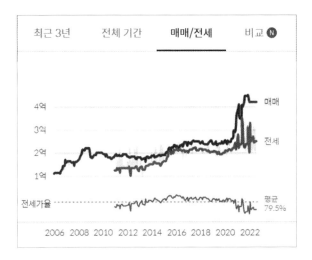

- 전세가와 매매가가 어느 정도 차이를 보이며, 기본적인 흐름은 우량 기축아파트 패턴과 유사하다.
- 매매가 전세가의 굴곡을 매매가가 같이 탄다. 전세가의 추이가 매우 중요하다. 초우량 아파트가 아니라면 기축아파트 매매가는 전세가의 영향을 받는다. 갭메우기와 더불어, 공시가격 1억원 미만의 취득세 중과배제와 전세가의 상승으로 많이 올랐다.
- 아파트의 자체적인 상승여력은 낮은 편이다. 주변이 올라야 오른다.

　

우량 기축아파트보다는 매매가와 전세가 차이가 적은 편이다. 시기에 따라 경매로는 거의 무피투자도 가능한 아파트 유형이다. 우량 기축아파트보다 높은 70~80%의 전세율을 보인다. 투자금은 더 적게 들지만 가치는 낮다. 소액투자가 가능하지만 전세가에 따라 매매가가 등락을 같이하기 때문에 주변 입주나 전세가 하락을 잘 체크해서 투자해야 한다.

⑤ 무피 갭투자 아파트 패턴★

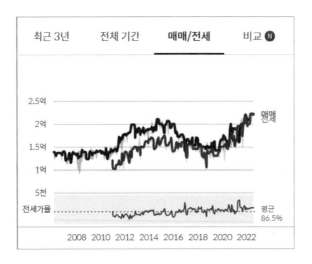

- 전세가의 굴곡을 매매가가 같이 탄다. 전세가가 중요하다.

- 매매가와 전세가 차이가 적다. 경매로 낙찰 시 전세가 이하에 낙찰될 가능성도 있다.

- 투자금이 거의 없이 보유 가능하다.

- 전세가가 떨어지지 않는지 확인해야 하는 아파트다. 전세가격 하락 시 매매가도 떨어질 수 있다.

전세가율이 80% 이상인 아파트는 주의를 요한다. 소액투자가 가능하지만 시세 상승이 둔하다. 전세가가 매매가에 육박하지만 사람들이 쉽사리 매매하려 하지 않는 지역은 아닌지 확인이 필요하다. 다주택 소액투자자들이 주로 투자한다. 매우 공격적인 포지션이다. 역전세의 위험이 있는 투자 유형이다.

⑥ 거래가 뜸한 아파트 파형▲

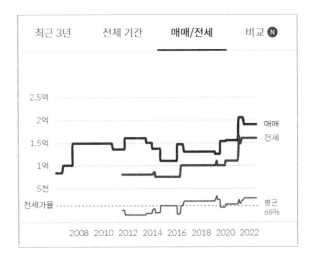

– 선이 꺾인다는 것은 기간 내에 거래가 많지 않다는 뜻이다.

– 매매가가 전세가의 영향을 그대로 받는다.

– 내재된 가치는 적은 편이다.

– 큰 상승을 기대하기 어렵고 싸게 낙찰 받아야 수익을 낼 수 있다.

매매가 뜸하기 때문에 원할 때 매도가 원활하지 않을 수 있다. 가격상승의 요소가 있는지 확인해야 한다.

이 같은 그래프 패턴을 보이다가 최근에 급상승한 아파트가 있다. 뒷장을 보자.

⑦ 지방 소도시 재건축아파트 ★

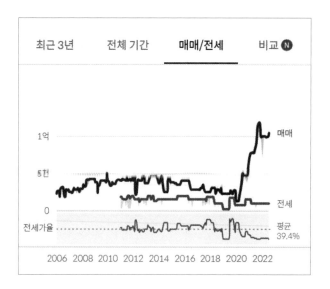

매매가가 3,000만원까지 떨어졌던 지방 소도시의 이 아파트는 재건축 이슈가 생기자 곧바로 1억원까지 시세가 올랐다. 그동안에는 꺾은선으로 뜸하게 거래되었지만 재건축이라는 이슈가 붙자 갑자기 우량한 그래프 패턴을 보이고 있다. 그래프 패턴은 아파트의 과거와 현재를 나타내고, 그래프 패턴이 나쁜 아파트도 다른 요소에 의해 좋아질 수 있다. 매매/전세 히스토리 그래프는 아파트의 과거부터 현재까지를 나타낸다. 가장 좋은 아파트는 완만하게 꾸준히 오르는 아파트다. 대기 수요가 있는 아파트는 완만하게 오른다.

오늘의 신축아파트는 내일의 기축아파트가 되고 오늘의 구축아파트는 내일의 신축아파트를 꿈꾼다. 변화 속에서 기다린다면 나에게도 한 번의 기회는 반드시 온다.

31

누군가는 그냥 지나친
재매각사건

재매각물건은 경쟁률이 낮다

일반매매와 경매의 가장 큰 차이점이라면 경쟁자의 유무다. 일반매매로 수익을 내려면 가격이 쌀 때 사서 오른 뒤 팔면 된다. 경매는 매수자끼리 경쟁하는 시장이기 때문에 다른 경쟁자들을 의식해야 한다. 욕심 없는(=입찰가를 높게 쓰는) 입찰자와 경쟁하다가는 수익을 아예 포기해야 할 때도 있다. 이런 경쟁을 피하고 수익을 극대화하는 방법이 있는데 그중 하나가 재매각물건을 공략하는 것이다.

CASE STUDY

대전의 도로가 경매로 매각되었다. 최저매각가격이 5,000만원대여서 입찰보증금은 515만원이었다. 최저매각가격이 낮은 데다가, 재개발 지역 내의 도로여서 입

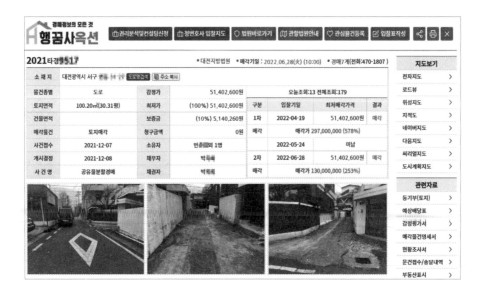

| 권리분석및컨설팅신청 | 정변호사 입찰지도 | 법원바로가기 | 관할법원안내 | 관심물건등록 | 입찰표작성 |

2021타경 517

대전지방법원 · 매각기일 : 2022.06.28.(火) (10:00) · 경매7계(전화:470-1807)

소 재 지	대전광역시 서구				
물건종별	도로	감정가	51,402,600원	오늘조회:13 전체조회:179	
토지면적	100.20㎡(30.31평)	최저가	(100%) 51,402,600원		
건물면적		보증금	(10%) 5,140,260원		
매각물건	토지매각	청구금액	0원		
사건접수	2021-12-07	소유자	변총의 1명		
개시결정	2021-12-08	채무자	박록		
사 건 명	공유물분할경매	채권자	박록		

구분	입찰기일	최저매각가격	결과
1차	2022-04-19	51,402,600원	매각
매각	매각가 297,000,000 (578%)		
	2022-05-24	미납	
2차	2022-06-28	51,402,600원	매각
매각	매각가 130,000,000 (253%)		

지도보기
전자지도 / 로드뷰 / 위성지도 / 지적도 / 네이버지도 / 다음지도 / 씨리얼지도 / 도시계획지도

관련자료
등기부(토지) / 예상배당표 / 감정평가서 / 매각물건명세서 / 현황조사서 / 문건접수/송달내역 / 부동산표시

주권이 나올 수 있는 면적이었다. 그래서인지 129명이 입찰하여 2억 9,700만원에 낙찰되어 모두를 놀라게 했다. 재개발 프리미엄을 보고 입찰한 것이다. 그런데 낙찰자가 잔금 내는 것을 포기하여 재매각으로 다시 경매가 진행되었다. 권리상의 하자는 발견되지 않았다.

아무 이상없이 잔금을 미납하는 경우가 종종 있는데 시세를 잘못 조사했다든지, 잔금을 조달하는 데 문제가 생겼다든지, 마음이 변한 경우다. 129명이라는 많은 입찰자 수에 질렸는지, 재매각사건에는 단 5명이 입찰하여 이전의 1/3도 안 되는 금액에 낙찰되었다. 가봐야 또 높은 금액에 낙찰될 거라든가, 이번에도 100명이 넘게 입찰할 거라는 등 비관적인 생각이 들어서였을까? 재매각사건에는 입찰하는 사람도 현저하게 적었고 그나마 입찰자들도 매우 낮은 금액대에 입찰했다. 이 사례에서도 볼 수 있듯 일단 경매를 실행하는 사람에게 행운도 찾아오는 법이고, 할까

말가 고민될 때는 하는 것이 옳다.

　재매각물건은 말 그대로 다시 경매에 나온 물건이다. 전 기일 최고가매수신고인이 잔금을 미납한 경우다. 잔금을 미납하면 큰 금액의 보증금을 포기해야 하는데, 이를 감수하면서까지 낙찰을 포기한 이유가 있을 거라는 생각이 든다. 이런 점 때문에 재매각물건은 경쟁률이 낮고 싸게 낙찰되는 편인데, 경쟁률이 낮다는 것은 곧 수익이 커질 수 있다는 뜻이다.

신매각사건의 입찰보증금이 최저매각가격의 10%인 것과는 달리 재매각사건은 20~30%에 달한다. 보증금이 2배가 넘으니 입찰하기가 부담스럽고 입찰자들의 실수도 많다. 보증금이 20%인 것을 확인하지 못하고 10%에 입찰할 경우 입찰이 무효가 된다.

대출에 문제가 생겨 잔금을 미납했다면 입찰 기회다!

　잔금 미납 이유는 권리분석 하자, 대출실행 문제, 낙찰 후 이상 발견(위반건축물 등) 등으로 다양하다. 잔금 미납의 이유가 권리분석의 하자가 아닐 때가 기회다. 낙찰 받고 나서 알아보니 돈이 부족해 대금을 미납하는 경우가 생각보다 흔하다. 낙찰확률을 높이고자 여러 건에 입찰했는데 생각지도 않게 여러 개를 낙찰 받아 일부는 대금을 못 내는 경우도 있다.

　경매 재매각사건 입찰가는 전 기일 입찰가보다 낮은 경향이 있다. 재매각물건은 전 낙찰가가 공개되기 때문에 상대방이 입찰가를 얼마까지 썼는지 알 수 있다. 꼭 낙찰 받고 싶다면 전 기일 최저매각가격이나 낙찰가를 넘겨서 입찰하면 낙찰 가능성이 높아진다. 다른 입찰자들도 충분히 그렇게 입찰할 거라는 전제하에 전략을 짜야 한다. 경매에서는 다른 입찰자들의 심리가 중요하다. 비슷한 조건이라면 기대수익을 조금 낮추는 사람이 낙찰 받는다.

찝찝한 불허가물건에도 기회가 있다

재매각은 아니지만 불허가를 받아 다시 경매로 진행되는 물건도 입찰하기 조심스럽다. 불허가의 사유는 여러 가지다. 경매사건에 대한 송달이 제대로 되지 않은 경우에는 경매과정의 하자이기 때문에 불허가로 다시 경매가 진행된다. 불허가가 결정되면 최고가매수신고인은 보증금을 돌려받는다. 송달이 문제였다면 절차의 문제이지 경매물건의 하자는 아니다. 그러나 입찰자에게 불허가의 이유를 설명해 주지 않기 때문에 낙찰을 잘못 받아 불허가를 신청했나 하는 생각이 든다. 불허가 이유를 알기가 어렵다 보니 한마디로 입찰하기 찝찝하다.

이럴 때는 문건송달내역을 확인해보자. 문건송달내역은 경매절차에서 서류가 접수된 내역이다. 이것을 보고 불허가의 이유를 추측할 수 있는 경우도 있다. 매각기일 이후 최고가매수신고인 불허가신청서 제출이라는 서류가 접수되었다면 불허가를 신청한 이유를 알아보는 것이 좋다. 낙찰 받고 나서 어떤 문제를 발견한 것인지 확인이 필요하다. 불허가 사유에 해당하지 않는다면, 불허가 신청은 가능하지만 법원에서 받아들이지 않는다.

법원에서는 이해관계자의 의견이 접수되거나 권리관계의 변동이 예상되는 서류가 접수되었다면 입찰조건이 달라질 수 있으므로 불허가 결정을 내린다.

불허가물건에서 기회를 찾은 고양시의 한 낙찰자

CASE STUDY

실제 낙찰된 사례를 살펴보자.

2017년 경기도 고양시 화정의 5억원대 중반 아파트가 경매로 매각되었다. 대출규제에 양도세 등 투자환경에 불리한 뉴스가 많아 당시 여론은 나빴지만 지금 돌아보면 그 시기도 좋은 시기였다. 이 아파트는 1회 유찰한 매각기일에 5억원 정도에 낙찰되었다가 불허가결정이 내려졌다. 채권자는 경매 입찰자들이 경매물건에 문제가 있다고 생각할까 봐 걱정되어, 경매정보 사이트에 불허가 결정이 난 원인이 부동산의 하자가 아니라 송달의 문제였다고 제보했다. 입찰가가 낮아지지 않도록 조치를 취한 것이다. 그러나 입찰자들이 안심하고 입찰하도록 친절하게 안내한 보람도 없이 단 2명이 입찰해 3억 9,000만원대에 낙찰되었다.

전 매각기일에는 더 많은 사람이 입찰했고 5억원 정도에 낙찰되었는데 아무 이유도 없이 3억 9,000만원대에 낙찰된 것이다. 소유자가 거주하고 있었으며 우량한 아파트라 하자도 없었다. 왜일까? 전 경매사건에서 입찰했던 그 사람들은 다 어디로 갔을까? 3억 9,000만원이라는 낙찰가는 아주 놀라운 가격이었다. 그 당시 매매가는 5억원대 중반이었고 전세가는 4억원대 초반이었다. 전세가보다 낮은 금액에 낙찰되었기 때문에 명도 후 전세만 놓아도 오히려 돈이 생길 정도였다. 투자금 없이 투자할 수 있었던 그 아파트가 지금은 9억원이 넘는다. 불허가 후 다시 매각되는 데다 나쁜 기운도 많았고 대부분의 경매 참여자들은 관망할 때였다. 그날따라 그 아파트에 입찰하는 사람들이 없었던 것도 한 요인이었다. 꾸준히 입찰하다 보면 이런 행운도 찾아올 때가 있다.

🖐 나땅의 경매 꿀팁

강제집행정지신청이 접수되면 불허가가 나는 경우가 많다. 집행이 정지되면 낙찰자는 입찰보증금이 법원에 보관된 상태로 다시 경매절차가 진행되기를 기다려야 한다. 또 그 사이 경매가 취하되거나 취소된다면 아무 이익이 없이 시간을 버리는 셈이 되어 보통은 불허가를 신청해 보증금을 돌려받는다. 보증금을 찾아가지 않은 상태로 기다렸다가 경매가 다시 진행되고 잔금을 납부하기도 한다. 강제집행정지신청은 집행을 진행할 수 없는 사유로 인정되므로 불허가결정이 난다.

무조건 수익 내는 실전 부동산 경매

32

투자금 0원으로
무피 경매하는 법

유튜브나 책에서 돈 없이 부동산 투자를 했다는 사람들을 종종 본다. 적게는 수천만원에서 수억원이 드는 아파트를 어떻게 돈 없이 살 수 있을까? 결론부터 말하자면 최종 투자금 0원으로 투자가 가능하다. 경매로 투자하려면 최소한 입찰보증금은 있어야 한다. 잔금을 어떤 식으로든 납부한 뒤에 임대나 매매를 통해서 투자금을 대부분 회수할 수 있는데, 돈 없이 경매했다는 것도 알고 보면 이런 사례들이다. 장기적으로는 여력이 안 되지만 잠깐은 사용할 수 있는 정도의 돈을 동원해서 시작하는 것이다.

과거 경매 책들을 보면 경매물건을 낙찰 받아 단기에 매도해 수익을 냈다는 사례들이 나오는데, 현재는 주택을 구입하고 1년 내에 팔면 단기양도세가 77%에 달해 쉽지 않은 전략이다. 해당 사례들이 나올 당시 시장은 하락기라 경매입찰자도 적고 낙찰금액도 낮을 때였다. 부동산 규제가 필요없던 때라 세금 정책도 낙찰자에게 유리했다. 부동산 매매사업자는 단기양도라고 해도 소득세율로 세금을 납부한다. 소득세율로 납부할 경우 소유권이전등기 다음 날부터 일반과세로 납부하는데, 일반과세는 양도차익이 클수록 세금을 많이 내는 구조라 양도차익이 적으면 세금도 적게 나온다. 따라서 부동산 매매사업자의 경우 비교과세 전에는 양도차액이 적으면 매도하더라도 세금을 낼 만하다고 느꼈다.

양도세 일반과세 예시
-과세표준 1,200만원일 때 소득세율 6% 계산 시 양도소득세 72만원
-과세표준 4,600만원일 때 소득세율 12% 계산 시 양도소득세 582만원(누진공제 108만원)

매매사업자라면!

현재는 부동산 매매사업자에게 중과주택 2채부터 비교과세를 적용한다. 비교과세란 서로 다른 세율을 적용할 수 있을 때 두 세율을 비교하여 둘 중 금액이 많은 쪽으로 세금을 납부하는 것이다. 그러나 양도세 중과주택이 1채라면 매매사업자로 일반과세 납부가 가능하다. 매매사업자 일반과세에서는 양도차익을 사업소득으로 보기 때문에 사업으로 볼 만큼 지속적이어야 하고 다른 소득과 합산된다. 다른 소득이 이미 많으면 여기에 양도차익이 더해져서 과세표준구간이 높아진다. 단기매도를 하고 싶다면 한 번은 이 분야에 대해 공부를 해야 한다.

무조건 수익 내는 실전 부동산 경매

최종투자금 줄이는 방법

1) 전세가 이하에 낙찰 받기

경매물건 중에 전세가 이하로 낙찰되는 물건이 더러 있다. 전세가율이 아주 높은 지역에서는 낙찰이 조금 낮게 되면 전세가 이하가 된다. 어떤 지역에서는 전세가가 매매가보다 높은데, 전세가격은 집의 사용가치로 볼 수 있다. 전세가와 매매가의 차이는 그 주택에 내재된 가치를 뜻한다. 만일 사용가치만 있고 내재된 가치는 거의 없다면 전세가와 매매가의 차이가 적다. 내재된 가치는 가격상승에 대한 기대와 대기수요가 만들어내므로, 이런 부동산은 가격상승에 대한 기대가 적은 부동산이다.

가격 상승에 대한 기대가 적을수록 경매 시 낙찰금액이 낮은 편이다. 앞으로 오르지 않을 것으로 생각하니까 싸게 낙찰 받는 것이다. 전세가가 오르는 시점에 낙찰을 받으면 명도 후 전세를 들이는 시점의 시세가 낙찰가를 넘어서기 쉽다. 이렇게 낮은 금액에 낙찰 받아서 높은 금액에 전세를 놓는 방법은 경매에서는 오랜 기간 검증된 투자법이다. 투자금이 적은 경매 초기 투자자들이 이런 지역과 물건에 집중한다.

원할 때 거래가 되는 부동산이어야 하고, 전세가와 매매가가 같이 떨어질 위험이 있는 물건에 입찰해서는 안 된다. 기축아파트는 신축아파트 입주에 많이 영향을 받는다. 전세는 직격탄으로 타격을 받고 매매는 전세를 따라 함께 나빠진다. 빌라라면 수도권 대기수요가 늘 있는 지역을 추천하고 지방이라면 소형 아파트를 추천한다. 1년에 매매와 전세 거래가 몇 건 정도 되는지 확인해서 매도를 원할 때 잘 팔리는 지역인지도 확인해야 한다. 잘 모르는 지역에 입찰한다면 이런 데이터를 잘 확인해야 한다.

2주택만 되어도 운신의 폭이 좁아지다 보니 똘똘한 한 채 쏠림 현상이 심하다. 요즘은 취득하는 데만도 취득세가 중과된다. 그래서 유주택자들은 추가 투자가 어렵지만, 공시가격 1억원 이하 주택의 경우 취득세 중과가 없고 소액으로 투자가 가능하다. 이런 소액투자 물건은 늘 경쟁이 치열하다. 똘똘한 한 채의 경우 매매보다 싸게 잡으려는 무주택자들이 경매에 입찰한다. 취득세는 중과되는데 똘똘하다고 하기에는 애매한 물건이 수요자가 적어 경매에서는 싸게 낙찰된다.

2) 대출을 최대한도로 빌고 월세도 세팅하기

전세가와 매매가가 어느 정도 차이 나는 지역이라면 전세 세입자가 들어오더라도 투자금이 묶인다. 이때 대출을 최대한으로 받는다면 얼마가 나오는지 계산해보자.

예를 들어 대출이 잘 나왔던 2019년에 3억 8,200만원에 낙찰 받은 동탄 아파트의 경우 3억 4,500만원 정도 대출이 나왔다. 신탁대출로 처리하다 보니 정말 소액 투자가 되었다. 실제로 이 물건을 낙찰 받은 매수인은 무주택이었고 매매사업자로 단기 양도했다. 당시 동탄입주물량이 정리되면서 집값이 상승하던 초반에 양도차익 4,000여만

> 신탁대출을 실행하면 신탁사에 명의가 넘어가고 신탁사를 통해 은행에서 대출된다. 소유권이 신탁사로 넘어가기 때문에 담보대출을 할 때 소액임차인 보증금을 제외하지 않아서 한도가 많이 나온다.

원을 남기고 매도했는데, 2019년 12월에 낙찰받아 2020년 3월에 매각하여 단기간에 큰 수익을 보았다.

만일 이때 매도하지 않고 다른 선택을 했다면 어땠을까? 이 아파트의 당시 전월세 실거래가로 투자 시뮬레이션 3가지를 가정해 보자.

① 전세를 놓는다

3억 8,200만원에 낙찰 받아 전세를 놓는다고 가정해 보자. 이때 전세가는 2억

무조건 수익 내는 실전 부동산 경매

No	계약일	전용면적(㎡)	층	가격(만원)	건축년도	해제일
741	2020.3.16	59.07	12	전 27,000	2007	
740	2020.3.10	59.07	7	전 26,500	2007	
739	2020.3.4	59.07	20	전 27,000	2007	
738	2020.3.4	59.07	16	전 25,000	2007	
737	2020.3.3	59.07	4	전 27,000	2007	
736	2020.2.29	59.07	22	전 28,000	2007	
735	2020.2.20	59.07	3	전 27,000	2007	
734	2020.2.27	59.07	20	전 29,000	2007	
733	2020.2.25	59.07	8	보 3,000 / 월 75	2007	
732	2020.2.22	59.07	10	전 29,000	2007	
731	2020.2.21	59.07	8	전 25,000	2007	
730	2020.2.18	59.07	22	전 27,000	2007	
729	2020.2.15	59.07	4	보 6,000 / 월 65	2007	
728	2020.2.4	59.07	21	전 27,000	2007	
727	2020.2.3	59.07	16	전 17,000	2007	
726	2020.2.3	59.07	16	전 17,000	2007	
725	2020.1.31	59.07	14	전 26,000	2007	
724	2020.1.31	59.07	18	전 26,000	2007	
723	2020.1.29	59.07	12	전 25,500	2007	
722	2020.1.17	59.07	14	전 27,000	2007	

7,000만원이었다. 바로 시세대로 전세를 놓을 경우 투자금 1억 1,200만원이 필요하다. 주변에 입주물량이 많다면 공실로 놔두다가, 주변 입주가 마무리되어 전세가가 회복되면 높은 금액으로 계약하는 방법도 있다.

　3억 8,200만원에 낙찰 받은 아파트는 낙찰 후 9개월 무렵에 전세가가 3억 4,000만원이 되었고, 12월에는 낙찰가에 이르렀다. 주변 신축아파트 입주장에서도 여유 있는 투자자들은 저가로 전세를 빨리 맞추지 않는다. 전월세계약갱신 5% 상한까지 내다본다면 느리지만 높은 금액으로 전세를 맞추는 것이 좋다.

② 보증금 6,000만원에 월세 65만원으로 계약한다

실거래를 보면 2월에 월세계약이 2건 체결되었음을 알 수 있다. 따라서 충분히 현실성 있다고 볼 수 있다. 3억 8,200만원에 낙찰 받아서 대출을 3억 4,500만원 실행했다. 보증금 6,000만원을 받으면 투자금 3,700만원을 모두 회수하고도 2,300만원이 더 들어오는 구조다. 3%(당시 이자율)로 계산해보면 이자만 85만원/월로 월이자가 월세보다 많을 것으로 예상된다. 하지만 보증금으로 투자금을 모두 회수한 것은 물론 2,300만원을 더 챙겼고 여기에 임차인이 매월 지급하는 월세에 부족한 금액을 부대 이자를 내며 투자가 가능하다. 단기에 매도하려는 목적이 투자금 회수였다면 다른 방법이 있었다는 이야기다.

③ 보증금 3,000만원에 월세 75만원으로 계약한다

이 월세계약은 2월에 신고되었다. 3억 8,200만원에 낙찰 받았는데 대출이 3억 4,500만원이었다. 보증금 3,000만원을 받으면 최종투자금은 700만원이고, 이자를 3%로 계산하면 75만원/월이다. 월세 75만원을 받아 적금을 든다고 생각하고 그대로 납부한다. 그러면 저축과 양도차액으로 자산이 함께 생긴다. 안타깝게도 이 경매물건의 실제 낙찰자는 단기 매도했지만, 조금 더 장기적인 안목으로 보았으면 좋았을 것이라는 아쉬움이 남는다. 이 아파트의 현재 시세는 7억원이다.

지금은 대출이 저렇게 안 나오니 더는 이런 방식으로 투자할 수 없다고 말할지도 모르겠다. 그러나 대출규제는 영원하지 않다. 과거에 대출규제가 없을 때는 경매로 낙찰 받아 무피 투자로 많은 자산을 보유하는 것이 유행이었다. 지금은 상황이 바뀐 만큼 보유개수를 줄이면서 최종투자금을 줄여 보자. 월세 갭투자를 이용하면 가능하다. 월세로 수익률이 나와서 투자하는 것이 아니다. 투자금을 줄이기 위해 대출을 한도까지 사용하고 월세를 놓으면, 보증금을 조절하면서 투자금을 줄일 수 있다. 월세 갭투자를 통해 시세차익형 물건에 소액으로 접근할 수 있다는 점도 알아두자.

3) 선대출+후순위전세로 임대

경락잔금대출로 대금을 납부한 후 근저당 일부를 남겨 놓은 채로 전세계약을 할 수 있다. 대출이 일부 남아 있는 상태로 전세임차인이 입주하면 전세임차인은 후순위 임차인이 된다. 전세보증보험에 가입 가능하다면 대출이 없는 전세보다 안전하다. 전세보증보험은 임차인의 보증금을 보장하는 보험이다. 전세계약 시 전세보증보험에 가입하면 보증금 사고접수 시 보증금을 보증회사에서 임차인에게 먼저 지급하고, 보증회사는 집주인에게 대신 청구하여 받는다. 임대인이 주어야 할 보증금을 보증회사가 대신 지급했으니 보증회사에 갚으라는 것이다.

현재 주택도시보증공사(HUG) 전세금반환 보증 조건을 살펴보면 선순위 채권이 주택가격의 60% 이하이고, 임차인의 보증금과 합이 KB시세의 100% 이하면 가입 가능하다. HUG 사이트에서 계산했을 때 1억원의 보증금에 대해 보험료는 13만원 정도다. 전세보증보험 가입은 임차인 입장에서도 안전하고 임대인 입장에서도 돈을 최소한으로 묶어두는 방법이다. 과거 대규모 입주로 전세가는 낮지만 유망한 지역에서 계약하던 방식으로, 분양받았지만 당장 입주할 수 없는 소유자들이 잔금대출과 임차인의 보증금으로 집을 보유했다.

보증상품 개요

보증신청 기한	• **신규** 전세계약의 경우 - 전세계약서 상 잔금지급일과 전입신고일 중 늦은 날로부터 전세계약기간의 1/2 경과하기 전 • **갱신** 전세계약의 경우 - 갱신 전세계약서상 전세계약기간의 1/2 경과하기 전
보증대상 주택	단독.다가구.다중.연립.다세대주택, 노인복지주택, 주거용 오피스텔, 아파트 ※ **주거용 오피스텔**의 경우 전세계약서 주용도란 등에 주거용 표기가 있어야 합니다. ※ 공관, 가정어린이집, 공동생활가정, 지역아동센터, 근린생활시설 등은 보증대상 주택이 아닙니다.
보증채권자 (보증신청인)	전세계약서 상의 임차인 ※ 개인, **법인**, **외국인**도 보증가입이 가능합니다. 단, 중소기업이 아닌 법인의 경우 전세권을 공사에 이전하는 조건으로 가입 가능합니다.
보증금액	보출할드시에서 보증실청일이 실청할 금에
보증한도	주택가격 − 선순위채권 등 ※선순위 채권 등 : 보증신청인의 전세보증금보다 우선변제권이 인정되는 담보채권 ☞ 등기부등본의 을구의 근저당금액과 등기일자를 확인해주세요. - **단독,다중,다가구주택**의 경우에는 보증신청보다 우선하는 다른 세입자들의 선순위 전세보증금의 합계를 포함
	• 신청하려는 주택에 거주하면서 전입신고와 확정일자를 받았을 것 • 전세보증금과 선순위채권을 더한 금액이 주택가격 이내일 것

현금흐름은 있으나 목돈은 없다면 선대출+후순위전세가 투자금을 줄이는 방법이 될 수 있다. 앞서 말한 대로 KB시세 대비 낮게 낙찰 받은 아파트를 선대출+후순위전세 방식으로 계약하고 나니 투자금이 모두 회수되었다. 이 방법은 앞선 대출에 대한 이자를 내면서 집을 잡아두는 효과가 있다. 내 소득을 모으는 속도보다 집값이 오르는 속도가 빠르니, 나중에 들어가서 살 집을 미리 잡아두는 것이다. 내가 거주하려면 금융비용을 감당하며 지내야 하지만, 이 방법을 이용하면 많은 금융비용을 감당하며 생활이 빠듯해지는 일 없이 상황이 좋아질 때까지 실거주를 뒤로 미룰 수 있다.

결국 투자금 0원으로 투자했다는 것은 돈을 집어넣었다가 다시 회수한 것을 말한다. 부동산 투자 시 레버리지와 종잣돈을 적절하게 사용하면 수익을 극대화할 수 있나. 난, 레버리지는 수익도 손실도 레버리지로 온다는 것을 유념하자. 예를 들어 내 돈 2,000만원으로 전세 1억 8,000만원을 끼고 2억원짜리 아파트를 샀다고 하자. 이 아파트가 2,000만원 오른다면 2억 2,000만원이 되어 수익률은 100%가 된다. 2,000만원을 투자해 2,000만원을 벌었기 때문이다(여기서 세금은 고려하지 않는다). 그런데 2억원짜리 아파트가 1억 8,000만원이 되면 손실도 100%가 된다. 레버리지한 임차인의 보증금은 그대로다. 대출이 1억 8,000만원일 경우에도 마찬가지다.

레버리지는 양날의 검이므로 조심스럽게 다룰 필요가 있다. 큰 회사가 망하는 것은 자산이 없어서가 아니라 현금흐름이 나빠지기 때문이다. 생각처럼 안 풀리는 일이 연이어 일어나면 어려워질 수 있으니 자산의 보유와 현금흐름 사이에 균형을 맞춰야 한다. 지금까지의 추세가 얼마나 갈지, 시장 상황이 바뀌어도 잘 버틸 수 있을지, 자신의 체력에 맞는 전략이 중요하다. 강한 자가 살아남는 게 아니라 살아남는 자가 강한 법이다.

나땅의
특별과외

김포 위장임차인 무피 투자 사례
(선대출+후순위전세)

2018년 어느 날, 경매물건을 검색하다가 선순위임차인이 월세로 거주하는 물건을 발견했다. 위치는 김포 도시철도 역세권 아파트였다. 당시는 김포에 아무도 관심을 두지 않던 때라 김포 아파트의 시세는 옆으로 흐르고 있었다. 김포는 분양 이후 큰 시세상승이 없었던 데다가 김포도시철도 개통이 계속 연기되었고, 그마저도 2량짜리 경전철이었기에 김포의 가치에 대해서는 의견이 분분했다. 시세가 오르지 않아도 싸게 낙찰 받으면 수익이 나는데 경전철 개통 이슈가 눈에 들어왔다. 나는 마곡에 기업들이 입주하고 나면 강서구의 아파트 가격과 컨디션에 비해 상대적으로 조건이 좋은 김포 아파트를 선택하는 사람들이 늘어날 것으로 예상했다.

그런데 선순위임차인에게서 뭔가 이상한 점이 발견되었다. 이 임차인은 소유자보다 먼저 전입해 거주하고 있었다. 그 이후 금융기관대출이 있었는데 선순위 전입이 있으면 보통은 대출을 잘해주지 않는다. 반면에 경매사건에서는 선순위 전입이 있어도 대출해주는 경우를 자주 보는데 이때 금융기관이 무상임대차각서 같은 서류를 받았을 거라고 추정하는 것은 위험하며, 선순위 전입자가 임차인이 아니라는 증명도 내가 해야 한다. 이 사건에서는 임차인이 소유자의 배우자로 추정되었다.

선순위 전입자가 왜 임차인이 아닐까? 그렇게 생각한 이유는 등기사항전부증명서에 있었다. 임차인이 소유자의 부동산에 가압류를 걸어놓은 것이다. 임차인이 집주인 집에 가압류를 할 때는 보통 보증금을 못 받은 것이 이유인 경우가 가장 흔하다. 가압류는 그 원인이 금전채권이라 사건부호가 '카'합, '카'단인 경우가 가장 많다. '카'단, '카'합은 민사 가압류 가처분 사건에 부여된다. 이 임차인은 집주인 집에 왜 압류를 걸었을까? 그런데 좀 더 자세히 살펴보니 이번 사건의 법원 사건부호가 '카'단이 아닌 '즈'단이었다.

임차인 현황

말소기준일(소액) : 2015-05-14　배당요구종기일 : 2017-11-08

목록	임차인	점유부분/기간	전입/확정/배당	보증금/차임	대항력	분석	기타
1	곽▇▇	주거용 전부 방3칸	전입: 2011-10-11 확정: 2015-05-22 배당: 2018-04-13	보50,000,000원 월400,000원	있음	배당금없음 보증금 전액 매수인 인수 배당종기일 후 배당신청	현황서상전:2011.10. 12
기타사항		☞현장에 임하였으나 이해관계인을 만나지 못하여 점유관계를 확인하지 못하였으며, 안내문을 현관 출입문 틈에 끼워 두었음 ☞동사무소에서 전입세대열람 결과 소유자 및 소유자가 아닌 사가 주민등록전입신고 되어있음 ☞동사무소에서 전입세대열람 결과 소유자가 아닌 주민등록 전입자를 임차인으로 기재하였음 ☞곽영미 : 2018. 4. 13.자 임차인 권리신고 및 배당요구서는 신청서만 제출함.					

건물등기　(채권합계금액 : 450,603,046원)

순서	접수일	권리종류	권리자	채권금액	비고	소멸
갑(2)	2014-08-29	소유권이전(매매)	정▇▇		거래가액:187,040,000	
을(2)	2015-05-14	근저당	김▇▇	252,000,000	말소기준등기 확정채권대위변제전:현대캐피탈주식회사	소멸
을(4)	2015-06-03	근저당	(주)케이디파워	60,000,000		소멸
갑(3)	2016-01-18	가압류	곽▇▇	100,000,000	2016즈단1002	소멸
갑(4)	2016-06-03	가압류	하나은행 (여신관리부)	38,603,046	2016카단805060	소멸

　　법원 사건부호를 검색해보니 '즈'라는 부호는 가사 사건부호였다. 소송사건의 경우 대법원 홈페이지 '나의 사건검색'에서 사건번호와 당사자명을 검색하면 등기부에 당사자명과 사건번호가 나오기 때문에 유치권판결문이나 가처분의 소송결과를 열람할 수 있다. 그런데 가사 사건은 개인적인 내용이라 타인이 열람하지 못하도록 되어 있다. 열람하지 않아도 일단 소유자와 임차인이 가정사로 소송 중이라는 것을 충분히 알 수 있었다.

　　소유자는 남자로 보이고 임차인은 여자로 보이니 딱 부부다. 부부 사이에 임대차 계약이 성립할까? 부부 사이에는 임대차 계약이 성립하기 어려우나 이혼하면서 위자료로 임대차 계약을 하는 경우가 있다. 이혼했다면 임대차 계약이 성립한다. 정리해보면 부부가 아파트에 임대로 살다가 해당 아파트를 샀다. 남편 명의로 대출 받아 매수했는데, 살다가 불화로 이혼하게 되었다. 이혼 소송을 하니 법원에서는 위자료 청구에 대해 남편 명의의 집을 가압류했다. 대출을 받은 시점에는 부부였기 때문에 임차인이 아니었을 것이다. 이 전입을 선순위 임차인의 전입으로 인정할 수 있을까?

이혼한 부부 사이에는 임대차 계약이 성립하지만, 이혼한 시점부터 인정된다. 따라서 이혼하기 전 대출 받을 당시에는 부부였기 때문에 은행의 담보권으로 인한 경매에서 임차인이라고 주장할 수 없는 물건이었다. 그래서 입찰하기로 했는데, 첫 번째 난관은 대출이었다. 일단 입찰하기로 하고 대출을 알아보았다. 경매사건에서는 선순위 전입이 있고 대항력이 있다고 고지되었다. 확정일자가 늦어 배당은 불투명했다. 선순위 전입이 있지만 대항력이 없다고 생각한 것은 내 생각이었기에 은행을 설득해야 했다. 이런 상황에 대해 잘 이해하고 있는 대출상담사와 상의한 끝에 은행에서 대출이 실행될 것이라는 답변을 받았다.

법원에 입찰하러 가면 언제나 떨린다. 입찰가를 얼마로 써야 할까? 감정평가금액은 3억 1,000만원, 임차보증금은 4,000만원이었다. 위장임차인이지만, 혹여 보증금을 떠안아도 워낙 소액이라 너무 욕심을 부리면 패찰할 수도 있었다. 4,000만원을 떠안으면서 시세에 육박하도록 입찰하기로 하고, 적당한 금액을 찾기 위해 심리적 한계선을 살짝 넘기기로 했다. 입찰가 숫자에는 이 금액 이상을 쓰고 싶지 않다는 심리적인 저항선이 존재한다. 낙찰을 꼭 받고 싶다면 그 선을 넘어야 한다. 결국 2억 7,000만원 정도에 낙찰을 받았다.

두 번째 난관은 명도였다. 이 아파트의 임차인은 법원에 적극적으로 자신이 임차인임을 주장한 선순위임차인이었다. 잔금시점에 전입세대열람을 떼어보니 전입은 옮겨 가고 없었다. 명도의 청신호였다. 어느 날 아파트 관리사무소에 먼저 들렀다. 미납관리비가 있는지 확인하기 위한 절차였는데 점유자가 이사 가고 없다는 것이었다. 관리비도 정산하고 열쇠를 관리사무소에 맡겼다고 한다. 적극적으로 허위계약서까지 제출한 임차인과 한판 해야 할지도 모른다며 각오를 단단히 하고 갔는데 무혈입성이라니 맥이 빠지면서도 무척 기뻤다.

세 번째 난관은 남은 짐 처리였다. 점유자는 싹 이사를 한 게 아니었다. 안 쓰는 짐을 놔두고 갔는데 남의 것이다 보니 임의로 처분할 수가 없었다. 연락도 잘 안 되는 상황이어서 아파트 단지 내 상가 공인중개사 소장님의 도움을 받았다. 이 소장님은 이 아파트 전 소유자들과 계속 거래했던 분인데 경매로 매각되기 전에 급매를 시도했었다고 했다. 뜻대로 잘 안 되었지만 그때 연락처를 받아 놓은 것이 있어서, 남은 짐의 처분에 대해 양해를 좀 구해주십사 부탁을 드렸다. 연락처는 개인정보라 알려줄 수 없기 때문에 낙찰자 연락처로 연락을 주시든지 아니면 의사를 전달해달라고 부탁드렸더니, 다행히 처분해도 좋다는 의사표시를 전달받아서 남은 짐은 처분했다. 보증금 4,000만원은 당연히 떠안지 않았다.

선대출+후순위전세

이 아파트는 입찰부터 명도까지 어느 것 하나 어려운 것이 없었다. 모든 것이 수월하게 풀려서 이제 임대계약만 하면 되었다. 2억 7,000만원 정도에 낙찰을 받았고 전세 시세는 1억 9,000만원 정도였다. 대출을 받아 일부를 남겨 놓은 상태에서 전세 임차인을 구했다. 다른 물건보다 몇천만원 싼 1억 5,000만원에 내놓았더니 빨리 나갔다. 그렇게 낙찰에 들어간 투자금을 모두 회수해 무피투자가 되었다. 보증보험으로 보장되는 안전하고 저렴한 전세이기 때문에 임차인을 빨리 구할 수 있었다. 선순위 근저당이 있더라도 선순위 근저당과 임차인 보증금의 합이 KB시세보다 작으면 전세보증보험가입이 가능하다. KB시세는 3억원이었고, 선순위대출/채권 최고액 1억 4,400만원 + 후순위전세 1억 5,000만원이라 가능했다.

내 집이 생기면 주식처럼 아파트 시세를 자꾸 확인하게 된다. 낙찰 전에 그랬던 것처럼 김포 시세는 꿈쩍도 하지 않았고 김포 도시철도는 또 연기되었다. 개통하면 오를 줄 알았던 시세는 개통 이후에도 큰 변화가 없었다. 그러던 어느 날 수도권 대부분이 조정지역으로 묶이면서 파주와 김포만 제외되었다. 파주에 비하면 김포는 강서구와 가깝기 때문에 갑자기 김포 아파트 가격이 수직 상승하기 시작했다. 그 이후로 김포도 조정지역으로 묶였지만, 10

년간 3억원대에 머물렀던 아파트 가격이 갑자기 5억원이 넘더니 GTX-D까지 거론되기 시작했다.

이 태풍 같은 시장의 한가운데서 느낀 점이 있다. 호재가 있다고 해서 반드시 가격이 오르지는 않는다는 것이다. 서울로 직접 가는 노선이 아닌 데다 경전철이라는 한계가 있었기에 도시철도 개통 이후에도 한참 동안 시세는 변하지 않았다. 그런데 유동성이 한번 들어오니 갑자기 몇 달 만에 두 배 가까이 상승했다. 대기 수요가 없는 지역의 아파트들은 저평가구간이 길어지면 그동안 눌렸던 것을 뚫고 한꺼번에 상승한다. 지독히도 안 올라서 포기하고 팔고 나면 그제야 오르는 것이다.

이 아파트를 전세 놓았다면 8,000만원이 묶였을 것이다. 선대출+후순위전세로 계약하면 무피 투자가 된다. 이는 목돈이 부족한 투자자에게 한 가지 방법이 될 수 있다.

33

B급 전략,
나쁜 부동산으로 돈 버는 법

부동산 투자의 정석은 좋은 부동산을 싸게 사는 것이다. 경매는 부동산이라는 투자대상과 경쟁 매수자들 사이의 힘겨루기다. 좋은 부동산인지도 중요하고 경쟁자들의 심리도 중요하다. 누가 봐도 좋은 부동산은 경쟁자들이 너무 많아 투자 메리트가 없을 수 있다. 소문난 잔치에 먹을 것이 없다는 말이다. 수없이 패찰하다 보면 '낙찰이 되기는 하는 건가?'라는 생각이 들면서 다음 입찰을 하지 않게 된다.

만일 낙찰 받을 확률을 조금이라도 올리고 싶다면 B급 전략을 활용한다. 청약에서 이런 전략이 통하는데 분양가가 비싸서 인기가 없다든지, 비인기 평형이나 계약금 20%, 중도금대출이 되지 않는 단지 등을 공략하는 것이다. 84A 타입보다는 B, C, D 같은 생소한 평형에 운을 걸어보는 것도 B급 전략이다. 대중적인 선호도는 A타입이 가장 높기 때문에 A타입에 청약해서 떨어지느니 D타입에 당첨되는 쪽

무조건 수익 내는 실전 부동산 경매

을 택하는 방법이다. 나쁜 부동산이라고 표현하긴 했지만, 경매에서 입찰경생률이 살짝 떨어지는 수준의 물건을 고른다면 낙찰가는 충분히 매력적이다. 경매에서는 B급 전략으로 큰 수익을 낼 수 있다.

일반매매로는 투자 가치가 없는 부동산에서도 경매로는 수익을 가져올 수 있다. B급 전략에서는 물건이 애매할 때 수익이 난다. B급 전략 부동산은 일반매매 투자 목적으로는 적합하지 않지만 경매로는 수익이 나는 부동산이다. 과거 미분양에 할인분양까지 한 지역이 있다. 억지로 밀어내기식으로 분양하다 보니 대출을 많이 해주었다. 계속 공급되는 미분양 물량은 매매가가 올라가지 못하게 붙잡는다. 여기에 분위기까지 안 좋으면 분양가 대비 가격이 떨어지기도 한다. 2007년도에 한참 비쌌던 대형 아파트들이 2014년 전후로 많이 떨어졌다. 최근 진입한 투자자들은 일단 분양만 받으면 아파트 값이 2배가 되는 시장에서 태어났다.

B급 전략 아파트는 매수 대비 가격이 떨어지는 구간을 지난다. 무리한 대출로 집을 샀는데 사업까지 잘 안 되는 교집합 소유자들의 물건이 경매로 나온다. A급은 가격상승으로 어느 정도 방어해 주지만, B급은 나쁜 상황을 가속화한다. 그래서 경매시장에는 아주 좋은 물건보다 나쁜 물건 비율이 높다. 좋은 물건은 가격이 올라서 채무자의 빚을 갚아주고 방어해 준다. 그럼 낙찰가는 어떨까? A급 물건은 급매가보다 조금 낮은 수준에서 낙찰되는 반면, B급 물건은 낙찰가가 보수적이다. 오를 것이라는 기대가 없어서 살 때부터 싸게 사야 하기 때문이다.

B급 전략 물건은 경매로 자주 나오고 낙찰도 낮은 금액에 되는 편이다. 이 점을 이용해서 수익을 내는 것도 방법이 될 수 있다. 또, 이런 물건의 특징은 매매가 대

비 전세가가 높다. 일반 수요자들은 아무리 실거주 목적이라고 해도 시세상승의 기대가 있는 집을 사고 싶어 한다. 집값이 오를 것 같은 기대가 적다면 매매보다는 전세로 살고 싶어 한다. 따라서 B급 전략은 매매 매물보다 전세 매물이 귀한 곳에 유효하다. 사용가치는 높으나 매매가는 약한 지역의 물건을 고르는 것이 경매 입찰 포인트다.

매매가보다 낙찰가가 낮은 지역이 있다.

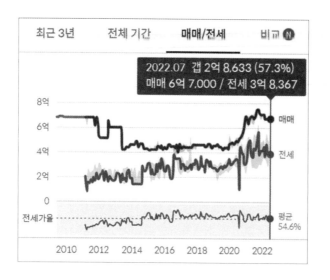

위 아파트는 7억원 정도에 분양했는데 중간에 매매가가 4억원대로 주저앉았다. 최근에 들어서야 수도권 상승장에서 갭메우기로 겨우 분양가를 회복했다. 분양가를 회복하기 전에는 매매로는 어려운 시장이었으며 중간에 매매가가 낮았던 구간이 있었다. 이런 시기에 경매로 낙찰 받았다면 낙찰가는 낮았을 것이고, 전세가율은 높게 계약할 수 있었을 것이다. 사람들이 전세로는 살고 싶어 하는 지역이었기 때문이다. 다 오르는데 이 지역만 안 오르지는 않는다. 어느 정도 시간 차이를 두고 오른다. 상승률도 중요하고 투자금 대비 수익률도 중요하다. 적은 자본으로 수익을 내야 한다면 B급에서 답을 찾아보자.

부동산에도 체력이 있다. 체력이 강한 아파트가 있고 약한 아파트가 있다. 가격이 안 오르면 싸게 사면 되고, 오를 부동산이면 제값에 주고 사도 수익이 난다. 이렇듯 수익을 내는 방법이 다르다. 물건을 고를 때 투자금은 적게 들면서 월세가 들어오고, 사자마자 양도차익도 있어야 하고, 안전하면서 내가 원할 때 잘 팔리는 그런 물건은 세상에 없다. 초절정 꽃미남에 성격 좋고 집안 좋고 학벌 좋고 능력 있고 자기관리에 철저한 완벽한 남자가 나만 좋다고 하는 일은 결코 일어나지 않는 것과 마찬가지다. 내가 가장 중요하다고 생각하는 부분이 맞으면 최고의 선택이다.

34

경매+재개발,
낡은 빌라 낙찰 받기

    등기된 모든 물건은 경매로 나올 수 있다. 여기에는 재개발·재건축 중인 부동산도 포함된다. 새 아파트를 가지는 방법은 청약에 당첨되거나 조합원 자격으로 분양 받는 것이다. 청약은 당첨 조건에 맞춰서 가점제든 추첨제든 당첨돼야 한다. 분양가상한제의 영향으로 분양가가 주변 시세에 비해 낮다 보니 로또 청약이 되어 경쟁이 치열하다. 언제 된다는 보장이 없어서 무주택자 입장에서는 희망고문이기도 하다. 그런 점에서 분양 자격이 확실하게 정해져 있는 재개발이 인기다.

    재개발에 대한 선입관은 여러 가지인데, 대표적인 것이 오래 걸리고 위험하다는 것이다. 사업성과 조합원들의 의지, 부동산 시장상황에 따라 사업진행 속도에 차이가 많다. 재개발사업이 진행되는 곳에 가보면 아직도 서울에 이런 곳이 있나 싶다. 시장이 나쁠 때는 재개발 부동산을 싸게 내놓아도 팔리지 않는다. 갭투자 아

무조건 수익 내는 실전 부동산 경매

파트는 매매가가 오르지 않아도 전세가가 오르면 현금흐름이 생긴다. 반면 재개발 지역은 전세가도 형편없다. 사용가치가 없기 때문이다. 가끔은 재개발 구역이 해제되기도 한다. 사정이 이러니 사람들의 고정관념을 합리적이고 일리 있는 의견으로 볼 수도 있다.

그럼에도 가장 미래가치가 있는 것이 재개발·재건축이다. 이미 인프라가 갖춰진 곳은 도시가 낡아가고 재생이 필요하다. 서울에 빈 땅은 없는데 새 집은 계속 필요하다. 신규 택지지구는 조성하는 데 오랜 시간이 걸리고 생활에 필요한 기반시설까지 자리 잡는 데는 더 오랜 시간이 걸린다. 서울 뉴타운으로 구역지정된 곳 중에서도 일부만 입주했을 뿐이다. 국민 소득 수준이 높아짐에 따라 원하는 주거 수준을 만족하는 집이 계속 요구되는 실정이다.

최근에는 공공재개발과 신속통합기획을 통해 도심 내에서 재개발·재건축을 진행하고 있다. 도심 내에 슬럼화를 막고 새로운 주거지를 공급하기 위해, 행정절차를 빠르게 하고 인센티브를 주어 일반공급이 나올 수 있도록 유도하는 것이다. 이 개발이 부동산 가격을 자극할까 우려해 여러 가지 규제를 하는 것이 바로 전매제한이다. 투기과열지구 내 재개발은 관리처분인가 이후, 재건축은 조합설립 이후 전매제한이 있다. 전매는 예외조항에 해당하는 매도자만 가능하다(2018년 1월 24일 이전 사업시행인가 신청한 지역은 해당 없음). 사업 토지가 국가기관이나 금융기관에 의해 경매나 공매된 경우는 예외사유에 해당한다.

거래제한으로 인해 일반 매수자가 재개발·재건축 사업 중인 물건을 매수하는데는 제한이 많다. 특히 현금청산을 조심해야 한다. 신속통합기획도 지정되면 토지

거래허가구역이 되고, 공공재개발 중 3080+공공직접시행방식에 따르면 권리산정 기준일 이후 매수하면 현금청산이 된다. 한마디로 돈이 있어도 사기가 쉽지 않다. 경매나 공매는 전 소유자가 가진 지위를 그대로 승계한다. 전매 불가능한 기간에도 분양조합원이었다면 경매로는 분양조합원 자격으로 분양 받을 수 있다. 단, 공공직접시행방식에는 예외조항이 없다(2021년 6월 30일 이후 매매 시 현금청산).

　재개발 사업 중인 낡은 빌라를 낙찰 받아 분양조합원이 될 수도 있다. 이런 빌라를 낙찰 받을 때는 해당 구역의 사업신행단계와 프리미엄 등을 조사해야 한다. 법원에서 감정평가할 때는 거래사례를 비교하거나 원가로 계산하거나, 혹은 수익률 환원으로 감정하는데 이때 프리미엄이 감정되지 않는 경우가 있다. 재개발 프리미엄은 무형의 가치다. 낙찰 받아 분양조합원이 될 수 있는지 여부를 조사하고, 혹시 현금청산 대상이라면 언제 얼마가 될지를 계산해 보고 입찰한다. 일반매매로 현금청산을 당하면 손해를 보는 경우가 있지만 경매는 분양조합원이 되어도, 현금청산 대상이 되어도 두 경우 모두 수익을 낸다. 다만 전략이 다르다. 재개발 단계는 다음과 같다.

조합설립인가 → 사업시행인가 → 관리처분인가 → 이주철거 → 착공 → 입주

　이 단계 중 사업시행인가에서 관리처분인가 사이에 분양 받겠다는 의사결정을 한다. 경매일 경우는 어느 단계에서 경매로 나오는지에 따라 조사해야 할 포인트가 있다.

무조건 수익 내는 실전 부동산 경매

> - 조합설립 ~ 사업시행인가: 감정평가예상금액, 프리미엄, 사업속도
> - 사업시행인가 ~ : 권리가액과 분양신청을 했는지, 분양자격이 양수되는지, 몇 평을 분양받는
>   지, 분담금 규모와 사업완료 시 예상 가격이 얼마인지, 청산된다면 청산금액이 얼마인지

재개발의 장점은 주택이 아닌 부동산으로도 아파트를 분양받을 수 있다는 것이다. 도로나 상가도 조건에 따라 가능하다. 재개발·재건축 대체주택 특례를 활용하면 2주택을 최대한 길게 끌고 가면서 양도세 비과세 혜택도 받을 수 있다. 정비사업 중간에 주택이 멸실되면, 이 경우 주택수에는 들어가지만 실제 주택이 아니기 때문에 세금 쪽으로 잘 알고 투자한다면 세금이나 대출에 대한 부담 없이 보유가 가능하다. 현재 주택규제정책으로는 다주택을 보유하면 부담스럽지만, 보수적인 투자자라도 대체주택 특례를 활용하면 큰 스트레스 없이 투자가 가능하다.

재개발·재건축 중인 부동산 경매에는 주의해야 할 점이 많다. 일반매매를 할 때는 매도자와 협의하면서 협조를 받지만, 경매에는 이런 협조가 없어서 스스로 알아보아야 한다. 또 재개발 전문 중개사를 통해 거래하면서 내가 놓칠 수 있는 부분을 함께 검토한다. 경매는 물건의 가치판단과 권리분석을 본인이 책임져야 하므로 조합에 꼭 확인이 필요하다. 경매사건에 따라서 감정평가사가 조합에 사실조회서를 요청한 경우 조합은 분양대상 여부와 진행단계 등을 밝혀야 한다. 래미안 원베일리가 공매로 진행된 적이 있는데 조합원입주권 상태로 공매로 진행되었다. 해당 물건은 온비드에서 몇동 몇호인지와 평수까지 공개되어 진행되었다.

경매 + 재개발 물건의 주의점

1) 입찰물건이 분양대상인가?

재개발·재건축에는 분양조합원 자격이라는 것이 있다. 재건축의 경우는 건물과 부속토지를 소유하면 분양대상이다. 재개발은 구역 내의 주택을 소유하면 주택을 받을 수 있다. 무허가건축물 소유주도 입주권을 받을 수 있는데 서울시 기준 1989년 1월 24일을 기준으로 나뉜다. 그 이후에 지어진 무허가건축물에는 입주권이 나오지 않는다. 경매에서는 등기 있는 부동산이 경매로 나오고 미등기자산은 경매로 나오지 않는다.

토지를 소유해도 분양대상이 될 수 있다. 지역마다 조례에 정해져 있으며 서울은 신조례 기준으로 90m² 이상의 토지소유자일 경우(도로를 포함한 모든 토지) 분양대상이 된다. 상가를 소유했지만 권리가액이 조합원 분양가보다 큰 부동산을 소유했다면 분양대상이 될 수도 있다. 입주권을 받기 위해 낙찰을 받는다면 분양자격을 잘 따져보아야 한다. 「도시 및 주거환경정비법」의 규정을 잘 살펴보고 조합에 확인도 해야 한다. 지역별 조례는 국가법령정보센터에서 확인 가능하다.

2) 낙찰자가 투기과열지구 재당첨 제한에 해당하는가?

경매물건은 분양대상이지만 낙찰자가 자격이 있는지 없는지 확인해야 한다. 정비사업의 경우 투기과열지구에서는 분양에 5년간 재당첨 제한을 두고 있는데, 청약에서 재당첨 제한과는 차이가 있다. 이는 한 사람이 투기과열지구에서 아파트를 분양받으면 5년 안에는 다시 투기과열지구에서 분양 받지 못하도록 하는 내용이다. 여기에는 본인뿐 아니라 세대원까지 포함된다. 정비사업 아파트를 청약으로 분양받았거나 재개발·재건축으로 아파트를 조합원 분양받은 적이 있다면 따져보아야 한다. 재당첨 기준일은 청약당첨일이나 분양신청일이다. 생각지도 않고 있다가 현금청산될 수 있으니 유의해야 한다.

3) 채무자가 해당구역 내의 다물권자인가?

재개발·재건축 시에는 조합 내에서 1개의 입주권을 받는 것이 원칙이다. 한 조합원이 여러 개의 부동산을 소유한다고 해도 원칙적으로 1개의 입주권만 나온다는 이야기다. 한 구역 안에서 여러 개의 물건을 소유한 경우를 다물권자라고 한다. 경매로 매각되는 부동산이 다물권자의 물건인지 확인이 필요하다. 여러 물건 중 하나라면 합해서 1개의 입주권만 나오므로 조합에 반드시 확인해야 한다.

도로로 흑석 리버파크자이를 분양받는다고?

CASE STUDY

경매사건 중 흑석동의 도로가 경매물건으로 나온 적이 있었다. 물건지는 흑석 3재개발구역 내 한 소유자의 물건으로 도로 두 필지였다. 물건번호로 (2)도로는 89m², (1)도로는 13m²였다. 도로도 분명한 토지이기 때문에 90m² 이상을 소유하면 분양 대상이다. 89m²는 도로로 입주권이 나오지 않기 때문에 (1)과 (2)를 함께 낙찰 받아야 하는 사건이었다. 한 입찰자가 감정평가 대비 높은 가격에 입찰해 이목을 끌었다. 89m² 도로는 1억 6,000만원으로 감정되었으나 5억 1,600만원에, 13m² 도로는 2,400만원으로 감정되었으나 1억원에 낙찰되었다.

관련물건번호		1 매각	2 매각				

2017타경 ▮▮▮▮▮▮

* 서울중앙지방법원 * 매각기일 : 2018.04.18(水) (10:00) * 경매1계

소 재 지	서울특별시 동작구 흑석동 ▮▮▮ 도로명검색 주소 복사						
물건종별	대지	감정가	24,180,000원	오늘조회:1 전체조회:26			
토지면적	13.00㎡(3.93평)	최저가	(100%) 24,180,000원	구분	입찰기일	최저매각가격	결과
건물면적		보증금	(10%) 2,418,000원	1차	2018-04-18	24,180,000원	매각
매각물건	토지매각	청구금액	360,000,000원	매각	매각가 102,000,000 (422%)		
사건접수	2017-09-07	소유자	최▮				
개시결정	2017-09-20	채무자	이▮▮				
사 건 명	임의경매	채권자	김▮▮				

관련물건번호		1 매각	2 매각				

2017타경 ▮▮▮▮▮▮[2]

* 서울중앙지방법원 * 매각기일 : 2018.04.18(水) (10:00) * 경매1계

소 재 지	서울특별시 동작구 흑석동 ▮▮▮ 도로명검색 주소 복사						
물건종별	대지	감정가	160,200,000원	오늘조회:2 전체조회:28			
토지면적	89.00㎡(26.92평)	최저가	(100%) 160,200,000원	구분	입찰기일	최저매각가격	결과
건물면적		보증금	(10%) 16,020,000원	1차	2018-04-18	160,200,000원	매각
매각물건	토지매각	청구금액	360,000,000원	매각	매각가 516,000,000 (322%)		
사건접수	2017-09-07	소유자	최▮				
개시결정	2017-09-20	채무자	이▮▮				
사 건 명	임의경매	채권자	김▮▮				

무조건 수익 내는 실전 부동산 경매

두 물건은 한 사람이 낙찰 받았고 총 낙찰가 합은 6억 1,600만원 정도였다. 실제 흑석 3재개발구역 매물에 형성된 프리미엄에 비하면 아주 저렴하게 낙찰되었다. 소유자가 관리처분 때 분양신청을 했던 물건이었는데, 도로를 도로로만 보는 이들은 감정가의 몇 배나 되는 금액에 낙찰 받은 것을 이해할 수 없을 것이다. 이 물건은 관리처분인가 이전까지는 도로라서 보유세가 거의 없고, 관리처분인가일부터는 입주권이 된다. 즉, 비주택 아파트 투자의 최고봉인 셈이다. 현재 이곳은 흑석 리버파크자이로 공사 중이다.

입지는 좋은데 모든 것이 낡아 주거환경이 나쁜 지역이 너무 많다. 그래서 핵심지에는 정비사업이 필수적이고, 땅이 부족한 서울과 수도권에서는 정비사업 이슈가 계속 이어질 것으로 예상된다.

지분매각을 통해 수익 내기

경매물건을 검색하다가 유난히 가격이 낮은 물건을 보면 빨간색 글자로 지분매각이라고 되어 있는 것을 볼 수 있다. 지분매각이란 여럿이 공유하는 부동산 중 일부가 경매로 나온 것이다. 상속이나 증여, 부부 공동명의, 공동투자 등으로 하나의 부동산을 여럿이 나누어 소유할 수 있다. 부부 공동명의로 소유한 아파트의 담보대출을 남편 명의로 받았다면 근저당의 범위는 아파트 전체다. 근저당 은행이 경매로 진행한다면 부부가 지분으로 소유하지만 경매는 전체가 진행된다.

부부가 공동명의로 소유한 아파트의 남편 명의 지분이 압류되어 경매로 진행된다면 어떨까? 채권은 남편 명의의 소유에 대한 것만 처분할 수 있다. 그럼 아파트의 일부 지분만 경매로 진행된다. 1/2씩 소유했다면 1/2지분으로 매각이 된다. 가령 아파트의 시세가 4억원이라면 1/2지분은 2억으로 평가되어 경매로 진행된다. 1/2지분 매각을 낙찰 받는다면 낙찰자는 어떻게 될까? 부동산은 현물분할이 원칙이다. 토지라면 분할할 수 있다. 아파트처럼 분할할 수 없다면 나머지 1/2지분을 낙찰자가 살 수 있다. 아니면 낙찰자의 지분을 반대쪽 지분권자에게 팔 수 있다. 협상이 잘되지 않으면 판결을 받아 공유물 분할을 위한 경매로 매각할 수 있다. 작은 지분이라도 소유권이 있으면 사용하고 수익하고 처분할 수 있기 때문에, 지분은 작아도 무시할 수 없다.

공유물 분할을 위한 경매로 매각되면 지분 비율대로 배당을 받는다. 전체 매각대금에서 비율대로 배당일에 나누어준다. 예를 들어 성수동에 토지지분이 경매로 나왔었다.

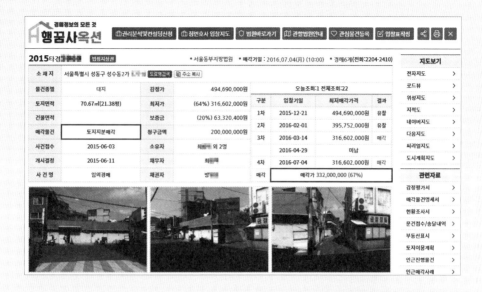

첫 번째 사건의 매각물건 현황을 보면 138/414 토지 지분이 경매로 진행되었다. 등기부를 보니 공유자들이 상속과 증여로 소유했다. 그중 공유자 1명의 지분에 근저당이 설정되어 매각되었다. 2016 년은 부동산 상승기 초반이었는데 토지이고, 지분이다 보니 성수동이었지만 감정가 대비 67%인 3억

3,000만원 정도에 낙찰되었다. 그 이후 지분을 처리하기 위해 조정을 거치다가 공유물 분할을 위한 경매로 매각되었다.

건물은 매각을 제외하고 24억 4,000만원 정도에 낙찰되었다. 138/414지분의 가치는 8억 1,230만원 정도였는데, 여기에서 경매비용과 그동안 공유물 분할 소송에 들어간 비용이 소요되었다. 3억 3,200만원에 낙찰 받은 지분매각 낙찰자는 8억 1,200만원 정도 배당을 받았다. 토지투자가 부담스러운 이유는 매각이 어렵고 덩어리가 크다는 점 때문인데 지분은 아주 작은 것도 있다. 이 물건은 성수동이었고 성수전략정비구역 안의 토지이며 전체가 212m²라서 토지만으로도 아파트 조합원이 될 수 있는 매물이었다. 서울과 인천은 90m² 이상의 토지를 소유하면 조합원 입주권을 받을 수 있다. 최후 승자는 성수전략정비구역 조합원이 된 최종 낙찰자였다.

성수전략정비구역은 서울 재개발 지역 중 가장 상급지로서 한남동과 어깨를 나란히 한다. 한강을 남으로 조망하는 대단지 한강변 고층아파트로 조성될 예정이다. 현재 성수동에서 가장 좋은 아파트는 트리마제와 아크로포레스트다. 성수전략정비구역에 새 아파트가 들어선다면 아크로포레스트를 능가하지 않겠는가? 미래가치가 충분하고 게다가 주택수에 들어가지 않는 조합원매물이라 매우 인기가 많다. 보유하는 동안 보유세와 양도세의 부담이 없고 토지이기 때문에 대출도 가능하다. 오세훈 서울시장이 당선되면서 한강변 고층아파트 정비사업은 날개를 달았다.

지분경매 중에서도 공유물 분할을 위한 경매로 수익을 본 사례도 있다. 지분은 아파트, 토지, 근린시설 등 모든 부동산에서 경매로 진행될 수 있는데 감정가가 몇만원부터 몇백억원까지 다양하다. 지분경매에서 주의할 점은 아파트를 지분으로 낙찰 받을 경우에는 지분이라도 주택수에 들어가며 선순위임차인을 조심해야 한다는 것이다. 또, 공유자우선매수의 가능성이 항상 존재한다. 이 사례들의 낙찰자들은 경매도 잘 알뿐더러 성수동의 가치도 알고 실행한 경우다. 부동산 시장에 안 좋은 뉴스가 많을수록 경매를 하기에는 더 유리하다. 경매매물은 많아지고 입찰자 수는 줄어들기 때문이다.

chapter
4

리스크 완벽히 없앤
입찰&낙찰 노하우

짤막정리

이제 입찰을 해보겠습니다.

- 현장조사의 체크 포인트
- 입찰 시 주의사항
- 낙찰 시 진행과정

지금부터 저를 잘 따라오세요.

35

어떤 물건이
가치 있는 물건일까?

온라인 사이트에서 입찰 물건 가치 따져보기

권리분석을 통해 검토해볼 만한 물건이라는 판단이 들었다면 물건의 가치에 대해 조사해보아야 한다. 관심 있는 지역에 입찰하고 싶은 물건이 있다면 일단 온라인으로 조사해본다. 요즘에는 인터넷 지도가 굉장히 잘 나와 있으니 손품으로 알 수 있는 정보는 최대한 알아보자.

알아볼 물건이 아파트라면 네이버 부동산과 KB 부동산, 국토부 실거래 사이트를 주로 본다. 현재 매물 호가는 네이버 부동산에서 확인하고 KB 부동산 사이트에서 KB시세를 확인한다. 과거의 거래는 국토부 실거래 사이트를 참고하면 된다.

출처: KB 부동산(kbland.kr)   출처: 국토교통부 실거래가 공개시스템(rt.molit.go.kr)

현재 가격이 어떤지 확인하자

가장 중요한 것은 시세다. 경매로 매각할 때 처음 출발은 감정가격을 정하는 것이다. 감정가격은 시세 보다 높을 수도 있고 낮을 수도 있다. 경매에 입찰하 기 위해 조사한다면 감정가격은 참고만 하고 실제 시 세를 알아보아야 한다. 비슷한 매물이 자주 거래되는 아파트라면 현재 호가와 직전 실거래가를 비교한다.

> 호갱노노는 아파트에 특화된 앱으로, 가격의 변화를 그래프로 볼 수 있어 서 직관적이고 편리하다. 전세가와 매매가의 차이도 금액으로 표시된다. 입주민 이야기에 들어가 보면 사람들 이 개인적인 의견을 적어놓는데, 단 지를 조사하는 데 참고할 수 있다.

최근 거래가 없다면 같은 단지의 다른 평형을 단위면적당 가격으로 계산해본다. 또, 주변에 비슷한 조건의 연식, 세대수, 브랜드의 아파트를 찾아보고 같은 평수와 다른 평수를 조사해보면 시세를 추정할 수 있다.

살기 얼마나 편한지 따져보자

같은 단지라도 수리 여부와 층, 향 구조에 따라 선호도가 다르고 가격도 달라진 다. 같은 평형이라도 방의 개수가 다르거나 배치가 다르다. 판상형이냐 타워형이냐

로노 구분된다. 판상형은 초기 아파트의 성냥갑 모양이다. 복노식은 엘리베이터와 세대 사이에 복도가 있어서 같은 층의 여러 세대가 함께 이용한다. 복노식보다는 계단식이 선호된다. 계단식은 같은 층의 한두 세대가 엘리베이터를 함께 이용한다. 평면구조상 개방감이 좋고 환기가 잘되어 가장 선호된다. 타워형은 평면과 향이 다양하다. 개성 있는 평면을 좋아하는 사람도 있지만 남향에 중층 이상, 4베이 판상형이 가장 대중적이다.

동에 따라 가격이 달라지기도 한다. 동에 따라 전망이 다를 경우 개방감 있는 전망이나 뷰가 좋은 동의 가격이 높다. 한강뷰나 공원뷰, 오션뷰 등에는 프리미엄이 붙는다. 또, 학군지의 경우 동에 따라 배정받는 학교가 다른 지역이 있다. 그 지역에서 더욱 선호되는 학교로 배정되는지 여부가 가격에 반영된다. 편의시설 접근성도 선호도를 결정하는 요인이다. 언덕이 있는지도 확인해야 한다. 언덕이 있다면 유모차를 끌고 다니기에 불편하고 힘들다. 지도에서 등고선까지도 확인되는데, 단지 옆에 산이 있다면 다소 경사가 있을 것으로 예상할 수 있다.

실거래가로 확인할 사항들

실거래가격을 시세로 알고 낙찰 받으면 곤란할 수 있다. 신축빌라나 오피스텔, 도시형생활주택 등은 분양가가 높으므로 실거래가가 실제 시세보다 높은 경우에는 주의를 요한다. 같은 단지의 과거 경매 낙찰가도 참고해야 한다. 경매 낙찰가는 실거래 신고대상이 아니기 때문이다. 동일단지 낙찰가와 인근 지역 낙찰가 그리고 현재 경매로 진행 중인 물건의 감정가와 개수를 살펴본다. 같은 단지에서 경매물건이 많이 나오는 지역이라면 낙찰가가 낮은 편이다. 가격이 내려간 지역에서는 경매물건이 많이 나오고 낙찰가가 낮다. 대출 비율이 높은 데다 가격까지 내려가면 일반매매로는 처분이 어려워지기 때문이다. 이런 지역은 일반매매로는 수익이 안 나지만 경매로는 수익이 나는 지역이다.

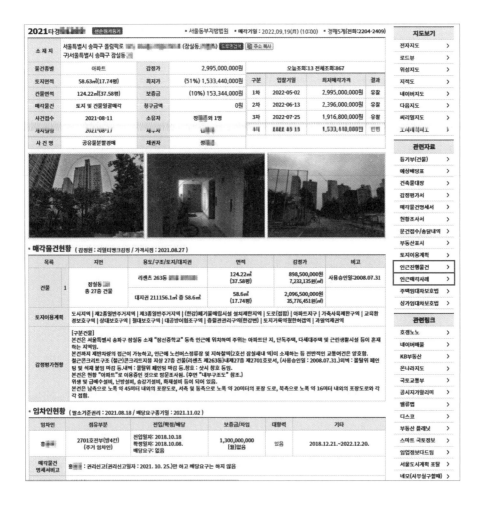

무조건 수익 내는 실전 부동산 경매

호재를 확인하자

부동산 가격은 기대심리를 반영한다. 교통호재가 발표되었거나 단지에 호재가 있다면 급격하게 호가가 올라간다. 지하철 호재는 사람들이 가장 좋아하는 호재다. 실제로 역이 들어오려면 많은 시간이 필요하지만 앞으로 역세권이 될 것이라는 기대는 즉시 가격에 반영된다. 집객력이 높고 확실한 노선일수록 가격상승도 확실하다. 새 아파트에 대한 관심이 많아지면서 리모델링과 재건축 의지만 있어도 호가는 올라간다. 재개발의 경우 동의서를 받는다는 소문만 돌아도 즉시 호가가 높아진다. 호가를 수요자들이 받아들이면 가격이 된다. 호재의 실현시기가 언제인지도 확인해야 한다.

온라인 지도로 입지를 확인하자

온라인 지도로 주변을 파악할 수 있다. 상가의 위치, 학교, 학원가, 병원, 공원, 도로, 지하철과의 거리는 지도로 파악이 더 쉽다. 상가가 가까이에 있다면 편할 수 있지만 그것도 상가의 특성에 따라 다르다. 근린상권에는 생활하는 데 필요한 소매점, 마트, 편의점, 학원, 병원, 은행, 부동산, 미용실, 빵집, 옷가게, 커피전문점 등이 입점한다. 중심상권에는 대형음식점이나 유흥상가가 들어온다. 주점이나 노래방 등 유흥업종이 주변에 많으면 주거지로서는 비선호된다. 대형마트와 학원가는 주거지에서 선호되는 편의시설이다. 편의시설이 잘 갖추어져 있는지와 균형 있는 주거지인지가 중요하다.

학군과 주거환경도 꼼꼼히 보자

중산층 이상의 주거지에는 학군이 반드시 필요하다. 자산규모가 중산층 이상이라면 균형 있는 선택을 할 만한 여유가 있어서 아이 교육을 우선으로 고려하므로, 학교와 학원가가 중요하다. 학부모들은 자녀가 매일 차를 타고 오랫동안 이동하는 것을 꺼린다. 주변에 유해시설도 없어야 하고 자녀 교육환경에 적합해야 한다. 최근 이러한 사용자들의 필요성을 파악하고 학원가의 위치와 개수를 표시한 인터넷 지도가 많아졌다. 중산층 이상의 주거지라면 교통 이외에 교육과 주거환경도 중요하다. 삶에 여유가 있어서 무엇 하나 포기할 필요가 없기 때문이다.

급매의 수준을 확인하자

주택 가격은 사람들이 선호하는 정도에 따라 달라진다. 플러스 요소와 마이너스 요소를 종합적으로 판단해서 시세를 추정해본다. 경매는 현재 나와 있는 급매의 가격에 영향을 많이 받는다. 그냥 가서 살 수 있는 가격보다는 조금 낮은 금액에 입찰하는 경향이 있어서 현재 거래되는 매물 중 가장 낮은 가격이 낙찰가와 밀접하다. 온라인으로 임장을 가볼 만한 물건인지, 걸러야 할 물건인지 분별할 수 있다. 또, 어떤 부분을 조사해야 하는지 정확하게 파악하고 방문한다면 수고를 덜고 시간을 아낄 수 있다.

36

눈에 보이지 않지만
꼭 확인할 것들

중개사무소 방문 시 알아두면 좋은 팁

경매사건에서 조사해야 할 것 중 시세와 권리분석이 있다. 이 둘을 놓고 볼 때, 시세를 조사해야 한다면 중개사무소에 들러야 한다. 중개사무소에 방문할 때는 너무 편한 복장보다는 어느 정도 갖추어 입는 것이 좋다. 소장님들마다 의견도 다르고 보유한 물건도 다르기 때문에, 가장 가까운 중개사무소와 거리가 조금 있는 곳 등 세 군데 정도는 들러보는 것이 좋다. 중개사는 매수자와 매도자를 중개하는 역할이라서 입장에 따라 제시하는 가격이 다를 수 있다. 또, 중개사는 중개수수료를 수입으로 하기 때문에 정보 제공만을 지나치게 요구한다면 반기지 않을 수 있다. 상대방 입장을 고려해 예의 있게 질문해야 한다.

경매물건을 조사하러 가더라도 더 좋은 조건의 일반 매물이 있다면 매수할 수도 있다는 마음을 가지고 방문한다. 실제로 경매에서 매물을 낙찰 받는 것보다 경매로 진행되기 전 좋은 조건으로 매수하는 경우도 있다. 혹은 경매로 나온 물건인데 채권이 적어 일반매매로 매도하려고 진행 중일 수도 있다. 경매라는 절차를 겪고 싶지 않은 채무자들은 중개사를 통해 매도하기를 원하지만, 매수자들이 경매기입등기를 보면 매수하기를 꺼려 거래가 쉽지 않다. 이때, 경매를 아는 사람은 권리분석과 배당분석을 통해 충분히 거래 가능한지 아닌지 판단할 수 있다. 현장에만 있는 급매매물을 꼭 알아보자. 또, 아직 신고되지 않은 신고가가 있는지도 확인하자.

상업용 부동산은 임대가치를 반드시 파악하자

권리관계가 복잡하거나 상업용 물건인 경우에는 현장조사가 매우 중요하다. 특수물건의 경우 이해관계인의 상황을 직접 알아볼 수밖에 없다. 상업용 부동산에서는 권리분석보다 가치판단이 훨씬 중요하다. 한 끗 차이로 천당과 지옥을 오가는 것이 상가다. 현황조사서의 시세가 사실과 다른 경우도 있다. 임대를 놓을 계획이라면 임차인이 내가 계산한 대로 월세를 내면서 영업을 계속할 수 있는지 검토해야 한다. 집은 조금 저렴하면 임대가 나가지만 상가는 그렇지 않다. 내가 사용할 것이라도 추후 매도를 생각하고 단점이 있는 물건이라면 어떻게 극복할 것인지 한 수 앞을 내다보아야 한다.

위반건축물은 아닌지 확인

아파트에는 거의 없지만 빌라나 도시형생활주택에는 위반건축물이 많다. 위반의 내용이나 범위를 알아보아야 한다. 필요하다면 담당공무원에게 알아보자. 권리분석이 간단한 아파트로 경매를 시작하는 이유는 시세가 투명한 편이고 공법상 고려해야 할 것이 적기 때문이다. 간단한 아파트 권리분석이 잘된다면 빌라와 상가, 다가구 등으로 범위를 확장하고 공장과 토지로 넓혀나간다.

37

왕초보도 할 수 있는
임장 체크리스트

현장에 꼭 가야 하는 이유

부동산 투자자들은 흔히 90%의 손품과 10%의 임장으로 성패가 결정이 난다고 말한다. 비교적 쉬운 손품은 많이 팔지만 직접 현장에 가려고 하면 걸리는 것이 많다. 온라인에 나오지 않는 정보는 직접 발로 뛰는 10%의 투자자만이 알 수 있다.

> 임장할 때는 편한 신발을 신고 옷도 너무 덥거나 춥지 않게 입는다. 날씨에 따라 모자나 양산 등도 준비하자. 여분의 핸드폰 배터리도 준비하고 메모도 할 수 있게 준비한다. '네이버 클로바노트'라는 앱은 녹음한 음성을 텍스트로 바꿔줘 유용하다.

현장에 가보면 지도로는 알기 어려운 동네의 분위기나 주변 모습을 파악할 수 있다. 동네에서 느껴지는 기운과 공기, 냄새, 지상철, 고가도로 등이다. 또 미처 고려하지 못한 것을 체크할 수 있다. 중요 국가시설은 온라인 지도에 표기가 되지 않는데, 이 시설이 군부대나 교도소처럼 비선호 시설일 수도 있다. 경매불건지를 한 바퀴 돌아보고 입주자라면 갈 것 같은 상가와 지하철역, 버스정류장을 걸어서 다녀보며, 온라인으로 확인한 것과 차이가 있는지 직접 확인해본다. 거주하기에 쾌적한지 아쉬운 부분이 있는지도 체크해본다. 아파트든 빌라든 누구나 살기에 좋은 지역이어야 추후에 매도가 잘된다.

임장 체크리스트

초보라도 기본 체크리스트를 출력해서 하나하나 체크하면 중요한 것을 빠뜨리지 않고 조사할 수 있다. 이 외에도 자신이 중요하다고 생각하는 것을 표로 만들고 경매정보지와 함께 가지고 임장을 간다.

목록	세부사항	확인
1. 점유자/전입 확인	① 전입세대열람	☐
	② 선순위임차인	☐
	③ 법원현황조사서 기재	☐
2. 현장조사	① 전세/월세시세 (중개소 3곳)	1. 2. 3.
	② 매매시세 (중개소 3곳)	1. 2. 3.
	③ 급매시세 (중개소 3곳)	1. 2. 3.

목록	세부사항	확인
2. 현장조사	④ 매물량 확인	5% 미만 ☐ 5% 이상 ☐
	⑤ 수요자	투자자 ☐ 실수요 ☐
	⑥ 회전율	(건/1년) ( )거래건수/세대수
	⑦ 개발호재	일자리 ☐ 교통 ☐ 재개발 · 재건축 ☐
3. 물건 현황	① 건물 연식	1년 미만 ☐ 10년 미만 ☐ 20년 미만 ☐ 20년 이상
	② 건물 관리상태	좋음 ☐ 보통 ☐ 나쁨 ☐
	③ 향	남향 ☐ 남동향 ☐ 남서향 ☐ 동향 ☐ 서향 ☐ 북향
	④ 채광	좋음 ☐ 보통 ☐ 나쁨 ☐
	⑤ 습기 정도	좋음 ☐ 보통 ☐ 나쁨 ☐
	⑥ 수리여부	좋음 ☐ 보통 ☐ 나쁨 ☐
	⑦ 예상 수리비 수준	수리 필요없음 ☐ 부분수리 ☐ 대수선 ☐
	⑧ 관리비 수준	높음 ☐ 보통 ☐ 낮음 ☐
	⑨ 주변 소음	없음 ☐ 보통 ☐ 있음 ☐
	⑩ 동, 호수 선호도	RR ☐ 보통 ☐ 나쁨 ☐
	⑪ 미납관리비	있음 ☐ (원) 없음 ☐
	⑫ 주차대수	좋음 ☐ 보통 ☐ 나쁨 ☐
	⑬ 평형 선호도	좋음 ☐ 보통 ☐ 나쁨 ☐
	⑭ 내부상태	좋음 ☐ 보통 ☐ 나쁨 ☐
	⑮ 점유자 거주여부	거주 ☐ 공실 ☐ 확인 안 됨 ☐
	⑯ 점유자	소유자 ☐ 임차인 ☐ 그외 ☐

목록	세부사항	확인
4. 주변 인프라	① 역과의 거리	800미터 이내 ☐ 800미터 이상 ☐ 버스환승 필요 ☐
	② 버스정류장	광역버스 ☐ 시내버스 ☐ 마을버스 ☐
	③ 학교	초 ☐ 중 ☐ 고 ☐ 대학 ☐
	④ 편의시설	학원가 ☐ 근린상가 ☐ 병원 ☐ 마트 ☐ 백화점 ☐
	⑤ 유해시설 유무	있음 ☐ 없음 ☐

1) 점유자/전입 확인

서류상 점유자가 소유자인지 임차인인지 알아보고 경매서류와 일치하는지 확인한다. 선순위 임차인은 보통 자신의 보증금을 돌려받아야 이사를 가는데,

전입세대열람과 건축물현황도는 대법원에서 출력한 정보지와 신분증이 있어야 열람이 가능하다.

배당요구 종기일까지만 전입을 유지하면 된다. 입찰자가 전입세대열람을 떼어봤을 때 전입이 없다고 해서 대항력이 없는 것이 아님을 주의하자. 유료사이트에서도 전입세대열람을 제공하지만 중요한 사건이라면 직접 확인해야 한다. 직접 확인한 내용과 법원 서류가 일치하는지 확인한다.

2) 현장조사

연령대와 출퇴근 동선 같은 수요자들의 특징도 중요하다. 연령이 높은 자가 거주자가 많은 지역에서는 매매거래가 활발하지 않다. 또, 투자자들이 들어오는 지역인지 실수요자만 거래하는 지역인지도 중요하다. 중개사마다 의견이 다를 수 있기 때문에 3곳 정도는 돌아보는 것이 좋다.

3) 물건 현황

해당 부동산의 층과 향이 선호되는 로열층 로열동이라면 가격에 반영된다. 로열층은 전체 높이의 중층 이상에서 탑층을 제외한 중고층이다. 건물의 양쪽 끝집, 1층, 탑층은 비선호되지만 그에 맞는 가격에 거래가 된다. 최근 아파트들은 단열이 잘되어 있고 1층은 아래층과의 층간소음에서 자유로우며 이동이 편리하다. 또, 탑층은 위층의 층간 소음이 없고 전망이 좋다. 필로티 구조의 2층은 1층의 장점을 가지면서도 사생활은 보호된다. 단, 빌라에서 필로티 구조의 2층은 단열이 잘 안 될 수도 있으니 유의한다.

흔히 뻥뷰라고 하는데 전망을 가리는 것이 없는 뷰를 가리킨다. 한강뷰, 공원뷰, 오션뷰 등도 여기에 해당한다. 앞에 영구조망으로 가리는 것이 없는 전면동은 인기가 많다. 빌라에서 저층은 채광이 좋지 않을 수 있고, 앞 동과 거리가 확보되지 않는 경우도 있다. 빌라에서는 남향인데 전망이 막힌 집보다는 북향이라도 전망이 트인 집이 선호된다. 현재는 전망이 좋아도 향후 내 집 앞으로 건물이 들어설 수도 있다는 점도 고려해야 한다.

아파트가 15년 이상 되었는데 수리를 한 번도 안 했다면 수리하는 것이 좋다. 수리를 하려면 공사기간에 돈을 내고 다른 곳에서 살아야 하는데, 다른 곳에서 살면서 집을 수리하는 것은 현실적으로 비용도 많이 들고 불편하다. 이사비용도 두 번 지불해야 하고 짐보관비와 단기 월세 비용도 든다. 수리비 외에 드는 부수비용이 만만치 않다. 그래서 잘 수리된 데다 바로 입주 가능한 집이 거래가 잘된다. 이런 전략이 잘 통하는 지역에 경매물건이 있다면 최고의 조건이다.

체납관리비 확인은 필수다. 공동주택이나 집합건물에는 관리비가 부과되는데, 관리비 중 공용부분 3년 치는 낙찰자에게 인수된다. 미납관리비 중 전용부분의 관리비, 전기료, 수도요금, 장기수선충당금과 연체이자는 인수되지 않는다. 전용부분만 인수한다 하더라도 장기간 공실이었거나 전용면적이 넓다면 금액이 클 수 있다. 특히 상가는 관리비가 주택보다 많은 편이다. 직접 관리사무소에 방문하거나 전화로 물어볼 수 있다. 개인정보라고 가르쳐주지 않는 경우도 있지만, 미납관리비 일부를 경매 낙찰자가 부담해야 함을 알고 있어서 대략적인 금액은 알려주는 경우가 많다.

관리비 납부현황이나 금액을 보고 현재 점유자가 있는지 확인할 수 있다. 공용부분 이외에 다른 요금이 거의 청구되지 않는다면 공실일 가능성이 있다. 또, 경매로 진행되는 것을 알고부터 관리비를 연체하는 사람도 있다. 경험상 관리비를 연체하지 않는 경우는 명도가 수월한 편이다. 자신이 쓴 요금까지 낙찰자에게 받고 싶어 하는 사람에 비하면 성품이 반듯하고 약속을 잘 지키는 성품일 확률이 높기 때문이다. 이런 성향의 점유자들은 협의한 대로 약속을 잘 지키는 편이고 상식선에서 행동하는 경우가 많다.

4) 주변 인프라

거주만족도에 영향을 미치는 것에는 집 상태와 주변환경, 출퇴근의 편리함도 있다. 아이가 있다면 아이의 생활반경도 고려해야 한다. 아이들이 다니는 유치원, 학교, 학원이 너무 멀리 있거나 주위에 혐오 시설이 있다면 학부모 수요는 다른 곳을 선택할 것이다. 병원이나 마트, 상가 등은 생활하는 데 필요한 것들을 제공하는 시설이다. 흔히 슬세권이라고 하는 슬리퍼 생활권도 인기가 높다. 슬리퍼를 신고 갈 수 있을 정도로 백화점, 마트, 공원, 영화관, 쇼핑센터가 가까우면 삶의 만족도가 높아진다. 직장인들에게는 출퇴근 시 직장까지 얼마나 빠르고 편하게 갈 수 있는지가 중요하다. 지하철역을 이용해서 출퇴근하는 지역이라면 역과의 거리에 따라 가격이 달라진다. 대단지라면 단지 안에서의 거리도 상당하다. 선호하는 노선에 따라서도 달라진다.

　내가 집을 팔고자 할 때 남이 사주어야 하므로 남들이 좋아하는 부동산을 사야 한다. 균형 있게 고루 다 갖춘 부동산이 가장 좋은 것은 두말할 필요가 없다. 입지의 3요소는 교통, 환경, 교육이다. 필요한 것들을 두루두루 고려했을 때 조건에 부합해야 좋은 부동산이라고 할 수 있다.

38

낙찰 확률 높이는
입찰가 산정방식

입찰 전 확인해야 하는 3가지 가격

온라인과 오프라인에서 조사를 마쳤다면 이제 입찰가를 산정해야 한다. 먼저 최저매각가격과 시세를 비교한다. 시세에 비해 최저매각가격이 지나치게 낮아지면 전 기일 최저매각가격 이상 금액에 낙찰되고 너무 떨어지면 오히려 비싸게 낙찰된다.

1) 실거래가

가장 먼저 봐야 할 것이 실거래가다. 입찰자들은 최근 국토부 실거래가격을 가장 먼저 조사한다. 그런데 실거래가와 현장 가격에 차이가 날 수 있다. 예를 들어 상가를 분양할 때는 분양가를 높이기 위해 각종 편법을 사용한다. 또, 불법이지만 실제 계약한 금액보다 높은 금액으로 신고하는 업거래와 반대로 낮은 금액으로 신고하는 다운거래 모두 존재한다. 따라서 현장 방문 없이 실거래가 조회만으로 조사를 마치는 것은 금물이다.

2) 시세

브랜드, 연식, 세대수, 역과의 거리, 평수, 방향 등을 비교해 비슷한 아파트를 찾고, 같은 평수의 매물 시세를 확인한다. 같은 평수 매물이 없다면 평당 매매가를 비교해보고, 세대수가 적어 거래빈도가 낮다면 주변의 비슷한 매물까지 조사 범위를 넓힌다. 빌라나 나홀로 아파트 등 시세 조사하기가 까다로운 물건은 입찰가 산정에 난이도가 있는 물건이라 입찰자가 적어서 기대 수익을 높일 수 있다.

3) 급매

경매에서 가장 중요한 것은 급매다. 급매는 그 시기에만 있기 때문에 경매물건은 경매기일에 나온 급매와 가장 비슷한 금액에 낙찰된다. 보통은 당장 입주하지 못하는 매물의 가격이 가장 낮은데, 경매물건은 이와 같거나 약간 낮은 금액으로 낙찰된다. 급매는 매도자가 급한 사정 때문에 싸게 내놓는 물건이다 보니 조건이 있다. 일주일 안에 소유권이전등기를 해야 한다는 식이다. 일시적 2주택으로 양도세 비과세를 받으려면 처분해야 하는 날짜가 있는데, 그 날짜가 임박한 경우에도 급매로 나온다. 급매는 대부분 현장에 가야 만나볼 수 있고, 경매로 진행 중인 물건의 소유자는 경매 과정을 겪고 싶어 하지 않기 때문에 급매로 거래를 시도하기도 한다.

급매보다 싸게 낙찰받고, 유리한 임차환경을 만들어라

급매 가격보다 비싸게 낙찰 받을 필요는 없다. 따라서 반드시 현장 분위기를 알아보고 급매 시세를 조사해야 한다. 최근 거래된 매물 중에 신고되지 않은 매물도 있을 수 있다. 중개사무소마다 보유한 물건이 다를 수 있으니 여러 곳을 둘러보아야 한다. 유능한 중개사무소는 매물도 많고 거래도 잘한다.

경매는 급매보다 낮은 가격으로 낙찰 받는 것이 상식적이다. 전세가가 낮은데 갱신기간까지 기간이 길게 남아 있는 물건의 경우, 2년 뒤 전세보증금을 5%만 인상해야 하므로 거의 4년을 낮은 전세가로 가져가야 한다. 이런 물건은 전세계약한 뒤 전세 시세와 매매가가 급등했을 경우 매도할 때 바로 입주도 불가능한데 투자금은 큰 비인기 광폭 갭투자 물건이 된다. 여기서 광폭이란 전세가와 매매가의 차이가 크다는 뜻이다. 이런 비인기 광폭 갭투자 물건과 같은 가격에 낙찰 받아도 경매에서는 더 유리하게 입찰 전략을 세울 수 있다. 가격은 같지만 경매는 명도를 거쳐 입주할 수 있는 물건이 되기 때문이다. 전세 매물이 부족할 때는 전세를 최고가로 맞춰 갭이 적은 투자물건으로 만들 수 있다. 공실로 만들어 수리한다면 단지 내 1등 매매물건이 될 수도 있다.

✋ 나땅의 경매 꿀팁

투자자들은 경매에서 낙찰을 받아도 그만 안 받아도 그만이다. 꼭 낙찰 받아야 할 이유가 없다 보니 뉴스나 분위기에 민감하다. 경매를 부동산 시장의 선행지표 중 하나로 보는 것은 이런 이유에서다. 지난 몇 년간은 전체적으로 오르는 상승장이었지만 면면을 들여다보면 중간중간 거래급감과 조정이 있었다. 정부가 갑자기 고강도 규제책을 발표하거나 비수기에는 낙찰가가 낮아진다.

39

건축물대장에서
위법사항 확인하기

입찰 전 최종 서류 점검은 필수

경매는 물건에 따라 체크할 사항이 다르다. 아파트는 공법상 하자가 있는 경우가 거의 없고 시세조사가 쉽다. 우리가 당사자로 직접 거래해 본 경험도 있고 어떤 것을 중요하게 살펴야 하는지도 잘 알고 있다. 이에 비해 빌라나 상가 이외에 다른 부동산들은 공법상 하자나 제한이 있을 수 있으므로, 서류로 확인하는 것은 기본이다.

등기사항전부증명서: 소유권과 소유권을 제한하는 권리 등을 비롯해 근저당과 압류 등을 기재한다.

건축물대장, 토지대장: 물리적인 현황을 표기한다. 주소와 면적 등을 기재하는데, 분할되었다면 언제 필지에서 분할되었는지 표시한다.

"공부상과 실제 사용상 용도가 다르므로 주의를 바랍니다."

공부상과 실제 사용이 다른 경우는 대부분 빌라다. 아파트에서는 이런 일이 거의 없다.

"공부상과 실제 사용상 용도가 다르므로 주의를 바랍니다."

경매에서 이런 문구가 붙은 물건이 있다. 아무리 살펴봐도 주택인데 공적장부상으로는 사무소나 의원으로 허가받은 물건이다. 이런 물건은 불법용도변경으로 볼 수 있고 원칙적으로는 주거용으로 사용할 수 없다.

신축빌라 중에 이런 물건이 많은데 용적률과 건폐율이 남아도 주택으로는 더이상 건축할 수 없을 때, 빈틈을 찾아 근린생활시설로 허가받아 사무소나 의원으로 건축하고는 주택으로 임대를 주는 경우다. 이런 부분에 대한 지식이 부족한 임차인에게 높은 전세가로 전세를 주었다가 여러 가지 사정으로 인해 경매로 나오는 경우가 흔하다.

1) 무단증축과 강제이행금

무단증축은 가장 흔한 위반사항이다. 허가는 테라스로 받은 다음 샌드위치 패널을 올려서 전용공간으로 만드는 것이다. 전용면적 10평대 빌라에서 이런 서비스 면적은 내부 공간에 여유를 주기 위해 흔히 벌어지는 위반내용이다. 시·군·구청에 발각되면 불법건축물, 위반건축물로 위반한 내용과 함께 건축물대장에 등재된다. 과거에는 일정면적 이하일 때는 이행강제금을 5년까지 부과하고 그 이후에는 부과하지 않았다. 2019년 이후 법이 개정되어 시정될 때까지 매년 1~2회 부과된다. 아파트는 위반건축물이 드물기 때문에 아파트가 아니라면 건축물대장을 확인하는 것이 좋다. 감정평가서에서 위반내용을 확인하기도 한다.

2) 일조권 침해

용도변경 외에 다른 문제는 건축물 사선제한으로, 일조권 침해의 사례다. 건축물 사선제한은 건물의 북쪽에 있는 대지 소유자에게 일조권을 보장하기 위한 법으로, 남측에 있는 대지에는 북측 일조권을 보호하기 위해 건물을 일정 높이부터 들여서 짓도록 되어 있다. 그러면 층마다 들여가면서 계단 모양이 된다. 만약 일조권 침해가 낙찰받으려는 건축물의 구조에까지 영향을 미친다면 시정하기 쉽지 않으니 주의를 요한다.

> 일반빌라보다 근생빌라는 매도가 더욱 어렵고, 근생빌라는 전세자금대출이 어렵고, 기본적으로 주택으로 사용하는 것이 불법이라서 전세계약 시 전세자금대출이 잘 안 나와 임차를 놓기도 어렵기 때문이다. 대응이 어려우므로 경매 초보자에게는 추천하지 않는다.

근생빌라, 한 번 더 생각하자!

근생빌라는 취득세와 재산세도 상업용으로 납부해야 한다. 양도세는 실질과세의 원칙을 따르므로 주택으로 사용했다면 주택으로 간주하여 이에 해당하는 금액을 내야 하며, 주택수에도 포함된다. 또 주차장이 부족한 경우가 많아 사용권한에 분쟁이 있다. 이런 지식을 갖춘 임차인은 가끔 임대인을 협박(?)하기도 한다.

주택수에 들어가지 않는다면 수익형으로 가지고 있어볼 만하지만 현재 정책에서는 주택수가 중요하므로 보유부담만 늘어날 수 있다. 지인이 이런 근생빌라를 낙찰 받아 소액으로 투자해 월세 수익률이 좋다며 자랑했다. 그러다가 나중에 근생빌라의 단점을 알게 되었다. "그런데 왜 근생빌라를 낙찰 받았어요?"라고 물어보니 "그때는 몰랐지!"라며 알면 입찰하지 않았을 거라고 답했다.

무조건 수익 내는 실전 부동산 경매

나땅의 경매 꿀팁

건축물대장은 기본수수료를 납부하면 주민센터에서 열람 가능하다. 온라인인 정부24, 세움터에서는 열람이 무료라서 더욱 편리하다. 경매 유료사이트에서도 바로 열람 가능하다. 소유자인데 건축물 현황도가 필요하다면 정부24(www.gov.kr)와 세움터(cloud.eais.go.kr)에서 인터넷으로도 발급할 수 있다. 건축물 현황도는 이해관계자만 열람하는 것이 기본이지만 경·공매 중이라면 시·군·구청이나 주민센터에서 발급 가능하다.

40

경매 입찰 준비물:
내가 직접 입찰

입찰보증금, 신분증, 도장 그리고 용기!

이제 실제로 입찰해보자. 입찰 준비를 다 마쳐도 막상 입찰하려고 하면 낙찰 받을 것이 두렵기 마련이다. 입찰하려면 입찰보증금과 용기가 필요하다.

입찰자 본인 명의로 낙찰 받으려면 준비는 간단하다. 최저매각가격의 10% 보증금과 신분증, 도장이 필요하다. 재매각사건이라면 특별매각조건으로 20~30%의 보증금이 필요하다. 보증금은 수표 한 장으로 준비하는데 금액이 부족하면 무효가 되니 주의한다. 신분증은 주민등록증과 운전면허증 중 하나로 준비한다. 한꺼번에 분실하면 곤란하므로 각기 다른 장소에 나누어 보관하고 빠뜨리지 않도록 한다. 본인이 직접 입찰한다면 도장은 꼭 인감도장이 아니어도 상관없다.

무조건 수익 내는 실전 부동산 경매

본인 입찰 체크리스트

준비물	체크
매수신청보증금(최저매각가격 10%)	☐
신분증	☐
도장	☐

입찰 준비물과 더불어 시간 엄수는 필수다. 입찰 전에 입찰 시간을 반드시 확인하고 절대 늦지 않도록 한다. 1분만 늦어도 경매 법정에 들어갈 수 없기 때문에 입찰 시간 준수는 중요하다. 특히 법원 주차장은 늘 혼잡하기 때문에 1시간 정도 여유를 두고 법정에 도착하는 것이 안전하다.

만약 보증금이나 도장은 깜박했다면?

당황할 만한 일이지만 의외로 흔히 벌어지는 일이다. 다행히 법원 안에는 은행이 있다. 은행에 가서 시간 안에 수표를 끊어온다면 문제 없다. 또 법원 안에는 도장집도 있다. 만약 법원 안에 없다면 법원 근처에 있기 마련이니 급한 경우 막도장을 만들어 입찰하면 된다. 하지만 준비물은 늘 미리미리 갖춰놓아야 입찰에 집중할 수 있음을 명심하자.

기일입찰표 작성해보기

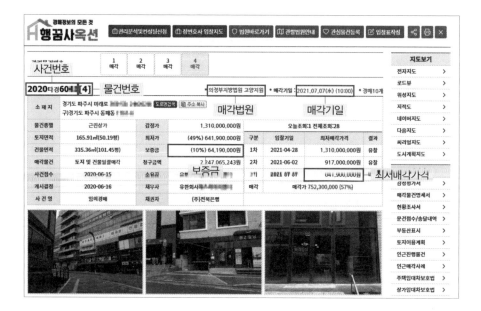

입찰표를 작성해본 적이 없다면 작성하는 연습을 미리 하는 게 좋다.

위의 물건에 모의로 입찰해보자. 최저매각가격이 6억 4,190만원일 때 실제로 낙찰된 경매사건이다. 위 이미지를 참고해 빈칸 없이 작성해보자. 빈칸을 채우려고 하면 어디에 뭘 적어야 할지 막연하다. 실제로 적어보아야 어떤 부분이 막연한지 알 수 있다.

기일입찰표는 법원에 직접 가서 받거나 대법원 사이트에서 다운받을 수 있다. 대한민국 법원 법원경매정보 사이트에 접속하여 경매서식으로 들어간다. 여기에서 기일입찰표와 다른 서류들도 다운받아 출력할 수 있다.

(앞면)

기 일 입 찰 표

지방법원 집행관　귀하　　　　입찰기일 : 21 년 7 월 7 일

사 건 번 호	2020　타 경　6043　호	물 건 번 호	4 ※물건번호가 여러개 있는 경우에는 꼭 기재

입 찰 자	본인	성　명	나땅 ㉑	전화 번호	010-000-1234
		주민(사업자) 등록번호	000000-0000000	법인등록 번　호	
		주　소	서울 서초구 서초중앙로 00길 00		
	대리인	성　명	㉑	본인과의 관　계	
		주민등록 번　호		전화번호	-
		주　소			

입찰 가격	천 억	백 억	십 억	억	천 만	백 만	십 만	만	천	백	십	일		보증 금액	백 억	십 억	억	천 만	백 만	십 만	만	천	백	십	일	
				7	5	2	3	0	0	0	0	0	원					6	4	1	9	0	0	0	0	원

보증의 제공방법	☑ 현금·자기앞수표 ☐ 보증서	보증을 반환 받았습니다. 　　　　　　입찰자　　나땅 ㉑

주의사항,
1. 입찰표는 물건마다 별도의 용지를 사용하십시오. 다만, 일괄입찰시에는 1매의 용지를
　사용하십시오.
2. 한 사건에서 입찰물건이 여러개 있고 그 물건들이 개별적으로 입찰에 부쳐진 경우에는
　사건번호와 물건번호를 기재하십시오.
3. 입찰자가 법인인 경우에는 본인의 성명란에 법인의 명칭과 대표자의 지위 및 성명을,
　주민등록란에는 입찰자가 개인인 경우에는 주민등록번호를, 법인인 경우에는 사업자등
　록번호를 기재하고, 대표자의 자격을 증명하는 서면(법인의 등기사항증명서)을 제출하
　여야 합니다.
4. 주소는 주민등록상의 주소를, 법인은 등기부상의 본점소재지를 기재하시고, 신분확인상
　필요하오니 주민등록증을 꼭 지참하십시오.
5. **입찰가격은 수정할 수 없으므로, 수정을 요하는 때에는 새 용지를 사용하십시오.**
6. 대리인이 입찰하는 때에는 입찰자란에 본인과 대리인의 인적사항 및 본인과의 관계 등
　을 모두 기재하는 외에 본인의 위임장(입찰표 뒷면을 사용)과 인감증명을 제출하십시
　오.
7. 위임장, 인감증명 및 자격증명서는 이 입찰표에 첨부하십시오.
8. 일단 제출된 입찰표는 취소, 변경이나 교환이 불가능합니다.
9. 공동으로 입찰하는 경우에는 공동입찰신고서를 입찰표와 함께 제출하되, 입찰표의 본인
　란에는"별첨 공동입찰자목록 기재와 같음"이라고 기재한 다음, 입찰표와 공동입찰신고서
　사이에는 공동입찰자 전원이 간인 하십시오.
10. 입찰자 본인 또는 대리인 누구나 보증을 반환 받을 수 있습니다.
11. 보증의 제공방법(현금·자기앞수표 또는 보증서)중 하나를 선택하여 ☑표를 기재하십시
　오.

41

경매 입찰 준비물:
대리로 입찰

미리 작성해두는 대리 입찰표

만일 기일입찰일에 시간이 나지 않는다면 대리입찰을 할 수 있다. 직장인은 평일 오전에 하는 기일입찰에 참석하기 어려우니 가족이나 지인 중 믿을 만한 사람에게 부탁해도 좋다. 입찰표 작성 후 모든 서류를 준비한 뒤 입찰만 하도록 한다. 만일 기일입찰표에서 실수가 생겨 보증금을 잃게 되면 서로 곤란하니, 애초에 맡길 때 실수가 없도록 준비한다.

입찰표는 대리인이 입찰하는 것으로 미리 작성한다. 기일입찰표는 대법원 사이트에서 출력해 미리 준비하는 게 좋다.

무조건 수익 내는 실전 부동산 경매

① 개인 대리인 입찰 체크리스트

준비물	체크		
매수신청보증금(최저매각가격의 10%)	☐		
입찰자 신분증	☐		
입찰지 도장	☐		
명의자 인감증명서(인원수만큼)	☐	☐	☐
명의자 인감도장(인원수만큼)	☐	☐	☐

　입찰자와 낙찰 받는 사람이 다르기 때문에 낙찰 받는 본인의 의사임을 증명하는 서류가 필요하다. 바로 인감증명서와 인감도장을 날인한 위임장이다. 인감증명서의 효력은 발급 후 3개월이다. 3개월 안에 발급받은 인감증명서와 인감도장을 날인한 위임장을 지참해야 하고, 인감증명서와 위임장의 인감도장이 일치해야 한다. 인감증명서의 도장과 위임장의 도장 날인이 다르면 입찰은 무효가 된다. 공동명의로 입찰한다면 여러 명을 대리해야 하므로 기일입찰표와 공동입찰자목록, 공동입찰자신고서가 필요하다. 명의자 모두의 인감증명서와 도장도 각각 필요하다. 챙겨야 할 것이 많기 때문에 하나하나 체크하면서 실수하지 않도록 한다.

　본인란에는 소유자가 될 사람의 인적사항을 작성하고, 대리인란에는 대리로 입찰하는 사람의 인적사항을 작성한다. 기일입찰표를 작성해야 하고 뒷면에 위임장을 첨부해야 한다. 보증금과 소유자의 인감증명서도 입찰봉투에 함께 넣어야 한다.

기 일 입 찰 표

지방법원 집행관 귀하   입찰기일 :   년   월   일

사건번호		2020 타경 6043 호			물건번호	4 ※물건번호가 여러개 있는 경우에는 꼭 기재

입찰자	본인	성 명	장○○ ㉑		전화번호	010-000-1234
		주민(사업자)등록번호	000000-0000000	법인등록번호		
		주 소	서울 서초구 서초중앙로 00길 00			
	대리인	성 명	나땅 ㉑	본인과의관계		지인
		주민등록번호	000000-0000000		전화번호	010-000-4568
		주 소	서울 강남구 도곡동 0000			

입찰가격	천억	백억	십억	억	천만	백만	십만	만	천	백	십	일		보증금액	백억	십억	억	천만	백만	십만	만	천	백	십	일	
				7	5	2	3	0	0	0	0	0	원				6	4	1	9	0	0	0	0	원

보증의 제공방법	☑ 현금·자기앞수표 ☐ 보증서	보증을 반환 받았습니다. 입찰자 나땅 ㉑

주의사항.
1. 입찰표는 물건마다 별도의 용지를 사용하십시오. 다만, 일괄입찰시에는 1매의 용지를 사용하십시오.
2. 한 사건에서 입찰물건이 여러개 있고 그 물건들이 개별적으로 입찰에 부쳐진 경우에는 사건번호외에 물건번호를 기재하십시오.
3. 입찰자가 법인인 경우에는 본인의 성명란에 법인의 명칭과 대표자의 지위 및 성명을, 주민등록란에는 입찰자가 개인인 경우에는 주민등록번호를, 법인인 경우에는 사업자등록번호를 기재하고, 대표자의 자격을 증명하는 서면(법인의 등기사항증명서)을 제출하여야 합니다.
4. 주소는 주민등록상의 주소를, 법인은 등기부상의 본점소재지를 기재하시고, 신분확인상 필요하오니 주민등록증을 꼭 지참하십시오.
5. **입찰가격은 수정할 수 없으므로, 수정을 요하는 때에는 새 용지를 사용하십시오.**
6. 대리인이 입찰하는 때에는 입찰자란에 본인과 대리인의 인적사항 및 본인과의 관계 등을 모두 기재하는 외에 본인의 위임장(입찰표 뒷면을 사용)과 인감증명을 제출하십시오.
7. 위임장, 인감증명 및 자격증명서는 이 입찰표에 첨부하십시오.
8. 일단 제출된 입찰표는 취소, 변경이나 교환이 불가능합니다.
9. 공동으로 입찰하는 경우에는 공동입찰신고서를 입찰표와 함께 제출하되, 입찰표의 본인란에는 "별첨 공동입찰자목록 기재와 같음"이라고 기재한 다음, 입찰표와 공동입찰신고서 사이에는 공동입찰자 전원이 간인 하십시오.
10. 입찰자 본인 또는 대리인 누구나 보증을 반환 받을 수 있습니다.
11. 보증의 제공방법(현금·자기앞수표 또는 보증서)중 하나를 선택하여 ☑표를 기재하십시오.

무조건 수익 내는 실전 부동산 경매

② 법인 대표 입찰 시 체크리스트

만일 법인 명의로 입찰한다면 법인의 법인등기부등본과 인감도장, 인감증명서를 준비하여 입찰한다. 1인 법인이라도 법인과 대표는 다른 객체이기 때문에 필요한 서류를 다 갖추어야 하고, 낙찰 받은 명의로 잔금을 납부해야 한다. 법인은 입찰할 때부터 법인 명의로 입찰해야 한다. 낙찰되면 법원이 매각허가결정한 명의로 소유권이 이전된다. 낙찰 받은 명의자 앞으로 대출이 나오는지 알아보고 잔금을 계산해 입찰을 준비한다. 다음은 법인 대표가 직접 참가할 경우의 준비물 리스트다.

준비물	체크
매수신청보증금(최저매각가격의 10%)	☐
법인 등기부등본	☐
대표이사 신분증, 대표이사 도장	신분증 ☐ 도장 ☐
법인의 인감도장	☐

법인이 입찰할 경우 법인 등기사항전부증명서를 입찰봉투에 함께 넣어야 한다. 법인 대표가 직접 입찰한다면 대표이사 신분증과 도장이 필요하다. 대표이사가 아닌 대리인이 입찰한다면 법인 인감증명서와 위임장도 함께 입찰봉투에 넣어야 한다.

기 일 입 찰 표

지방법원 집행관 귀하					입찰기일 : 　년　 월　 일		
사 건 번 호		2020　 타 경　 6043　 호		물건 번호	4 ※물건번호가 여러개 있는 경우에는 꼭 기재		

입 찰 자	본인	성 명	(주) 우리투자 대표이사 김○○　㊞	전화 번호	010-000-1234	
		사업자 등록번호	000-00-00000	법인등록 번 호	000000-00000000	
		주 소	서울 서초구 서초중앙로 00길 00			
	대리인	성 명	㊞	본인과의 관　계	―	
		주민등록 번 호		전화번호		
		주 소				

입찰 가격	천 억	백 억	십 억	억	천 만	백 만	십 만	만	천	백	십	일		보증 금액	백 억	십 억	억	천 만	백 만	십 만	만	천	백	십	일	
				7	5	2	3	0	0	0	0	0	원					6	4	1	9	0	0	0	0	원

보증의 제공방법	☑ 현금·자기앞수표 ☐ 보증서	보증을 반환 받았습니다. 　　　　입찰자　 대표이사 김○○　　　　　㊞

주의사항.
1. 입찰표는 물건마다 별도의 용지를 사용하십시오. 다만, 일괄입찰서에는 1매의 용지를 사용하십시오.
2. 한 사건에서 입찰물건이 여러개 있고 그 물건들이 개별적으로 입찰에 부쳐진 경우에는 사건번호외에 물건번호를 기재하십시오.
3. 입찰자가 법인인 경우에는 본인의 성명란에 법인의 명칭과 대표자의 지위 및 성명을, 주민등록란에는 입찰자가 개인인 경우에는 주민등록번호를, 법인인 경우에는 사업자등록번호를 기재하고, 대표자의 자격을 증명하는 서면(법인의 등기사항증명서)을 제출하여야 합니다.
4. 주소는 주민등록상의 주소를, 법인은 등기부상의 본점소재지를 기재하시고, 신분확인상 필요하오니 주민등록증을 꼭 지참하십시오.
5. **입찰가격은 수정할 수 없으므로, 수정을 요하는 때에는 새 용지를 사용하십시오.**
6. 대리인이 입찰하는 때에는 입찰자란에 본인과 대리인의 인적사항 및 본인과의 관계 등을 모두 기재하는 외에 본인의 위임장(입찰표 뒷면을 사용)과 인감증명을 제출하십시오.
7. 위임장, 인감증명 및 자격증명서는 이 입찰에 첨부하십시오.
8. 일단 제출된 입찰표는 취소, 변경이나 교환이 불가능합니다.
9. 공동으로 입찰하는 경우에는 공동입찰신고서를 입찰표와 함께 제출하되, 입찰표의 본인 란에는 "별첨 공동입찰자목록 기재와 같음"이라고 기재한 다음, 입찰표와 공동입찰신고서 사이에는 공동입찰자 전원이 간인 하십시오.
10. 입찰자 본인 또는 대리인 누구나 보증을 반환 받을 수 있습니다.
11. 보증의 제공방법(현금·자기앞수표 또는 보증서)중 하나를 선택하여 ☑표를 기재하십시오.

법원에서 입찰 실수를 줄이는 방법이 있다. 미리 한번 가보는 것이다. 법원 경매 법정에 한 번도 가본 적이 없다면 입찰하기 전에 한번 참석해본다. 법원의 위치와 경매법정, 주차장을 비롯하여 진행 상황을 한번 경험해보면, 실제로 입찰할 때 당황하지 않고 잘 해낼 수 있다.

🖐 나땅의 경매 꿀팁

대리입찰을 할 사람조차 찾기 어렵다면 인터넷으로 입찰하는 온비드 공매도 있다. 온비드 공매는 온비드 사이트(www.onbid.co.kr)에서 전자 입찰로 가능하다. 공인인증서로 입찰하고, 패찰 시에는 입찰보증금을 통장으로 송금해준다. 입찰절차는 온비드가 더 간편하다. 이렇듯 방법은 찾으면 많으니 부담 없이 시작해 보자.

42

입찰 시 초보가
꼭 체크해야 할 10가지

입찰 당일에 경매가 진행되는지 확인한다

경매는 이해당사자가 많아서 변수도 많다. 채권자들은 경매기일이 뒤로 밀리면 연체이자율로 인해 채권최고액까지 배당 받을 수 있다. 채권자 입장에서는 연체이자를 많이 받을 수 있으니 경매절차가 길어지는 것이 이득일 수 있다. 소송 중이라면 소송결과가 나오기까지 기일연기가 될 수 있고 취하나 변경도 잦다. 채무자가 개인회생을 신청할 수도 있다. 이런 여러 가지 이유로 경매기일이 변경될 수 있기 때문에 이를 확인하고 입찰해야 한다. 단단히 준비해 법원까지 찾아간 발걸음이 헛걸음이 되지 않도록 하기 위함이다.

당일에 대법원 사이트에서 문건송달내역을 확인하자. 기일연기신청 서류나 그밖의 다른 서류가 접수되었는지 확인해보면 변경 여부를 알 수 있다. 법원에 도착

무조건 수익 내는 실전 부동산 경매

해서 경매법정에 도착하면 게시판을 확인해보고, 내가 입찰하려는 물건의 매각이 진행되는지 확인해야 한다. 경매물건의 가치보다 채권이 적은 경우에는 채무자가 채권을 갚아서 취하되는 경우가 빈번하게 일어난다. 채권이 물건의 가치에 비해 적으면 취하될 가능성이 높다는 것을 염두에 두자. 이런 경우 당일에 진행 여부를 확인하면 헛걸음하는 수고를 줄일 수 있다.

본원과 지원을 잘 구분해 입찰한다

의정부지방법원 고양지원 사건이라면 고양지원으로 가야 한다. 초보자들이 자주 하는 실수로 지원과 본원을 혼동해, 지원 사건인데 본원에 가서 입찰하는 경우가 있다. 고양지원으로 가야 할 사건인데 의정부지방법원에 입찰하러 오는 것이다. 의정부지방법원 본원은 의정부에 있고 고양지원은 일산에 있다. 지원과 본원 사이의 거리가 상당해 입찰 당일에 알게 되면 시간 안에 도착하기 어렵다. 더욱이 대리인 입찰이라면 입찰을 부탁하는 이보다 경매 지식이 부족할 수 있으니 더 자세히 안내해 주어야 한다.

입찰 준비물을 빠뜨리지 않고 챙긴다

본인이 직접 입찰할 때와 대리로 입찰할 때 필요한 준비물이 다르다. 본인이 직접 입찰한다면 신분증과 도장, 입찰보증금이 필요하다. 대리인이 입찰한다면 대리인의 신분증, 도장, 명의자의 신분증과 도장, 인감증명서와 인감도장이 추가로 필요하다. 명의자가 여럿이면 그 인원수대로 필요하다. 초보 입찰자가 하는 실수는 인감증명서와 인감도장이 일치하지 않거나 유효기간이 지난 것을 준비한 경우, 본인 신분증을 가져가지 않은 경우 등 다양하다. 신분증은 주민등록증과 운전면허증 둘 다 인정해 준다. 또, 필요한 서류는 입찰봉투에 모두 넣어야 한다.

입찰 법원에서 시간에 맞추어 입찰한다

평일 아침에 차를 운전해서 가면 교통체증으로 인해 생각보다 시간이 오래 걸릴 수 있다. 또한, 초행이라 길을 잘 찾지 못해 헤매다가 경매법정에 늦게 도착할 수도 있다. 은행에서 입찰보증금을 찾다가 사람이 많아서 늦거나, 자신의 주거래은행이 없어서 멀리 다녀오느라 생각지 않게 오래 걸릴 수도 있다. 이체한도가 낮거나 이체한 이후 바로 출금이 되지 않아 당황스러울 수도 있다. 나는 법원에 차량이 많아 주차할 자리를 찾지 못해 입찰하지 못한 경우도 보았다. 이런 여러 가지 사유로 지각하면 입찰을 못 할 수도 있고, 입찰시간이 촉박하면 당황해서 실수할 확률이 높아진다.

입찰 전에 잔금납부 계획을 세운다

경매는 대출이 많이 나온다는 말만 철석같이 믿고 덜컥 낙찰 받았다가 대금을 미납할 수도 있다. 다른 이들이 대출 받은 시기와 입찰자가 낙찰 받는 시기의 금융정책이나 신용도 조건은 다르다. 대출은 차주의 신용도나 대출유무와 금액에 따라 나오거나 나오지 않을 수도 있다. 현재 유주택자에게는 기존 주택을 처분하는 조건으로 대출해 주는데, 이를 모르고 입찰했다가는 잔금을 내지 못하거나 무척 애를 먹을 수 있다. 대출로 잔금을 납부한다면 입찰

대출 규제의 영향으로 차주의 소득과 주택소유 여부에 따라 대출 금액이 달라지고 상황에 따라서는 대출이 안 나올 수도 있다.

전과 낙찰 전에 대출이 나오는지 여부와 한도, 금리 등을 미리 알아보는 것이 좋다.

물건 번호를 잘 작성한다

한 사건에 물건이 여럿이고 각각 소유하는 것이 가능하다면 물건마다 다시 물건번호를 부여하고 개별로 매각한다. 이때 입찰자가 물건번호가 있는 사건에서 물건번호를 특정하지 않으면 입찰이 무효가 된다. 무엇에 입찰하는지 특정하지 않아서다. 초보자들이 자주 하는 실수 중 하나가 물건번호를 기재하지 않는 것이다. 물건번호가 없는 사건이라면 기재하지 않아도 된다.

입찰보증금을 정확히 준비한다

최저매각가격의 10%를 입찰보증금으로 내야 하는데 이때 수표 한 장으로 준비한다. 은행에서는 500만원 이상의 금액은 원하는 금액권의 수표로 발급해 준다. 그런데 현금으로 준비하는 경우도 있다. 현금도 입찰 가능하지만 분실의 위험이 있고, 자칫 금액이 부족하기라도 하면 낙찰이 무효가 된다. 이런 실수를 줄이기 위해 수표를 권장한다. 한번은 인천지방법원에서 낙찰자의 보증금을 확인하던 중 낙찰

이 무효가 된 해프닝이 있었다. 이 낙찰자는 입찰보증금을 현금으로 준비했는데, 금액이 맞는지 확인해보니 안타깝게도 1만원이 부족했다. 최고가매수신고를 했지만 보증금이 부족해서 낙찰은 무효가 되었다.

재매각사건의 경우 보증금이 10%가 아님을 기억하자. 일반적인 사건에서는 최저매각가격의 10%로 입찰하지만, 재매각사건일 때는 보증금이 얼마인지 꼭 확인해야 한다. 실수하지 않도록 매각물건명세서를 주의 깊게 살펴보자. 재매각사건의 보증금은 20~30%로 높은데 그 이유는 입찰자의 실수를 줄이기 위해서다. 이전 경매사건에서 잔금을 내지 않아 보증금을 잃은 입찰자가 있다는 것을 상기시킴으로써 신중히 입찰하도록 유도하는 것이다.

시세조사를 철저히 한다

경험 삼아 입찰했는데 덜컥 낙찰되어 당황하는 입찰자들이 있다. 경험 삼아 입찰했으면 패찰하는 금액을 적어야 하는데 실수로 낙찰되는 금액, 그것도 높은 입찰가를 적어 낙찰 받고 당황하며 괴로워한다. 비싼 수업료를 치르게 된 것이다. 또, 49평형과 50평의 시세가 다른 경우도 있고, 같은 평수인데 A타입과 B타입의 가격이 다를 수도 있다. 201동인데 1단지인 경우도 보았다. 201동이니 당연히 2단지인 줄 알고 조사했다가 엉뚱한 단지 시세로 입찰하는 실수를 저지르기도 한다.

무조건 수익 내는 실전 부동산 경매

입찰가에 0을 하나 더 쓰지는 않았는지 확인한다

뉴스에 나오는 경매사고 사례는 주로 독자들이 흥미 있어할 만한 사건으로 보도된다. 입찰가 숫자의 자리를 잘못 적어 6억원짜리 아파트에 입찰가를 60억원으로 적어내는 낙찰사례는 뉴스의 단골소재다. 가장 흔한 사례는 기일입찰표 작성 실수로, 기일입찰표의 숫자란이 작다 보니 종종 나오는 실수다. 6억원짜리 물건에 60억원을 써서 입찰하면 가장 최고가를 신고한 것이기 때문에 입찰에 하자가 없다면 낙찰된다. 10배 비싼 금액에 낙찰 받는 것이다. 매각허가결정도 나고 대금지급기한 통지서도 발송된다.

이때는 애초에 생각한 입찰가보다 10배 많은 금액으로 잔금을 치르거나, 보증금을 포기하고 잔금을 미납하는 두 가지 선택지가 있다. 삶의 돌파구를 찾고자 큰 용기를 내어 시작한 경매에서 수천만원의 보증금을 어이없이 잃는, 생각보다 준비되지 않은 입찰자들이 경매법정에는 더러 있다. 이를 방지하기 위해 기일입찰표를 미리 작성해 가는 것을 추천한다. 긴장해서 마음이 조급해지면 실수하기 마련이다. 조금만 노력하면 실수를 막을 수 있다.

낙찰 받은 명의로 잔금을 치른다

일반매매에서는 계약 이후 계약자 명의를 다른 이름으로 바꾸는 협의가 가능하다. 그러나 경매는 낙찰 받은 이후 명의를 바꿀 수 없다. 법원이 매각허가결정한 그 사람 이름으로 소유권이전등기를 해야 한다. 법인으로 입찰하면 법인으로, 개인으로 입찰하면 개인으로 소유권이 이전되기 때문에 입찰 전에 미리 정하고 입찰해야 한다.

43

매각기일 당일에는
서류열람·물건 확인 & 점유자 확인

드디어 찾아온 기쁜 낙찰의 순간!

드디어 낙찰을 받았다. 낙찰을 받으면 보증금을 돌려받는 대신 법원보관금 영수증을 받는다. 법원보관금 영수증을 받아서 나오면 수많은 대출 상담사들이 명함을 줄 것이다. 잔금을 납부하려면 필요한 소중한 연락처이니 잘 받아두고 대출이 실제로 얼마나 나오는지 입찰 전에 알아보았던 것과 비교해본다. 낙찰 이후에는 최고가매수신고인 자격으로 법원서류를 열람 및 복사할 수 있다. 최고가매수신고인이라면 매각허가결정 이전이라도 열람이 가능하다. 이제 경매사건의 이해관계인이 된 것이다. 차순위매수신고를 했다면 차순위매수신고인이 되었으므로, 마찬가지로 입찰보증금을 찾아가지 않고 경매서류를 열람 및 복사할 수 있다.

무조건 수익 내는 실전 부동산 경매

경매계에 방문해서 꼭 해야 할 일

경매사건 서류를 열람 및 복사하려면 담당 경매계에 방문한다. 민사신청과에서 재판기록 열람, 복사 신청서를 작성한다. 법원 우체국에서 500원짜리 수입인지를 구입해서 신청서와 함께 접수 후 담당 경매계에서 사건 서류를 열람할 수 있다. 최고가매수신고인은 신분증이 필요하고, 대리인인 경우는 위임장과 낙찰자의 인감증명서 대리인의 신분증이 필요하다. 경매사건 서류에는 소유자가 대출 받을 때 제출한 서류들과 법원에 제출한 서류, 기일입찰표 등이 정리되어 있다.

최고가매수신고인은 점유자나 소유자의 연락처를 대부분 법원 서류에서 찾는다. 채무자나 소유자가 대출한 사실이 있다면 연락처를 서류에 반드시 적게 되어 있다. 또, 주민등록등본(초본)과 가족관계증명서나 임대차계약서도 제출되었다면 열람할 수 있다. 채무자와 연락이 안 되는 경우도 허다하니, 서류를 확인해 명도하는 데 필요한 주소와 연락처 등의 정보를 출력한다. 경매진행 시 특별한 사항이 있었다면 그와 관련된 서류도 꼼꼼하게 챙긴다. 유치권 신고서나 무상임대차각서가 제출되었다면 이 서류도 출력한다.

낙찰 받은 물건지로 향하자!

필요한 서류를 열람 및 복사하고 나서 낙찰 받은 물건지로 가본다. 점유자가 있는지와 집의 상태를 알아보기 위해서다. 낙찰자 신분으로는 물건에 이상이 있는지 조사하기가 수월하다. 정당한 권한이 있어서 잘 알려주기 때문이다. 경매절차에서는 집의 내부가 공개되지 않고 진행되는 경우가 많아서, 간혹 큰 이상이 있는데도 이를 모르는 채 경매로 진행되는 경우도 있다. 일반매매에서는 매수 후 큰 하자가 있을 경우 매도자가 책임을 지지만 경매는 거의 매수자 책임이다. 경매절차상 하자가 없다면 매각불허가는 나지 않는다.

1) 매각불허가가 날 이유가 있는지 살펴본다

따라서 불허가를 받아야 할 정도의 하자가 있는지 확인해야 한다. 매각허가결정 이후에는 되돌리기가 어렵다. 물건에 하자가 있어 최고가매수신고인이 불허가 신청을 한 적이 있었는데 큰 화재가 났던 물건이있나. 아파트에 화재가 났고 그 이후로 방치되다가 경매로 매각되었다. 경매계는 물론 감정평가사와 낙찰자도 아파트에 불이 났던 것을 모르는 채로 낙찰되었다. 낙찰 이후 아파트 내부에 불이 났었다는 사실을 확인한 낙찰자는 불허가 신청을 했다. 법원은 불허가 신청을 받아들였고 재감정하여 더 낮은 금액에 화재가 난 사진을 첨부하여 다시 경매를 진행했다.

현재 점유자가 있는지 여부와 있다면 누구인지 알아보는 것도 도움이 된다. 경매절차상에 기재된 내용이 맞는지도 확인한다. 예상치 못한 점유자가 있어서 문제가 된다면 조치를 취해야 한다. 명도 시 점유이전가처분과 같은 보전처분이 필요할 수 있다. 경매는 법의 절차 안에서 낙찰자를 보호하기 때문에 예측하지 못한 손해를 입었다면 구제받을 수 있다. 경매절차에는 이상이 없고 자신의 과실에 의한 것이라면 불허가사유가 되지 않는다. 입찰 전에 충분히 조사해야 하고 입찰자 신분으로 조사할 수 없는 것들은 낙찰 이후에 조사한다. 낙찰 이후 매각허가결정이 나기까지 약 2주의 시간이 걸리므로 이때 조사하면 된다.

2) 시세와 주변 호가를 체크한다

입찰하기 전 부동산과 주변을 돌며 조사했던 시세를 다시 한번 확인한다. 그 사이 시장의 변화와 매물의 호가, 숫자들을 비교해 본다. 부동산은 성수기와 비수기, 매물이 많을 때와 적을 때의 흐름이 다르다. 매물가격이 어떤지 조사하고, 다른 입찰자들과 경쟁해야 한다면 전략을 세운다. 이때부터 매물 개수와 가격을 체크하면서 명도 이후를 준비한다.

3) 점유자를 확인하고 명도 계획을 세운다

점유자는 경매가 시작된 이후 몇 개월에서 1년이 넘는 시간 동안 언젠가는 낙찰될 것을 알고 있다. 점유자를 만나지 못했다면 연락처를 남기고 온다. 이제 경매절차가 끝났으니 협의할 차례라는 사실을 알려주는 것이다. 점유자가 이사를 가야 할 대상이라면(채무자, 배당 받는 임차인 등) 마음의 준비를 하고 이사를 알아볼 것이다.

이럴 때는 점유자에게 이사 준비 시간을 더 주기 위해 대금 납부를 기한에 딱 맞게 하는 편이 좋다. 낙찰 이후에는 물건의 상태에 따라 명도계획과 잔금납부계획이 달라진다.

법원은 매각기일을 이해관계자들에게 문서송달로 알린 뒤 낙찰에 대한 의견이 어떤지 일주일 동안 기다린다. 그때까지 항고가 없다면 그대로 매각허가결정을 해도 될지 경매서류와 절차를 검토하고 매각허가결정을 내린다. 그 이후 40일 정도까지 대급지급기한이 주어지고 통지서가 발송된다. 점유자가 없다면 명도절차를 빠르게 진행하는 것이 좋다. 점유자가 없는 명도라도 절차상 진행하고 복잡할 게 없다.

44

낙찰 이후
불허가는 이럴 때 난다!

정당한 매각불허가 사유

매각불허가는 법원이 매각기일의 종료 후에 이해관계인의 이의신청을 받아들여 법적으로 이의사유가 있는지 여부를 조사한 후에 정당하다고 인정한 때, 직권으로 최고가매수인에게 경매대상 부동산의 매각을 허가하지 않는 것을 말한다. 법원의 매각불허가 사유는 다음과 같다.

① 강제집행을 허가할 수 없거나 집행을 계속 진행할 수 없을 때
② 최고가매수신고인에게 부동산을 매수할 능력이나 자격이 없을 때(단, 법원이 직권으로 판단하는 것은 그 흠이 제거되지 않은 경우에 한함)
③ 부동산을 매수할 자격이 없는 사람이 최고가매수신고인을 내세워 매수신고를 했을 때

(단, 법원이 직권으로 판단하는 것은 그 흠이 제거되지 않은 경우에 한함)

④ 최고가매수신고인, 그 대리인 또는 최고가매수신고인을 내세워 매수신고를 한 사람이 「민사집행법」 제108조 각호 가운데 어느 하나에 해당될 때

⑤ 최저매각가격의 결정, 일괄매각의 결정 또는 매각물건명세서의 작성에 중대한 흠이 있을 때

⑥ 천재지변, 그 밖에 자기가 책임을 질 수 없는 사유로 부동산이 현저하게 훼손된 사실 또는 부동산에 관한 중대한 권리관계가 변동된 사실이 경매절차의 진행 중에 밝혀졌을 때

⑦ 경매절차에 그 밖의 중대한 잘못이 있을 때

이러한 사유로 법원이 매각을 허가하지 않고 다시 매각을 명하는 경우, 직권으로 새 매각기일을 정해 매각절차를 새롭게 진행한다. 매각불허가 결정이 나면 최고가매수신고인은 법원보관금을 환급받을 수 있다. 입찰보증금을 돌려받는 것이다.

입찰자의 실수는 불허가 사유가 아니다

낙찰자의 변심이나 실수 등으로는 불허가가 되지 않음을 유의해야 한다. 앞서 보았던 0을 하나 더 쓴 사유도 불허가 사유가 되지 않는다. 부동산 가격에 비해 월등히 높은 가격을 썼으므로 실수인 것이 뻔히 보이는데도 그렇다. 과거에 이를 용인해 주었더니 경매절차를 방해하는 데 이용되었다.

매각불허가 중 가장 흔한 것은 송달의 문제다. 법원특별송달로 중대한 사실들을 알려야 하므로, 송달이 되지 않았다는 것은 경매절차상의 중대한 하자다. 가령 경매로 진행한다는 것을 소유자나 공유자에게 알리지 않으면 어떻게 될까? 공유자

라면 공유자우선매수를 하지 못할 수 있다. 이해관계자가 많고 절차가 길어지면 가끔 있는 일이다.

강제집행정지신청이 접수되었을 때

강제집행정지신청이 접수되면 낙찰되었어도 불허가가 날 수 있다. 강제집행정지신청이란 채권추심이 중단되는 것이다. 중단 이후 언제 다시 경매실사가 재개될지, 경매가 취하될지 불확실하므로 낙찰 이후 강제집행정지신청이 접수되면 매각을 불허가해 낙찰자에게 입찰보증금을 돌려준다. 불허가를 내주지 않으면 낙찰자는 최고가매수신고인으로서 보증금이 법원에 묶인 채 막연하게 기다려야 하기 때문이다. 개인회생 신청으로 경매 집행이 정지되더라도 보증금을 찾아가지 않고 기다렸다가, 경매절차가 재개되면 잔금을 납부하고 소유권을 가져오기도 한다. 이런 사항은 문건송달내역에서 확인한다. 채무자의 강제집행정지 신청은 가장 자주 보이는 불허가 사유다.

매각물건명세서에 빠진 정보가 있을 때

매각물건명세서에 중대한 흠이 있을 경우에도 법원은 매각을 허가하지 않는다. 매각허가결정 후 흠을 발견했다면 낙찰자는 항고 혹은 매각허가결정 취소를 신청할 수 있다. 다만 잔금을 납부한 후에는 매각물건명세서로 인해 손해 본 금액 전액을 보장받지 못한다. 또, 감정평가의 하자도 불허가 사유가 될 수 있다. 불허가된 사

무조건 수익 내는 실전 부동산 경매

례 중에는 여러 필지가 함께 매각된 사건 중 평기 부동산이 일부 누락된 사례도 있고, 용도와 실제 사용에 따른 가치평가가 잘못되었다는 명백하고 객관적인 사실이 있을 경우 이를 인정받은 사례도 있다.

임차인의 지위가 바뀌었을 때

임차인의 지위가 변동되면 매각허가가 나지 않는다. 후순위 임차인이 자신이 후순위임을 알고 선순위 채권을 갚고 선순위 채권을 등기에서 말소하면, 후순위였던 임차인이 선순위로 지위가 바뀌면서 권리관계가 달라진다. 대위변제는 채권을 돌려받을 채권자의 권리가 채권을 대신 갚아 준 변제자에게 이전되는 것이다. 후순위임차인이 배당받지 못하는 보증금이 1억원이라고 치자. 선순위 채권이 2,000만원일 때 차라리 임차인이 2,000만원을 갚아서 근저당을 없애면 후순위였던 임차인이 선순위가 된다. 채무자 대신 채권을 갚아서 자신의 순위를 높이는 것이다. 배당 받을 것을 예상했을 때의 손해액보다 선순위 채권액이 적을 때 이렇게 대위변제를 한다.

경매신청자가 한 푼도 배당 받지 못하는 무잉여일 때

무잉여로 불허가가 날 수도 있다. 경매는 채무자의 재산을 강제로 팔아 채권자의 채권을 갚아주는 절차다. 그런데 경매를 신청한 채권자가 한 푼도 배당 받지 못한다면 경매절차는 어떻게 될까? 낙찰가격이 낮아 채권자에게 배당이 되지 않는다면 매각허가가 나지 않는다. 따라서 최소한 경매를 신청한 채권자가 배당 받을 수 있는 금액 이상으로 입찰해야 한다. 채권을 모두 변제할 필요까지는 없다. 법원은 채권자에게 배당이 되었는지만 따진다. 주로 후순위 채권자가 경매를 신청한 경우에 그러하다. 매각되고 배당을 했는데 후순위 경매신청자에게까지 배당금이 남아 있지 않으면 무잉여가 된다.

✋ 나땅의 경매 꿀팁

일부 법인의 경우 보유한 자산 중 기본자산이 경매로 진행될 때 관청의 허가서가 있어야 소유권이 이전된다. 얼마 전 한 사회복지법인이 소유한 지식산업센터가 경매로 진행 중이었다. 주무관청의 처분 허가가 있어야 낙찰자에게 소유권이 이전되는 조건이었다. 그런데 담당자가 자신의 물건도 아닌데 함부로 처분 허가를 해주기는 어렵지 않겠는가? 실제로 이 물건은 낙찰되어도 매각허가가 나지 않아 여러 번 유찰되었다. 유찰이 여러 번 되어 가격이 떨어진 데다가 지식산업센터가 한창 인기 있을 때라 관심을 끌었던 물건이었다.

45

잔금을 납부해야
진정한 소유자가 된다

낙찰 후 2주 후에 매각허가결정이 난다!

낙찰 후 2주 정도 지나면 매각허가결정이 확정된
다. 그로부터 한 달 정도 이후에 대금지급기한이 정해
지면 날짜에 맞춰서 잔금을 납부한다. 차순위신고가
없다면 대금지급기한 이후에 연체이자를 내고 납부

입찰하기 전까지 수많은 조사와 번뇌
를 겪다가, 막상 낙찰 받고 나면 당장
할 일은 별로 없다. 이 비어 있는 듯
한 시간을 생산적으로 잘 견디는 것
이 성공의 핵심이다.

할 수도 있다. 대금이 미납되면 다음 기일이 잡히는데 다음 기일 며칠 전까지는 납
부해야 한다. 차순위신고가 있을 경우 최고가매수신고인이 기한 안에 납부하지 못
하면 차순위신고인이 납부하고 소유권이 이전된다. 따라서 차순위신고인이 있다면
기한 안에 잘 납부해야 한다. 물론 특별한 사정이 없다면 기간 안에 납부하는 것이
원칙이다.

대출 시 중요한 것은 한도와 이율

이제 본격적으로 대출을 알아보아야 한다. 대출에서 가장 중요한 조건은 한도와 이자다. 기본적으로 대출이 얼마나 나오는지는 그 사람의 현재 주택소유 현황과 대출보유 현황, 소득여부에 따라 달라진다.

현재(2022년 8월 기준)는 경락잔금 대출도 규제를 받는다. 기준은 감정가와 낙찰가 두 가지이고, 비규제지역 아파트의 경우 KB시세의 70% 또는 낙찰가의 80% 중 낮은 금액이 적용된다. 무주택자의 경우 규제지역에서는 50~60%, 비규제지역에서는 60~70%가 한도다(기준은 KB시세).

– 생애최초주택

6억원 이내 한도에서는 80%까지 대출이 가능하다. 이때 소득기준은 DSR(총부채원리금상환비율)을 보기 때문에 낙찰을 받고자 한다면 소득을 잘 유지해야 한다. DSR 계산기로 소득에 따른 담보대출 한도가 얼마인지 계산해 본다.

– 다주택자

소유권이전등기와 동시에 대출이 나오지 않는다. 비주거용 부동산은 대출규제가 덜하다. 비규제지역이라도 주택이 있다면 무주택자에 비해 한도가 10% 줄어든다. 지역별 한도 내에서 감정가의 70%와 낙찰가의 80% 중 낮은 금액으로 대출이 나온다. 감정가에 비해 낮은 금액에 낙찰 받았다면 대출 한도가 더 나올 수 있다.

– 사업자대출

정해진 급여소득자와 달리 사업자의 소득은 소득금액증명원의 금액을 기준으로 본다. 소득금액증명원 금액이 2,400만원 이하라면 인정소득(카드사용액) 등도 가능하나 그 이상이면 소득금액증명원으로 본다. 인정소득은 1년에 최대 5,000만 원까지다.

모기지보험(MI) 대출은 급여가 높은 근로소득자에게 적합한 상품으로 담보의 80%까지도 가능한데, 사업자의 인정소득으로는 대출이 되지 않는다. 한도가 많이 나오시만, 인정소득이나 소득금액증명원이 아닌 원천징수로 신고하는 급여소득자에게만 대출이 나온다.

대출을 받을 때 장기로 가져갈 계획이라면 중도상환 수수료보다는 이율이 중요하다. 직접 입주하거나 월세로 임대를 놓는 경우다. 반대로 전세를 놓거나 매매를 할 거라면 단기 이익을 우선적으로 고려해야 하므로 중도상환 수수료가 적은 상품을 선택하는 게 좋다.

경락잔금 대출은 다루는 금융기관이 따로 있다. 같은 은행이라도 경락잔금을 실행해본 지점에서만 가능하다. 내가 주로 거래하는 은행이 가장 좋을 것 같지만, 경락잔금 대출을 전문으로 하는 은행과 거래

경매를 계속하려면 대출상담사와의 관계가 중요하다. 주거래은행에서 대출을 받으면 은행의 대출 상황을 지속적으로 알 수 있어서 대출 정보를 미리 알고 입찰할 수 있다.

하는 편이 더 나을 수도 있다. 은행은 경락잔금 대출 시 등기사항전부증명서의 모든 보전처분들을 말소하고 소유권 이전과 근저당 설정을 동시에 이행한다. 경락잔금 대출은 보통 대출상담사의 영업으로 이루어지며, 경력이 많은 대출상담사들의 경우 경험에서 나오는 조언을 해주기도 한다.

경매는 잔금 납부 즉시 소유권이 이전된다

경매는 잔금을 납부하면 등기하지 않아도 소유권이 낙찰자에게 이전된다. 재산세와 취득세로 인해 주택수를 잘 따져야 하는 때다. 경매물건을 낙찰 받은 뒤 잔금을 내고 등기를 하지 않으면 어떻게 될까? 등기하지 않아서 아직 세금이 청구되지 않을 것으로 생각한 한 낙찰자가 세금을 줄이기 위해 잔금을 내고 등기를 6월 1일 이후에 했다. 하지만 세금을 줄이려는 이러한 노력이 무색하게 낙찰 받은 주택도 주택수에 포함돼, 이 낙찰자는 결국 세금을 다 내야 했다.

무조건 수익 내는 실전 부동산 경매

46

집이 빠르게 나가는
임대 및 매매 전략

경매에서는 집을 비우는 것까지 마쳐야 진정한 소유자가 된다. 문제 없이, 되도록 빨리 집을 비우고 임대를 놓아야 낙찰자로서 안심이 된다. 빠르게 임대 및 매매하는 몇 가지 전략을 소개한다.

점유자가 계속 살겠다고 한다면

만일 낙찰 후 점유자가 계약해 살겠다고 한다면 어떻게 해야 할까? 낙찰 받은 소유자 입장에서는 어차피 부동산에 내놓으려던 참이니 점유자가 바로 계약하겠다는 제안이 반가울 수 있다. 그러나 이런 경우는 주의를 요한다. 일반 계약과는 달리 상대방이 이미 점유한 상태에서 계약하기 때문이다. 점유를 넘겨받지 않은 상태로 하는 계약은 소유자에게 불리하다.

일반적으로는 계약서를 작성할 때 10%의 계약금을 받고 잔금을 받을 때 점유를 넘겨준다. 그런데 경매사건의 기존 점유자와 계약하면 계약서를 쓰고 계

> 인도명령은 낙찰 이후 6개월까지만 가능하므로, 인도명령을 신청해 놓은 상태에서 모든 절차를 진행해야 한다.

약금이나 잔금을 받지 못해도 이미 점유가 넘어간 상태가 된다. 만일 계약서를 쓴 이후에 문제가 생겼는데도 집에서 나가지 않는다면 이제는 인도명령이 아니라 명도소송으로 점유자를 내보내야 한다. 소유자와 계약한 임차인 지위가 되었기 때문이다. 강제집행을 하러 집행관이 찾아오면 계약서를 들이밀며 임차인이라고 할 것이다. 점유자에게 계약서를 써주는 순간부터 강제집행을 할 수 없다는 사실을 기억해야 한다.

낙찰 받은 집을 전 소유자가 매수하려 한다면

전 소유자가 바로 매수하겠다고 제안하기도 한다. 안 그래도 임대나 매매를 하려던 낙찰자에게 이런 제안은 고민스럽다. 하지만 결론부터 이야기하자면 해피엔딩이 드물다. 매수할 자금이 있는 소유자라면 경매신청을 취하하거나 경매로 나오기 전에 다른 해결방법을 썼을 것이다. 전 소유자에게 매도를 진행하다가 결국 명도하는 경우를 현장에서 자주 본다.

임차인이 전세를 재계약하고 싶어 한다면

임차인이 전세를 재계약한다면 일단 계약금을 받은 후 잔금을 나눠 받지 말고, 전체 보증금을 한 번에 받아야 한다. 전 소유자와 마찬가지로 이미 점유한 상태이기 때문이다. 임차인의 보증금이 인수된다면 보증금을 뺀 금액으로 낙찰 받지만, 임차인이 배당을 받는다면 배당일에 계약한다. 배당기일 3일 전 배당표가 나온다. 배당이 잘되는지 확인하고, 배당기일에 임차인이 법원에서 보증금을 배당 받을 때 보증금을 한 번에 받고 임대계약을 해야 한다.

임대를 놓을 때는 인근 부동산중개소에서 시세를 알아보고 최대한 여러 곳에 내놓는 것이 방법이다. 경매입찰 전 도움을 준 공인중개사가 있다면 인사하고 먼저 의뢰한다. 거래를 빨리 하려면 매물정보를 주변 공인중개사 사무소에 내놓을 때 조건을 자세히 적어서 배포한다. 거래가 잘 안 되는 시기가 분명히 있다. 하루하루 참 답답하지만 계약할 사람은 하루 만에도 나타나기 마련이다. 생각지도 않은 중개소에서 계약하는 경우도 있으니 범위를 넓혀서 내놓아보자.

명도 기간을 인테리어의 기회로 삼자

매도할 때도 수리가 되어 있다면 거래가 쉽다. 거래 시에 수리를 하고 입주하기가 힘들기 때문이다. 집을 비워야 수리를 할 수 있는데 화장실과 싱크대만 해도 며칠은 걸리고 전체적으로 수리한다면 기간이 더 필요하다. 결국 수리할 동안 돈을 내고 다른 곳에 거주해야 한다. 그런데 경매는 명도를 하기 때문에 공실기간이 있어서 이때 수리할 수 있다. 수리할 때는 대중적인 취향으로 가성비 있게 하는 것을 추천한다.

47

체납관리비와
공과금 처리방법

　공동주택이나 상가에는 관리비가 있다. 관리비는 사용자가 부담하는 것이 원칙이고, 점유자가 있다면 점유자가 내야 한다. 그러나 오랜 기간 비어 있던 물건을 낙찰 받았다면 공용관리비 3년 치 정도는 낙찰자가 부담할 수 있다.

　공용관리비는 집합건물의 유지와 보수에 들어가는 비용이다. 전용부분에 부과되는 요금이나 장기수선충당금, 미납요금에 부과되는 연체료는 낙찰자에게 인수되지 않는다. 막무가내로 받아내려는 관리사무소도 있지만 대법원 판례가 있기 때문에 판례를 제시하면서 대화하면 된다. 입찰 전에 금액이 얼마인지 어느 정도 가늠하고 입찰해야 한다.

공용관리비는 정말 낙찰자 부담일까?

최근 대법원 판례에서 공용부분의 관리비를 낙찰자가 인수해야 한다는 판례가 악용되고 있다. 낙찰자가 공용부분 관리비를 인수한 판례에서는 점유자가 없거나 파산해 관리비를 낼 여력이 없었다. 그런데 이것을 오해해 관리비를 낼 여력이 있음에도 관리비를 낙찰자에게 미루고 미납하는 점유자가 생긴 것이다. 점유자가 사용하고 있으면서도 공용부분 관리비를 낙찰자에게 청구한다면, 미납관리비에 대해 관리사무소에 책임을 물을 수 있다. "① 주택관리사등은 관리사무소장의 업무를 집행하면서 고의 또는 과실로 입주자등에게 재산상의 손해를 입힌 경우에는 그 손해를 배상할 책임이 있다."라는 「공동주택관리법」 제66조에 따라 관리사무소는 점유자에게 미납관리비를 징수하기 위해 독촉과 단전, 단수까지도 할 수 있다. 관리비는 사용자에게 받는 것이 원칙이다.

수도·가스·전기요금은 사용자 부담이 원칙

전용부분 요금인 수도요금, 가스요금, 전기요금은 사용자 부담이 원칙이고 낙찰자에게 인수되지 않는다. 미납액이 있는지 확인하고, 있다면 담당기관에 연락해 경매로 낙찰 받았음을 알린다. 전기요금은 한국전력공사로 연락하고 수도는 지역 상수도사업소에 연락한다. 경매로 매각되었음을 증명하는 등기사항전부증명서 등 필요한 서류(경매 관련 서류)를 제출하면 정리가 된다. 소유권이전등기 이후의 관리비부터는 모두 낙찰자가 부담한다. 만일 오랜 요금 체납으로 단전, 단수되었다면 이를 다시 복구하는 비용은 낙찰자가 납부해야 한다. 관리사무소가 이에 불응한다면 다음의 판례를 인용하자.

> **대법원 2001. 9. 20. 선고 2001다8677 전원합의체 판결: 공용관리비는 낙찰자에게 인수될 수 있다**
>
> [판시사항]
>
> 아파트의 전 입주자가 체납한 관리비가 아파트 관리규약의 정함에 따라 그 특별승계인에게 승계되는지 여부(=공용부분에 한해 승계)
>
> [판결요지]
>
> 집합건물의 공용부분은 전체 공유자의 이익에 공여하는 것이어서 공동으로 유지·관리해야 하고 그에 대한 적정한 유지·관리를 도모하기 위해서는 소요되는 경비에 대한 공유자 간의 채권은 이를 특히 보장할 필요가 있어 공유자의 특별승계인에게 그 승계의사의 유무에 관계없이 청구할 수 있도록 「집합건물법」 제18조에서 특별규정을 두고 있는바, 위 관리규약 중 공용부분 관리비에 관한 부분은 위 규정에 터 잡은 것으로써 유효하다고 할 것이므로, 아파트 특별승계인은 전 입주자의 체납관리비 중 공용부분에 관해는 이를 승계해야 한다고 봄이 타당하다.
>
> **대법원 2006. 6. 29. 선고 2004다3598 판결: 연체료는 낙찰자에게 인수되지 않는다**
>
> 관리비 납부를 연체할 경우 부과되는 연체료는 위약벌의 일종이고, 전 구분소유자의 특별승계인인 경락자가 체납된 공용부분 관리비를 승계한다고 해서 전 구분소유자가 관리비 납부를 연체함으로 인해 이미 발생하게 된 법률효과까지 그대로 승계하는 것은 아니므로 공용부분 관리비에 대한 연체료는 특별승계인에게 승계되는 공용부분 관리비에 포함되지 않는다.
>
> **대법원 2007. 2. 22.선고 2005다65821 판결: 관리비 채권 소멸 시효는 3년이나 가압류가 있을 경우 중단된다.**
>
> 민법 제163조에서 3년의 단기소멸 시효에 걸리는 채권은 '1년 이내의 기간으로 정한 채권'으로 1개월 단위로 지급해야 하는 집합건물의 관리비는 이에 해당이 된다.

　점유자가 있다면 미납관리비와 이사비를 포함해 명도합의서를 작성하고, 만일 관리비를 대신 납부했을 경우에는 점유자에게 구상금청구소송을 할 수 있다.

관리사무소의 가압류는 소멸시효의 중단 사유에 해당한다. 이 경우 3년 치 미납관리비만 인수한다고 생각했다가 큰 손해를 볼 수 있다. 가압류 이전 3년부터 발생한 체납관리비부터 낙찰자의 인수범위(기간)라 할 수 있으므로, 상가 같은 경우 규모가 큰 부동산이라면 미납관리비 금액이 상당히 크다. 오랜 공실로 인해 관리비가 수천만원에서 억대까지 미납되었을 수도 있다. 등기사항전부증명서에 관리사무소 압류가 있다면 미납관리비에 유의해야 한다. 부동산을 사용하는 데 관리비 처리 문제는 중요한 사안이다.

48

두려워하지 말자,
명도는 무조건 된다

명도는 점유를 넘겨받는 것이다. 점유라는 것은 물건에 대한 사실상의 지배다. 주택이라면 문을 잠가 두는 것도 점유인데, 사람이 살지 않아도 문이 잠겨 있는 경우가 대부분이다. 집 열쇠를 넘겨받는 것이 명도다.

집주인이 점유하고 있을 때

경매에서 전 소유자는 최고가매수신고인이 잔금을 납부하기 전까지만 거주할 수 있다. 잔금납부 이후에는 집이 다른 사람의 소유가 되므로 점유권원 없이 부당이득을 취하는 것이 된다. 가장 먼저 협의를 통해 이사 날짜를 조율하고, 협의가 되지 않으면 법원이 부동산을 낙찰자에게 인도하라는 명령을 내린다. 소유자가 이 명령을 듣지 않을 때 강제로 내보내는 절차가 강제집행이다.

임차인이 점유하고 있을 때

임차인의 경우에는 선순위임차인과 후순위임차인이 있다. 배당금이 있다면 최고가매수신고인이 잔금을 납부한 후 배당기일에 배당을 받을 수 있다. 배당 받는 임차인은 보통 배당기일에 맞춰 보증금을 받아 이사를 간다. 배당 받는 임차인은 배당기일까지는 인도명령 대상이 아니다. 낙찰자는 임차인이 이사를 가야 명도확인서를 내준다. 낙찰자로서는 임차인이 명도확인서를 받고 나서 이사를 가지 않으면 낭패다. 그래서 임차인은 보통 이사 가는 날 낙찰자의 명도확인서와 인감증명서로 배당을 받는다. 만일 선순위 임차인이 배당요구를 하지 않았다면 계약서를 확인하여 보증금과 계약기간을 파악한다.

배당기일 이후에는 낙찰자가 월세를 청구할 수 있다.

아무도 점유하고 있지 않을 때

전입도 없고 사람이 살지 않는 경우에는 집행절차로서 명도해야 한다. 사람이 살지 않고 짐이 없다고 해도 내가 문을 억지로 열면 점유를 임의로 가져온 것이라 주거침입에 해당한다. 주거침입은 형사사건이므로 문을 임의로 열지 않도록 한다. 소유자나 채무자와 연락을 취해보고 협의할 수 있으면 협의한다. 만일 사망했거나 연락이 되지 않으면 그 가족을 찾아서 협의를 한다. 이도 저도 되지 않으면 강제집행을 진행해야 한다. 인도명령은 시간이 걸리기 때문에 꼭 강제집행을 하기 위해서라기보다 절차상 미리 해두는 것이 좋다.

강제집행의 절차

소유자나 배당 받는 것이 없는, 점유권원 없는 점유자가 인도명령의 대상이다. 배당 받는 임차인은 배당기일 이후부터 인도명령 대상이다. 인도명령을 신청하면 법원은 "피신청인은 신청인에게 별지목록 기재 부동산을 인도하라."라고 명령하고 문서를 송달한다. 인도명령을 듣지 않으면 그제야 강제집행을 계고한다. 언제까지 부동산을 인도하지 않으면 강제로 짐을 내보내겠다고 통보하는 것이다. 점유자가 있다면 이사할 시간을 주기 위해 몇 주의 시간을 주고, 이 이후에도 이사를 가지 않으면 강제집행을 한다. 점유자가 없다면 강제집행은 빠르게 진행된다. 강제집행을 신청하는 사람이 관련 비용을 예납해야 한다. 짐을 찾아가려면 비용을 내야 하는데, 현실적으로는 점유자가 내야 하는 돈이지만 강제집행까지 온 단계에서 이 돈을 내는 경우는 많지 않다.

명도가 안 되는 일은 없다

자발적으로 나가든 강제로 나가든 명도는 반드시 된다. 힘들게 나가느냐 쉽게 나가느냐, 빨리 나가느냐 늦게 나가느냐의 차이만 있을 뿐이다. 스스로 나가지 않으면 강제로 내보내는 절차가 있기 때문이다. 낙찰 받아 명도를 준비하는 입장에서 명도는 껄끄럽고 두려운 과정이다. 하지만 입장을 바꾸어 생각해보면 이사를 가야 하는 입장이 훨씬 두렵고 막막하다. 이사비와 이사 날짜를 가지고 날을 세우는 점유자는 어쨌든 나가야만 하는 것을 알고 있다.

명도의 모든 경우의 수를 미리 알고 입찰할 필요는 없다. 권리분석에 하자가 없는 물건을 낙찰 받았다면 명도는 절차로서 따라간다. 그때에 맞춰 적절히 대응해 나가면 된다. 고수들은 점유자와 통화 한번 없이 문자만으로 명도를 하기도 한다.

49

내용증명과
인도명령 신청 방법

    점유자가 소유자일 경우에는 매수자가 잔금을 납부해 소유권이전등기를 가져온 시점부터, 임차인일 경우에는 배당일부터 인도명령의 대상이 된다. 내용증명은 자신이 보내는 서신의 내용을 증명할 필요가 있을 때 이용하는 우체국의 특별한 우편제도다. 내용증명을 보내는 이유는 추후에 분쟁을 막기 위해서다. 내용증명에는 민사상 효력은 없지만 구두로 합의한 내용을 상대방에게 상기시키는 효과가 있다. 합의가 잘 안 될 때는 내용증명을 보냄으로써 다음 명도단계에 대해 주의를 주어 강제집행절차가 서로에게 결코 유익하지 않음을 인지시키는 것이 좋다. 점유자가 막무가내로 나온다면 법적으로 불리한 위치에 있음을 알려줄 필요가 있다. 합의가 잘되더라도 합의한 내용에 대해 내용증명을 보낸다.

    다음 예시는 소유자가 점유할 때의 내용증명이다.

무조건 수익 내는 실전 부동산 경매

내용증명

제목: 낙찰 후 법적 절차 예정 안내

발신: 서울시 서초구 서초중앙로 00길 00번지
성명: 김낙찰
연락처: 010-0000-0000

수신: 서울시 마포구 월드컵로 00길 00번지
성명: 박점유
연락처: 010-0000-0000

해당부동산의 표시

경매사건으로 오랜 시간 불편하셨을 것이라 생각됩니다. 발신인 김낙찰은 0000타경0000사건으로 낙찰 받은 최고가매수신고인으로, 대금지급기한에 잔금납부와 동시에 소유권이전등기를 준비 중입니다. 수신인 박점유에게는 최고가매수신고인의 소유권이전등기일부터 점유권원이 없습니다.

매수인이 잔금을 납부한 이후에 부동산을 인도받지 못할 경우 법원에서는 인도명령을 내리고 강제집행까지도 진행하고 있다는 점을 잘 아실 것입니다. 점유권원이 없어 부동산 인도를 거부할 경우 부당이득에 대한 비용이 청구될 수 있습니다. 이에 대해 인도명령과 강제집행까지 진행될 경우 무상거주에 대해 보증금 없는 월세에 해당하는 부당이득금과 법정이자가 청구될 수 있습니다. 법적 절차에 대한 책임은 점유자에게 있음을 미리 안내해드립니다. 미납관리비와 부당이득금에 대한 채권은 점유자의 재산이나 통장에 압류되고 청구될 수 있습니다.

따라서 상기 부동산의 점유자이신 귀하께 상기 다음 진행 과정을 안내해드립니다. 본인은 합의를 통해 부동산을 인도 받고자 합니다. 법적인 절차 없이 원만한 진행을 위해 협의한 대로 부동산의 인도 협조 부탁드립니다.

내용증명은 우체국에 직접 방문해 발송할 수도 있지만 인터넷으로 발송할 수도 있다. 내용증명에는 육하원칙에 맞게 사실을 기재하고 발송인의 이름과 개인정보 그리고 받는 이의 이름과 개인정보를 적는다. 보내는 서류는 보내는 이와 우체국, 받는 이의 수만큼 필요하므로 받는 이의 수+2부를 준비해서 우체국에 방문한다. 이때 전달해야 하는 내용 외에 다른 내용이 들어가면 안 되므로 서류에 이면지를 사용하거나 다른 내용이 함께 동봉되지 않도록 한다.

무조건 수익 내는 실전 부동산 경매

인터넷 우체국으로 발송하면 우체국에 방문하지 않아도 된다. 인터넷 우체국에 접속해 증명서비스 탭으로 들어간다, 내용증명에 관련 파일을 첨부하고 등기통상으로 발송한다, 발송문서 수령은 본인수령으로 보낸다. 보내는 이, 받는 이의 주소와 연락처를 작성하고 수수료를 결제한다.

50

인도명령은
강제집행의 시작

　　인도명령은 법원이 매수자에게 부동산을 인도하는 절차다. 점유자와 협의가 잘
될 수도 있고 잘되지 않을 수도 있지만, 협상은 수월하게 풀리더라도 절차는 원칙
대로 밟는 것이 좋다. 점유자가 인도명령 대상자라면 대금납부일에 인도명령을 함
께 신청하는 것이 원칙이다. 배당 받는 임차인에게는 배당기일까지 인도명령이 나
오지 않는다. 인수되는 임차인은 선순위로 전 소유자와의 계약을 유지하기 때문에
인도명령 대상자가 아니다. 정당한 점유권원이 없고 배당금액이 없는 그 밖의 점유
자들은 인도명령 대상이다. 예를 들어 채무자와 그 세대원, 경매개시결정등기 이후
전입한 임차인, 알 수 없는 점유자 등이다.

인도명령 절차

1) 인도명령 신청 → 2) 인도명령 심리 및 심문 → 3) 인도명령 결정 → 4) 결정문 송달 → 5) 송달증명원 및 집행문 부여 신청

1) 인도명령 신청

인도명령의 신청은 대금납부일부터 6개월까지다. 그 이후에는 명도소송으로 진행해야 하므로 반드시 기간 안에 신청한다. 전 소유자나 채무자는 인도명령 대상자다. 신청 후 며칠이면 결정이 나온다. 만일 임차인이라면 배당기일에 배당 받고 인도명령 대상이 된다. 임차인이 보증금을 배당 받아서 이사 갈 수 있도록 배려하는 것이다. 인도명령 대상은 협상으로 내보내는 것이 가장 좋다. 예상 밖의 상황을 고려해 협상을 하는 한편으로 절차는 절차대로 밟는다. 나중에 가서 인도명령을 신청하려면 경락잔금대출 이자를 내면서 절차를 밟아야 하고 시간이 걸린다.

인도명령은 전자소송으로도 신청이 가능하다. 직접 법원에 방문하지 않고 준비한 서류만 제출하면 된다. 첨부파일로는 매각물건명세서와 매각대금완납증명서, 부동산표시목록을 제출해야 한다. 진행도 빠른 편이다. 전자소송으로 법원에 인도명령서를 제출해보자.

2) 인도명령 심리 및 심문

법원은 신청인과 피신청인 사이에 이견이 있다면 심문하고, 사안이 분명한 경우에는 따로 심문하지 않는다. 선순위 전입이 있지만 임차인이 아니라고 생각한다면 인도명령을 신청한 사람이 그 사실을 증명해야 한다. 가장 많은 경우가 가족이나 지인의 선순위 전입이다. 아버지와 아들 사이에 방 1칸을 전세계약했다고 주장

한 사례가 있는데, 경매 이후에 보증금을 관리비로 나눠 내겠다는 상식 밖의 계약서를 급하게 작성해 제시했다. 이 점유자도 인도명령으로 명도되었다.

3) 인도명령 결정

"피신청인은 신청인에게 별지 목록 부동산을 인도하라."라는 인도명령결정문 정본을 법원이 낙찰자와 점유자에게 발송한다. 점유자가 법원의 명령을 듣지 않으면 강제집행 단계로 넘어간다.

4) 결정문 송달

결정문을 낙찰자와 점유자에게 송달한다. 송달이 되었는지 여부는 대한민국 법원 사이트(scourt.go.kr) '대국민서비스'의 '정보' 메뉴로 들어가 '나의 사건검색' 창에서 사건번호를 입력하면 조회가 가능하다. 일부러 송달을 받지 않는 경우도 있으므로, 송달이 되지 않을 경우에는 두 번 정도 등기로 보내고 법원에 따라 발송송달 처리한다. 보낸 것만으로 받았다고 간주하는 것이다. 이는 일부러 송달을 받지 않아 악용하는 사례를 막으려는 데 목적이 있다.

5) 송달증명원 및 집행문 부여 신청

인도명령결정문이 도착하면 대법원 '나의 사건 검색'에서 사건번호로 상대방에게 송달되었는지 확인한다. 송달이 되어야 다음 과정을 진행할 수 있다. 결정문이 송달되면 송달증명원을 발급받아 인도명령결정문과 강제집행신청서를 제출한다. 여기까지 진행되면 강제집행을 위한 준비가 끝났다고 볼 수 있다. 대화와 협상으로 점유자와 합의를 보는 것을 원칙으로 하고 절차는 절차대로 진행한다. 상식적인 선에서 협상이 잘되지 않을 경우에는 절차대로 진행하면 된다.

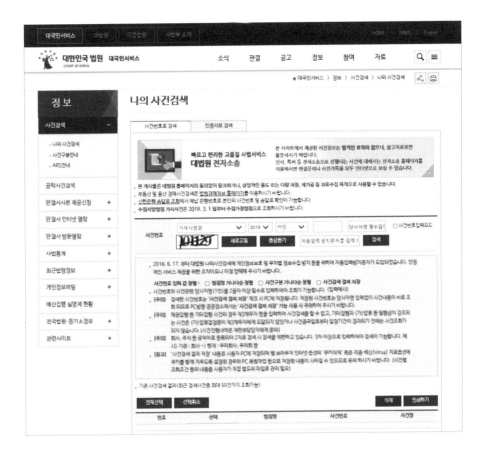

인도명령은 사람을 다루는 일이고 법은 절차를 중요시한다. 인도명령절차의 흐름을 미리 파악해 놓고 필요하면 다시 그 부분을 찾아서 보고 진행하면 된다. 인도명령은 점유자가 인도명령 대상자라면 신청서만 제출하면 되는 간단한 절차이고 비용은 10만원대다. 법원은 매수자가 부동산을 낙찰 받아 문제없이 잘 사용하기를 원하고 도움이 필요하면 도와준다. 낙찰자에게 필요한 절차를 적절하게 사용하자. 협상과 절차를 동시에 진행하되 협상으로 잘 끝내는 것을 우선 목표로 삼는다. 협상이 잘되지 않는다고 해도 끌려다닐 필요는 없고 그때는 절차대로 진행한다.

51

강제집행은
최후의 선택이다

인도명령 이후에는 강제집행 절차가 기다린다. 합의를 하는 한편으로 집행절차도 함께 진행하는데, 강제집행의 계고 단계 이전에 마무리되는 경우가 대부분이다. 강제집행절차는 점유자가 버틸 수 있는 마지노선이다. 대부분은 강제로 끌려나가기보다는 제 발로 나간다. 강제집행이 시작되면 더 이상 버틸 수 없다는 것을 점유자들도 잘 알고 있기 때문이다. 하지만 점유자가 없이 문이 잠겨 있거나 상식적인 선에서 합의가 안 되는데도 언제까지고 대화를 시도할 수는 없다. 점유자가 버티는 이유는 90% 이상 이사기간과 이사비를 더 얻고자 함이지 강제집행당할 각오로 버티는 것은 아니다. 강제집행 절차는 다음과 같다.

무조건 수익 내는 실전 부동산 경매

강제집행 절차

1) 강제집행신청서 제출

경매 담당계에 가서 인도명령결정문, 부동산표시목록, 수입인지를 가지고 송달증명원을 발급받는다. 이때 집행문과 결정문에는 간인해야 한다. 집행문과 송달증명원을 첨부해 집행관실에서 집행신청서를 제출하고 은행에 예납금을 납부한다. 강제집행 전에 합의가 잘되어 명도가 되면 예납금 중 강제집행계고 출장비를 제외하고 돌려받을 수 있다.

2) 강제집행 계고

강제집행신청서가 접수되면 사건번호가 부여된다. 며칠 후 집행관 사무소에서 연락이 오고 계고날짜를 협의한다. 계고 시에는 집행관 2명과 보조원 1명, 신청인과 증인 2명이 함께한다. 이때는 신분증을 가지고 참석해야 한다. 폐문부재일 경우를 대비해 열쇠수리공이 동행한다. 방문했을 때 문을 강제로 열어야 한다면 개문비용이 10여만원 소요된다. 문을 열고 내부에 강제집행 계고장을 붙인다. 강제로 내부에 붙이는 것이라 점유자에게 심리적 압박효과가 상당하다. 낙찰 이후로 지금까지 집 내부를 확인하지 못했다면 이때 확인하면 된다. 짐의 양에 따라서 강제집행 비용을 예측할 수 있다. 이 단계에서 90% 이상 합의가 된다.

3) 강제집행

강제집행은 강제로 이사 가는 것을 생각하면 된다. 점유자가 연락이 닿지 않는데 짐이 있다면 어쩔 수 없이 강제집행까지 해야 한다. 남아 있는 짐이 없을 수도 있고 사람만 빠져나간 듯 모든 가재도구가 그대로 있을 수도 있다. 집행비용은 실제 이사를 할 때 드는 비용과 동일하다. 문을 강제로 열어야 한다면 개문비와 엘리베이터 사용요금, 사다리차 비용, 노무비, 이삿짐 차량 비용, 창고 보관료 등이 필요하다. 신청자가 집행비용을 예납해야 집행이 된다.

이사조차도 합의가 안 되는 점유자에게 집행비용을 받는다는 것은 노력에 비해 실익이 적다. 따라서 강제집행 비용으로 지출하기보다는 이사비로 원만한 해결을 원하는 매수자가 많다. 이사비는 법적으로 주어야 할 의무가 없이 주는 것이기 때문에 양도세 계산 시 필요비로 인정되지 않는다. 대신 집행비용은 법적으로 지급의무와 내역이 정확해서 부동산을 인도받는 데 필수적인 비용으로 인정이 된다. 매수자 입장에서는 집행비가 세금 면에서는 유리하지만 강제집행부터 유체동산까지 처리하려고 하면 시간이 소요되는 데다 정신적으로도 피곤하다. 그래서 비용으로 인정되지 않아도 이사비를 지급하면서까지 협의하려고 하는 것이다. 단, 매수자가 점유자에게 집행을 피하고 싶어 한다는 느낌을 주면 이용당할 수 있으니 주의해야 한다.

> 유체동산이란 강제집행 때 반출된 채무자의 짐이다. 강제집행 후 2주 뒤부터 유체동산 경매 신청이 가능하다. 주택이라면 냉장고, 세탁기, 가구, 가전제품 등이고 사무실이라면 각종 집기, 비품 등이다.

4) 채무자에게 최고서 발송

강제집행 후 짐을 보관창고에 보관 중이라면 보관료가 계속 부과된다. 이 보관료는 집행을 신청한 매수자가 납부하며, 매수자는 채무자에게 이 짐을 찾아가라는 최고서를 보낸다. 이때 채무자가 자신의 짐을 찾아가려면 창고 보관료 등 비용을 내야 한다. 만일 최고서를 보낸 뒤에도 찾아가지 않으면 유체동산 매각 절차로 들어간다. 유체동산을 매각하는 데도 감정평가비용과 창고사용요금 등이 계속 필요하다.

5) 유체동산 경매 신청

매수자가 부동산을 사용할 수 있도록 하기 위해 내부의 짐을 강제로 반출했어도 짐은 여전히 채무자의 소유다. 매수자는 채무자에게 강제집행비용을 받을 채권으로 유체동산 경매를 진행한다. 집행권원서류와 강제집행신청서를 접수하고 경매로 진행한다.

6) 유체동산 경매비용 예납

법원별로 차이는 있지만 25만~40만원 선이다. 이 비용을 내면 유체동산 경매가 시작된다.

7) 유체동산 매각

쓸만 한 짐은 거의 없고 보관비용이 계속 청구되기 때문에, 강제집행 비용을 회수하는 정도에 매수자가 낙찰 받아 상계 처리하는 것이 보통이다. 남은 짐을 낙찰받아서 집행비용으로 갈음하는 것이다. 남은 짐은 폐기물 처리 업체에 비용을 내고 맡긴다. 이로써 모든 절차가 마무리된다.

법적 절차에 따르지 않은 임의개문은 정당한 방법이 아니기 때문에 법을 잘 아는 채무자라면 주거침입이나 짐의 처분에 대해 문제를 삼을 수 있다. 임의로 개문하는 것은 절대 하지 말아야 한다. 매수자가 보호받을 수 있는 방법으로 점유를 찾아오는 것이 마땅하다.

52

세금을 얼마나 내야 할까?

취득세

부동산을 취득하면 취득세를 내야 하는데, 주택이 이미 있다면 중과될 수 있기 때문에 취득세 중과율을 미리 알고 입찰해야 한다. 경매로 취득해도 세금은 동일하다. 다음은 2022년 8월 기준 취득세율표다.

주택수	매매가	조정지역	비조정지역
1주택	6억원 이하	1%	
	6억~9억원	1~3%(누진 세율 적용)	
	9억원 초과	3%	

주택수	조정지역	비조정지역
2주택자	8%	1~3%
3주택자	12%	1~3%
4주택자 이상 및 법인	12%	

　　무주택자가 1주택을 취득하면 가격에 따라 1~3%의 취득세를 낸다. 소성지역 1주택자가 조정지역에 주택을 추가로 취득하면 8%의 취득세를 낸다. 조정지역 1주택자가 비조정지역에 주택을 추가로 취득하면 1~3%의 세금을 낸다.

　　따라서 취득세를 고려해 투자한다면 조정지역에서 1주택을 취득한 후 비조정지역의 주택을 취득하는 것이 합리적이다. 위택스에서 간단하게 취득세를 계산해 볼 수 있다.

양도소득세

양도소득세는 다른 소득세와 합산하지 않는다. 부동산을 보유하는 동안 오른 금액의 차액이 소득이 된다. 오랜 기간에 걸쳐 만들어진 소득이라 1년 소득에 합산하는 것이 불합리하고 무리가 있기 때문이다. 또, 1주택 소유자가 양도소득세를 무겁게 내야 한다면 집을 매도하고 다른 주택으로 이사가 어려울 수 있다. 다른 주택도 올랐는데 양도하면서 세금을 내면 자산이 줄어들기 때문이다. 그래서 1주택 소유자가 비과세조건에 맞게 매도했다면 특별히 비과세를 해준다. 매도 당시 실거래가가 12억원 이하일 때는 100% 비과세가 가능하고 12억원 이상일 때는 보유기간과 거주기간에 따라 공제해 준다. 고가의 주택일수록 장기적으로 보유하고 거주할수록 양도세의 부담이 줄어든다.

현재는 1주택자가 조정지역 이상에서는 2년 이상 보유하고 거주하면 비과세(2017년 8월 3일 이전 취득은 거주요건 없음)다. 비조정지역은 거주요건이 없고 2년 보유만 해도 비과세를 받을 수 있다. 1주택을 상생임대하면 거주하지 않아도 비과세가 가능하다. 비과세를 받기 위해 다른 투자를 안 할 것인지, 내야 하는 세금보다 수익이 많기 때문에 투자를 할 것인지는 자신의 보유자산 정도와 투자 성향, 라이프 사이클에 따라 다를 것이다.

먼저 1주택을 유지하며 세제 혜택을 받는 방법이 있다. 또 1주택을 유지하더라도 일시적 2주택 비과세나 상생임대, 대체주택 특례 같은 세제혜택을 누리는 방법이 있다. 1주택 비과세를 포기하고 다주택을 장기보유하며 수익을 내는 방법도 있다. 비주택 투자를 주로 할 수도 있다. 다른 소득이 많이 없다면 1주택을 사고팔며

무조건 수익 내는 실전 부동산 경매

부동산 매매사업자로서 수익을 내는 방법도 있다. 부동산의 수익은 시간과 대출과 가치의 상승으로 내는 것이다. 기술적으로 단기에 사고파는 것으로는 큰 수익을 올리기 어렵다. 정부정책은 투자자의 투자환경이고, 맞서기보다는 대응하며 자신에 맞는 방법을 선택하면 된다.

투자 시 세금은 기본적으로 가장 먼저 비과세 〉일반과세 〉중과세 순으로 세팅한다. 공격적인 투자자들은 비과세를 받는 것보다 수익을 더 만드는 쪽을 선택한다. 보수적이고 투자 결정에 신중한 투자자들은 세금을 고려한다. 투자횟수와 보유 개수를 줄이고 수익을 극대화하기 위해 치열하게 공부한다. 다주택이라도 일반과세를 받는 조건의 지역이 있다. 수도권 읍면지역이나 광역시를 제외한 지역에 있는 공동주택, 공시가격 3억원 이하의 주택은 매도 당시 공시가격이 3억 미만이라면 다주택 중과에 해당하지 않는다. 수도권 읍면지역은 경기도의 읍면지역인데 남양주 덕소읍, 진접읍과 광주시 초월읍 등이다. 이들 지역에서 다주택자가 투자한다면 취득세는 중과세되지만 양도세 중과세는 없다.

기본적인 양도세는 일반과세의 경우 매도금액에서 각종비용을 뺀 금액을 과세표준액으로 결정한다. 과세표준에 맞는 최고 세율을 곱하고 누진공제액을 빼는 방식으로 계산한다. 양도세는 매우 까다롭고 어렵기 때문에 "양포세"라는 우스갯소리도 있다. 양도세를 포기한 세무사라는 뜻이다. 세금이 복잡하고 어렵지만 초보 투자자라도 비과세 요건과 양도세 일반과세는 계산할 줄 알아야 한다. 세금이 얼마나 나오는지 가늠이라도 되어야 투자할지 말지를 결정할 것이 아닌가?

양도세는 매수가격에서 매도가격을 뺀 차액을 소득으로 보고 부과하는 세금이다. 그런데 매수한 가격 이외에 취득세나 기타 비용이 들어가면 이것을 공제해 준다. 공제되는 비용은 정해져 있는데, 부동산을 취득할 때 필요한 비용들은 먼저 공제해 주는 것이다. 그리고 물건의 가치를 올리는 데 사용한 비용, 발코니 확장이나 새시 교체 등은 가치를 높여주기 때문에 공제해 준다. 또, 1년 동안 1인당 250만원을 공제해 주고, 1주택을 장기보유하면 장기보유특별공제를 해준다. 다만 다주택으로 추가세율을 적용하는 경우엔 장기보유특별공제를 해주지 않는다.

무주택자가 투자할 때는 규제지역에 먼저 투자하고 그다음으로는 비규제지역에서 낙찰 받는다(반대로 하면 두 번째 주택부터 대출이 나오지 않고 취득세 중과가 된다). 그리고 매도는 2년 보유 후 비규제지역에서 먼저 하고 그다음에 규제지역의 물건을 매도한다. 이것이 가장 세금부담이 적은 보유 순서다. 나중에 파는 규제지역 주택을 상생임대한다면 거주하지 않아도 비과세까지도 가능해졌다. 원리금 상환이 부담스러운 투자자에게 좋은 소식이다.

아래 표는 양도소득세를 일반과세로 계산하여 본 것이다.

양도소득세 일반과세			
과세표준	양도세	지방소득세	양도소득세합계/세후수익
1,000만원	60만원	6만원	66만원/937만원
2,000만원	192만원	19.2만원	211.2만원/1,788.8만원
3,000만원	342만원	34.2만원	376.2만원/2,623.8만원
4,000만원	492만원	49.2만원	541.2만원/3,458.8만원
5,000만원	678만원	67.8만원	745.8만원/4,254.2만원

과세표준	양도세	지방소득세	양도소득세합계/세후수익
6,000만원	918만원	91.8만원	1,009.8만원/4,990.2만원
7,000만원	1,158만원	115.8만원	1,273.8만원/5,726.2만원
8,000만원	1,398만원	139.8만원	1,537.8만원/6,462.2만원
9,000만원	1,660만원	166만원	1,826만원/7,174만원
1억원	2,010만원	201만원	2,211만원/7,789만원

양도소득세 일반과세는 과세표준이 5,000만원일 때 750만원 정도이고 1억원일 때 2,211만원으로 과하지 않다. 투자자라면 일반과세 정도는 낼 각오로 투자해야 한다.

스페셜 강의 제공!

실전에서 써먹는 경매 물건 검색법

《**무조건 수익 내는 실전 부동산 경매**》 독자를 위한

행꿈사옥션 30일 무료 이용 쿠폰

사용 방법
행꿈사옥션 홈페이지(www.hksauction.com)에서 회원가입 후
[마이페이지]−[쿠폰 등록]에서 쿠폰 종류 '옥션정보'로 선택 후 아래의 쿠폰번호 입력

유효 기간
2025년 12월 31일까지

유의사항
쿠폰은 도서 복수 구매 시라도 1매만 적용
신규 회원가입자의 경우 1개월 무료로 이용한 후에 해당 쿠폰 이용 가능

행꿈사옥션
바로가기

쿠폰 번호

길벗